남도 임진의병의
기억을 걷다

남도 임진의병의 기억을 걷다

의롭고 당당한 삶으로 겨레의 별이 된 사람들

초판 1쇄 인쇄 2022년 9월 9일
초판 1쇄 발행 2022년 9월 19일

지은이 김남철
펴낸이 김승희
펴낸곳 도서출판 살림터

기획 정광일
편집 송승호·조현주
디자인 유나의숲

인쇄·제본 (주)신화프린팅
종이 (주)명동지류

주소 서울시 양천구 목동동로 293, 2215-1호
전화 02-3141-6553
팩스 02-3141-6555

출판등록 2008년 3월 18일 제313-1990-12호
이메일 gwang80@hanmail.net
블로그 http://blog.naver.com/dkffk1020

ISBN 979-11-5930-233-6(03910)

남도
임진의병의
기억을
걷다

의롭고 당당한 삶으로 겨레의 별이 된 사람들

김남철 지음

살림터

4차 산업혁명 시대의 의병,
영원한 역사교육의 파수꾼

최광표(영암교육지원청 교육장)

올여름은 국내외 정세의 소용돌이 속에서 무더운 여름을 더욱 힘들게 보내고 있었다. 그러던 어느 날, 한여름 시원한 소나기처럼 기쁜 소식을 접하였다. 교단에서 살아있는 역사, 정의로운 역사, 자랑스런 역사를 가르치며 남도 청소년들에게 올바른 역사의식을 심어주고자 평생을 헌신한 김 선생이 위대한 성과를 거양(擧揚)했다! 아무도 알아주지 않고, 저승에서 기다리다 기다리다 이제는 영영 잊혀 사라져 가는 이름 없는 임진의병들의 역사를 발굴하여 부활시키고 정리한 것이다.

의병은 우리 역사에서 정의를 위해 자발적으로 조직된 민병이다. 신분을 가리지 않고 등장하며, 활동이 매우 다양하다. 우리 역사에서 전 시대에 걸쳐 자주 등장하지만 고려 이전에는 기록이 부실하여 의병 하면 주로 임진의병과 한말의병 등을 이야기한다.

의병은 존재 자체만으로도 적군에게 심리적 영향을 미칠 수 있는 존재였다. 무장과 복장 대부분을 민간에서 쓰던 것들을 그대로 쓰기에 무기를 숨기면 민간인과 구별하기 힘들었고, 전술적인 예측이 어려웠다. 나 죽고 너 죽자는 식으로 필사적으로 나가기 시작하면 적에게 상당한 피해를 주기 때문에 더더욱 골치 아픈 대상이었으며, 마지막 순간까지

나라와 민족을 지킨 역사의 주인공이었다.

특히 관군이 패퇴하고 국가의 지도력마저 무너져 가는 상황에서 그들은 분연히 일어나 지형지물의 이점을 활용하여 끝까지 항전했다. 활동 가능한 모든 주민이 잠재적인 군대라고 받아들여지면서 의병은 적에게 두려운 존재였으며, 특히 임진전쟁에서 왜군 장수들은 의병들의 움직임에 매우 당황해했다. 이순신과 수많은 의병의 결기가 나라와 백성을 지켜낼 수 있었다.

얼마 전 유행한 역사드라마 〈미스터 선샤인〉에는 "그들은 그저 아무개다. 그 아무개 모두의 이름이 의병이다. 이름도 얼굴도 없이 살겠지만 다행히 조선이 훗날까지 살아남아 유구히 흐른다면 역사에 그 이름 한 줄이면 된다."라는 대사가 있다. 이름 없는 꽃처럼 스러져 갔지만 면면히 흐르는 역사를 지킨 이들은 기록조차 없기에, 잊혀 가는 의병들을 발굴하여 재평가하는 것은 매우 뜻깊은 일이다.

"역사는 성찰하는 만큼 미래 발전의 기회를 주며, 가장 큰 깨달음의 계기는 비극이다."라는 말이 생각난다. 의병의 역사를 배우고 성찰하는 만큼 우리에게 발전의 기회는 확대될 것이다. 임진년의 비극이 말해주는 바를 잊지 않으며 그 목소리의 주인공들을 기억하는 것은 우리에게 큰 깨달음의 계기가 될 것이다.

개인적으로도 무척 힘들고 어려운 상황에서도 제자를 사랑하고 역사를 사랑하며, 역사교육을 위한 사명감으로 전국을 누비며 임진의병의 역사를 정리한 '이 시대의 의병' 김 선생에게 무한한 경의를 표한다.
이 책이 전국의 학교에서 역사교육 자료로 널리 활용되어 청소년의 역사의식 함양에 크게 기여하기를 기대한다.

남도 곳곳에서 만난 이름 없는
의병장의 진혼곡

신봉수(광주예술고등학교 역사교사)

김남철 형이 드디어 혼자 이름으로 책을 낸다.

드디어 그간의 노력이 열매를 맺는다.

후배이자 동생으로서 너무 반갑다.

"세상은 넓고 할 일은 많다."

어느 기업인의 자서전 제목이지만, 형에게 이만큼 잘 어울리는 말은 없을 것이다.

형은 늘 바쁘게 산다. 하는 일이 너무 많다. 그럼에도 브레이크가 고장 난 자동차처럼 멈추지 않는다. 그런 에너지가 어디서 나오는지 모르겠다. 말 그대로 '에너자이저'다. 그에 걸맞게 늘 새로운 일을 찾아 나선다. 역사교사를 그만두었지만 일은 더 많아졌다. 전교조 전남지부, 나주학회, 나주교육희망연대, 민족문제연구소 광주전남지부 등등.

그렇게 바쁜 와중에도 광주·전남(남도)의 임진전쟁 의병에 대한 원고를 써서 책으로 엮었다. 나도 임진전쟁 의병에 꽤 관심이 많다. 의병뿐만 아니라 우리 지역에 관심이 많다. 답사도 자주 한다. 또래 교사들 가운데서는 남도땅 답사를 가장 많이 한 편이다.

남도를 대표하는 수많은 의병장—전라도 최초로 의병을 이끌고 상경했다가 호남을 지키기 위해 진주성을 지키다 순절한 창의사 김천일, 두 아들과 함께 의병을 일으켜 금산전투에서 순절한 고경명, 호남도 우리 땅이지만 경상도도 우리 땅이라며 진주성에서 순절한 최경회, 가문과 나라의 원수를 갚고자 일어나 진주성에서 순절한 고경명의 큰아들 고종후, 전국의병총사령관이 되었지만 이몽학의 난에 연루되어 고문 끝에 순절한 김덕령 등등… 이들이 전라도 땅에 남긴 흔적 대부분을 찾아다녔다. 고경명이 순절한 금산 눈벌(와평)도, 김천일을 비롯한 수많은 남도의 병이 스러져간 진주성도 여러 번 다녀왔다.

　그럼에도 형보다는 덜 다닌 것 같다. 형은 거의 주말마다 답사를 다닌다. 나에게 답사 가자고 연락하지만, 나는 어쩌다 한 번 동행할 뿐이다.

　제2차 진주성 전투에서 남도 의병장 김천일, 최경회, 고종후, 장윤, 심우신, 양산숙 등이 순국했다. 내가 아는 사람은 여기까지다. 하지만 이보다 훨씬 많은 남도 의병장들이 권율이 이끄는 조선군, 명의 구원군, 각지에서 일어난 의병들도 포기한 진주성에서 장렬하게 생을 마쳤다. 형은 그런 의병장들을 찾아내어 책으로 엮었다.

　이 책에 등장하는 많은 인물이 너무나 생소하다. 인물이 생소하니까 그들과 관련된 유적지도 생소하다. 그런 인물들을 형은 다 만났고, 그런 곳을 형은 다 다녔다. 그렇게 발품을 판 대가로 이 책이 세상에 나왔다.
　이 책에는 나주, 영암, 고흥, 여수, 순천, 장성 등 남도 곳곳에서 활약한 수많은 의병장이 나온다. 읽어보면 더 많은 의병장이 있다. 의병에 관심 있는 나도 처음 들어보는 의병장이 수두룩하다. 이들을 찾아내어 글로 엮어 낸 에너자이저 김남철 형의 열정이 부럽다.

　글을 읽어보면 유려하거나 매끄럽지 않은 부분도 있다. 하지만 날것 그대로의 맛이 있다. 일부러 그런 것이 아닐까 싶기도 하다. 왜? 나라를 지키려다 순국한 의병들에 대한 글이다 보니 거칠게 쓰지 않았을까 해서다. 그래도 좋다. 내가 미처 몰랐던 의병장과 그들의 흔적에 관한 것이니까.

다가오는 가을, 이 책을 들고 그들의 흔적을 찾아보면 어떨까?
마침 모두가 남도인으로 구성된 이순신의 수군에 대한 영화 〈한산〉도 절찬 상영중이니까!

발걸음과 땀방울로 되살려낸
항전의 자취

박해현(초당대 초빙교수)

1592년 4월 발발한 임진전쟁은 조선 사회를 전·후기로 구분하는 기준이 될 정도로 한국사에 끼친 영향이 컸다. 임진전쟁 때 관군이 일방적인 패배를 당하고 있을 때, 의병은 왜군과 처절한 항전을 함으로써 매우 불리한 전황을 극복할 계기를 만들었다. 임진의병의 전통은 이후 정유전쟁과 병자호란 때로 이어졌으며, 을사늑약과 대한제국 군대 해산 후에는 처절한 독립전쟁의 원동력이 되었다. 한말 나주·장성 연합의병을 결성한 기삼연 등이 임진의병의 상징 김천일 의병장 사당을 찾아 거병을 고한 것이 대표적인 예다.

나주 의병을 이끈 김천일은 "나랏일이 이 지경에 이르렀는데 우리가 어찌 구차히 살기를 바라리오. 홀로 온전히 알 수 없을진대 죽고 사는 것은 조만간 일일 뿐이오. 도망하여 골짜기에서 죽은 것보다는 차라리 적을 치고 죽는 것만 같지 못할 것이다."라고 하였다. 거의(擧義)가 단순한 근왕적(勤王的) 사고가 아님을 보여준다. 전남 의병의 특성을 엿보게 한다.

전남 의병은 2차 진주성 싸움에서 그들의 정체성을 유감없이 보여주었다. 조정의 공성(空城) 작전이 호남을 위기에 처하게 하리라 여긴 전남 의병부대는 진주성을 사수하다 옥쇄(玉碎)하였다. 일본군의 호남 공격이 무뎌지게 된 것은 이 전투에서 피해가 컸기 때문이다.

임진전쟁 때 거병한 전남 의병은 특정 지역과 계층에 국한되지 않았다. 하지만 임진 전남 의병 하면 김천일, 고경명 등 귀에 익은 몇 사람의 이름만 어렴풋이 알 뿐, 그들의 빛나는 활동을 잘 모른다. 김천일과 김덕령의 예에서 보듯이 빛나는 전공(戰功)이 정쟁의 수단으로 전락한 데다 몇몇 의병장 중심으로 서술되어 전남 의병의 역사적 의의가 제대로 드러나지 않았기 때문이다.

이런 때 김남철 선생의 『남도 임진의병의 기억을 걷다』가 출간되었다. 이 책은 전남에서 거병한 임진의병들을 소개하고 있다. 임진전쟁·정유전쟁 때 활약한 전남 의병을 한곳에 모아 지역별로 체계적으로 분석한 최초의 역사서로, 임진전쟁에 대한 이해의 깊이를 더하는 데 도움을 준다.

저자는 30년 넘게 역사교사로 근무하며 역사교육의 올바른 방향성 정립과 교육 현실 개혁에 관심을 기울였다. 지난 5월 말 성공리에 마무리된 '남도민주길 교사연수 프로그램'에는 그의 땀방울이 곳곳에 배어 있다. 2년 넘게 22개 전남 시·군의 역사 현장을 답사하는 프로그램이다. 저자의 올바른 역사의식과 뚝심 없이는 불가능한 일이다.

저자는 5·18 민주화운동 40주년 행사에서 시민 추천으로 '오월공동체'의 대상을 받은 교육민주화운동가이기도 하지만, 석사 논문 「임진왜란에서의 해상의병」과 전남 임진의병을 정리한 『전남의 임진의병』(전남교육청, 2021)에서 알 수 있듯이 전남 지역 임진의병의 최고 전문가다.

이 책은 20년 넘게 전남 임진의병의 실체를 밝히려고 노력한 저자의 피땀의 산물이다. 집필 과정에서 관찬 사서에 의존하는 연구의 한계를 극복하고자 저자는 전남 곳곳을 뛰어다니며 자료를 발굴했고, 전투 현장을 찾아 당시 상황을 생생하게 복원하려 했다. 이 책이 지닌 첫째 가치라 하겠다.

이 책은 전남 임진의병을 대표하는 인물들의 전기이기도 하다. 흔히 역사를 사건이나 제도 중심으로 보려는 경향이 있다. 제도나 사건 중심으로 역사를 읽으면 그 시대를 살았던 인간의 삶을 놓치게 된다. 분절된 사건만 있을 뿐, 역사적 맥락이 보이지 않을 때도 많다. 인물 연구가 중요한 까닭이다. 이런 점에서 이토록 많은 인물의 역사를 종횡으로 엮어

내며 인물과 사건, 사건과 사건의 유기적인 관계를 밝혀낸 것은 이 책이 지닌 또 다른 가치다.

저자는 집필 과정에서 《전남타임즈》 등 신문에 연재하여 대중과 소통하였다. 책 곳곳에 연재 당시의 느낌이 담겨 있어 '역사란 과거와 현재의 끊임없는 대화'라는 말이 실감난다. 간결하고 유려하면서도 힘이 넘치는 저자의 필력을 통해 독자들은 430년 전 외적에 맞서 목숨을 초개처럼 던진 선조들을 만나게 될 것이다. 아울러 왜 그러한 상황을 만들었나에 대한 역사의 냉혹한 현실도 직시하게 될 것이다. 전남 임진의병사를 길이 빛낼 역저를 출간한 김남철 선생의 노고에 깊은 사의를 표한다.

이름 없이 죽어간
수많은 의병들을 기억하자

전쟁 반대, 평화 실현!

어느 때보다 중요한 의미로 다가오는 말이다. 지금 국제정세는 말로 표현할 수 없는 위기상황이다. 러시아가 우크라이나를 전격 침략하여 전쟁이 발발한 지도 오랜 시간이 흘렀다. 무고한 사람들이 죽어가는 것을 목도하고 있다. 이유야 어떻든 전쟁은 힘없는 자들에게 치유될 수 없는 고통과 상처를 안기는 가장 폭력적이고 야만적인 일이다. 전쟁을 반대하고 평화를 외치는 까닭이 여기에 있다.

민족정기.

외적이 침입하는 국난 앞에서 나라를 지키는 것은 당연한 일이다. 우리 선조들도 크고 작은 외침(外侵)으로 고통을 받았다. 그중에서 임진전쟁은 가장 참혹했던 전쟁 중 하나다. 국난 앞에서 의연하게 일어선 남도 임진의병들의 투쟁과 정신을 기억해야 한다. 그래야 민족정기가 바로 서고, 불행한 역사를 반복하지 않을 수 있기 때문이다.

임진전쟁에서 분연히 일어선 남도의병들을 소개하려는 이유이기도 하다. 나라를 지키려 했던 근왕의병, 지역을 지키려 했던 향보의병—남도의 어느 지역에나 많은 의병장과 의병이 있다.

그런데 모른다고 한다. 배우지 않아서, 교과서에 나오지 않으니 모른다고 한다. 당연한 말이다. 교과서에서 언급되지 않으니 가르치지 않아도 되고, 가르쳐주지 않으니 모르는 채 지나간다. 무관심과 외면으로 일관한다. 그사이 나라 사랑과 민족정신은 무뎌져 간다. 나라 잃은 설움이 얼마나 아프고 힘든지 모른다. 어리석게도, 국난이나 외침의 위기에 점점 무감각해진다.

남도 민주평화길을 걷는다.

평생 역사교사로서 살아있는 역사교육을 위해 다양한 활동을 했으며, 자료개발에 적극 참여해 왔다. 학생들이 올바른 역사의식과 시대정신을 함양할 수 있는 활동에서 큰 보람을 느끼기도 했다. 그러나 늘 아쉬움이 남았다. 교과서에서 담지 못하는 지역의 역사와 문화를 제대로 가르칠 수 있기에는 한계가 많았다.

그래서 학생들에게 지역의 역사와 인물 그리고 문화유산을 알려주려고 '남도민주평화길'이라는 프로그램을 운영했다. 전남의 22개 시·군지역에 대한 자료 조사와 답사를 통해 자료집을 제작하고, 교사들을 모아 답사 및 체험학습을 시작했다. 쉽지 않은 대장정의 길이었다. 뜻있는 동료들이 의기투합했기에 가능했다.

남도 곳곳에서 의병들이 들불처럼 일어섰고 죽어갔다. 무심코 지나친 비석 하나, 아무도 찾지 않는 사우, 먼지 쌓인 자료는 이름 없이 죽어간 의병들의 넋을 고스란히 보여준다. 그런데 외면받고 있다. 참으로 안타까운 일이다.

그러면 어떻게 할 것인가?

'의롭고 당당한 호남의병 이야기'라는 제목으로 지역신문에 연재하기로 마음먹고 1년 남짓 50회에 걸쳐 남도의 임진의병을 소개했다. 이미 알려진 의병장은 물론, 미처 알려지지 않은 의병장들을 최대한 발굴하여 소개하려 했다. 남도의 길을 걷다 보면 의병이 없는 지역이 없다. 하긴, 전쟁 앞에서 지역을 따지며 의병에 나섰을까. 그동안 연재한 자료를

14

모아 한 권의 책으로 출간하는 것은 불꽃처럼 살다간 의병들을 꼭 기억했으면 하는 바람에서다.

우선 의병들께 진심으로 머리 숙여 감사드린다. 이미 알려진 의병장을 포함하여 미처 알려지지 않은 의병들을 최대한 담고자 했다. 그분들께 조금이나마 위로가 되었으면 한다. 아니, 살아남은 자들의 가슴에 그분들의 삶과 정신이 간직되기를 간곡히 바란다.

책 만드는 과정에서 많은 분의 도움을 받았다. 오랫동안 지켜봐준 아내와 뒤에서 응원해준 딸과 아들 덕택에 오랜 강행군을 힘든 줄 모르고 해낼 수 있었다. 자료를 꼼꼼히 읽어준 신봉수, 윤덕훈, 박해현, 신선화 선생님과 전국역사교사모임 및 전남역사교사모임 선생님들의 격려와 응원도 큰 힘이 되었다. 지역에서 묵묵히 지역사 교육을 실천하는 선후배들께도 감사드린다. 살림터 출판사를 만나게 된 것은 더없는 행운이다. 원고가 책으로 태어나기까지 수고하신 분들께 감사드린다.

부족한 부분이 있을 수 있다. 관심 있는 분들의 기탄없는 의견과 조언을 부탁드린다.

2022. 8. 15.
오계서실에서 소나무향기 김남철

목
차

추천사

4차 산업혁명 시대의 의병, 영원한 역사교육의 파수꾼 _최광표(영암교육지원청 교육장) • 5
남도 곳곳에서 만난 이름 없는 의병장의 진혼곡 _신봉수(광주예술고등학교 역사교사) • 7
발걸음과 땀방울로 되살려낸 항전의 자취 _박해현(초당대 초빙교수) • 10

책을 내면서

이름 없이 죽어간 수많은 의병들을 기억하자 • 13

1부 나주

01 임진전쟁 최초의 창의사 **김천일**   ⋯ 21
02 유구하게 빛나는 충·효·열의 정신 **양산숙**   ⋯ 26
03 전투와 기록으로 승리한 **최희량**   ⋯ 31
04 형제들과 함께 충절을 다한 **나덕명**   ⋯ 35
05 충의정신을 실천한 유학의 대가 **홍천경**   ⋯ 40
06 노블레스 오블리주를 실천한 **임환**   ⋯ 43
07 나주 임진의병의 시작 **이광익**   ⋯ 47
08 영산강에서 일본군을 저지하다 순절한 **최욱**   ⋯ 51
09 영산강 해상의병으로 활약한 **김충수 부부**   ⋯ 55
10 적진에서 피눈물로 기록을 남긴 **노인**   ⋯ 60

2부 화순, 보성, 장흥

11 남강에 몸을 던진 논개의 남편 **최경회**   ⋯ 67
12 금산전투와 진주성 전투에 참가한 **문홍헌**   ⋯ 71
13 진주성을 지키기 위해 달려간 화순 출신 의병장들   ⋯ 75
14 대를 이은 의병 명문가 의병장 **박광전**   ⋯ 79
15 전투와 군사행정을 분리하여 승리한 **임계영**   ⋯ 84
16 나라를 지키기 위해 충절을 다한 **어모장군 전방삭**   ⋯ 90
17 전라 동부지역에서 연전연승한 **모의장군 최대성**   ⋯ 95
18 군량 보급을 담당한 일문창의 **문위세**   ⋯ 100

3부 순천, 광양, 구례

19 은둔에서 나라를 구하기 위해 순절한 **장윤** · · · 109
20 웅천바다와 진주성을 지킨 **허일과 6부자** · · · 114
21 조선 조총을 개발하여 해전 승리에 기여한 **정사준** · · · 119
22 적정을 살펴 해전 승리에 기여한 **성윤문** · · · 125
23 전라좌의병 광양의 형제 의병장 **강희보와 강희열** · · · 130
24 구례 석주관에서 맹렬히 싸운 구례의병 **칠의사** · · · 135

4부 여수, 고흥

25 이순신을 도와 해전 승리에 기여한 **정철 형제들** · · · 143
26 해상의병으로 활약한 **흥국사 의승수군** · · · 149
27 고흥반도에 서린 흥양의병의 넋 **송대립 형제** · · · 155
28 임진전쟁에 들불처럼 참여한 **흥양(고흥) 의병장들** · · · 159

5부 영암, 강진, 해남

29 소나무의 절개를 닮은 **전몽성** · · · 167
30 나라를 구하라, 지역을 지켜라! **영암의 임진의병들** · · · 171
31 고향을 지키고 나라를 세운 향보의병장 **염걸** · · · 177
32 충효를 위해 다리를 바친 **황대중** · · · 182
33 명량대첩을 승리를 이끈 여성 의병 **'어란'** · · · 187
34 한 고을 한 가문의 일곱 충신 **해남 윤씨 의병장들** · · · 193
35 임진전쟁에 종지부를 찍은 **최강** · · · 197

6부 함평, 영광, 장성

36 『화차도설』을 쓴 국방과학의 선구자 **변이중**   ··· 203
37 호랑이 정신의 기치로 정예의병 양성한 **심우신**   ··· 208
38 남문 창의를 주도한 **김경수**   ··· 213
39 불타버린 함평향교를 재건한 **노경덕**   ··· 217
40 더불어 함께 향토방위로 영광을 지킨 **이응종**   ··· 223
41 포로문학의 백미 『간양록』을 남긴 **강항**   ··· 228

7부 담양, 광주

42 두 아들과 의병을 일으켜 충성과 의리를 다한 **고경명** ··· 237
43 전국에서 처음으로 의병 참가를 호소했던 **유팽로** ··· 243
44 익호장과 충용장을 하사받은 의병장 **김덕령** ··· 248
45 '백성을 구하라', 복수 의리 주장한 **송제민** ··· 254
46 막대한 재산을 의병 결집에 제공한 **양대박** ··· 259
47 호남의 은덕군자 **기효간** ··· 264
48 입암산성을 지키고 부부가 절의를 다한 **윤진** ··· 268
49 군량 보급에 힘쓴 의곡장 **기효증** ··· 273

참고문헌 ··· 277

1부

나주

01

임진전쟁 최초의 창의사
김천일

"우리 군은 의병이다. 관군에 비교할 바가 아니다. 그대들이 날 따르기 싫어 한다면 어찌 강제로 내몰 수 있겠는가? 다만 왜적을 토멸하지 못한다면 비록 이 땅의 어느 곳에 간들 살 길은 없다. 하물며 임금이 욕을 당하고 신하들이 죽어가는데, 그대들은 이 나라 2백 년 사직이 길러낸 백성들이 아닌가? 진실 로 죽음을 각오하면 도리어 살 길이 있을 것이다."

임진전쟁 최초의 창의사(倡義使) 김천일이 출정을 앞두고 의병들에게 한 말이다. 일본의 침략으로 풍전등화 같은 위태로운 상황에서 김천일은 의병을 일으켜 국난 극복에 나선다. 김천일은 누구인가?

충의의 정신으로 의병을 일으키다

김천일(金千鎰, 1537~1593)의 본관은 언양, 자는 사중(士重)이고 호는 건재 (健齋)다. 나주읍 홍룡동에서 진사 김언침의 외아들로 출생했다. 태어난 다음 날 모친 양성(陽城) 이씨가 별세하고 7개월 후 부친마저 별세하여 외조부 이함(李瑊)의 집에서 성장하고 19세에 일재(一齋) 이항(李恒) 문하에 서 수학했다.

1578년(선조 11) 당시 잘못된 폐단을 바로잡고자 상소를 올렸다가 임금 의 노여움을 사 좌천되어 임실 현감이 되었다. 이후 순창 군수, 담양 부 사로 부임했다가 1584년(선조 17) 나주로 돌아와 극념당을 짓고 후진 교육 에 힘썼다.

김천일 의병장 동상

1592년(선조 25) 임진전쟁이 일어나 적의 대군이 북상하여 서울이 함락되고 국왕이 서쪽으로 향했다는 소식을 접하자 5월 16일, 김천일은 나주공관에서 창의할 것을 결의했다. 이후 전라도 내 고경명·박광옥·최경회·정심 등에게 글을 보내 함께 북진할 것을 권유하는 격문을 보내고 의로운 선비 삼백여 명과 6월 3일 출사했다. 13일 천안에 이르렀을 때는 그 수가 2천여 명이 되었다. 김천일은 공주에서 조헌과 호서지방 의병에 관해 협의하고 수원에 도착했다.

독성산성을 탈환하다

1592년(선조 25) 6월 23일, 김천일 의병장 부대는 수원에 도착한다. 조헌을 좌의대장으로 추대하고 충청도로 내려보내 의병을 모집하게 했다. 그리고 독성산성을 탈환하고 이곳을 거점으로 본격적인 군사 활동을 전개했다. 날쌘 군사들을 4대로 편성한 다음 게릴라 전법으로 번갈아 왜적을 습격하여 물리쳤다.

특히 금령전투에서는 왜적 15명을 참살하고 많은 전리품을 노획했다

독성산성 전투도

양화도 전투도

고 한다. 이후 한양을 탈환하고자 강화도로 병력을 이동했다. 강화도에 들어간 김천일은 민심을 안정시키고 부하 양산숙과 곽현에게 그간의 전과(戰果)를 선조께 고하도록 했다. 조정은 그의 공로를 기려 '창의사'라는 군호를 수여하고 장례원판결사에 임명했다. 임진전쟁 때 의병장 중 '창의사'를 수여받은 것은 김천일 의병장이 최초다.

양화도 전투에서 대승을 거두다

강화도로 이동한 김천일 의병장은 강화 부사·전라 병사와 협력해 연안에 방책을 쌓고 병선을 수리해 전투태세를 정비했다. 그는 한양 수복을 위해 한양 인근의 왜적부터 소탕해야 한다고 판단했다. 이에 강화도 연안에 출병하여 적들을 섬멸하니 양천·김포 등지의 적은 모두 패주했다.

특히 1592년 9월에는 전라 병사·경기 수사·충청 병사 등 관군 및 김천일 의병군의 연합작전이 이루어졌다. 양화도에 진을 치고 있는 왜군 성내에 은밀히 장사치들을 잠입시켰고, 안에서 내응하게 하여 대승을 거두었다. 이듬해 1593년에는 명나라 군대가 평양을 수복하고 개성으로 진격할 때 이들의 작전을 도왔으며, 한양이 수복되자 쌀 천 석을 공급해서 굶주리는 백성을 도와주었다.

촉석루에서 별이 지다

2차 진주성 전투는 김천일 의병장을 비롯하여 수많은 호남의병의 희생이 따랐다. 1593년 4월 왜군들은 한양에서 철수하고 경상도 밀양에 모여 진주성 공략을 준비하고 있었다. 1차 진주성 전투 패배의 한을 풀고, 곡창지대 호남으로 가는 길목인 진주성을 차지하여 호남지역을 장악하고자 했다. 이에 김천일은 6월 14일 300명의 의병을 이끌고 진주성으로 들어갔다. 그를 따라 충청 병사 황진과 경상우병사 최경회 등 관군과 의병부대들이 진주성으로 집결했다.

6월 16일, 왜군이 함안까지 쳐들어오자 많은 관군이 후퇴해버렸다. 하지만 김천일과 의병들은 파도같이 밀려드는 왜군들을 무서워하지 않고 전투준비를 하고 있었다. 이때 적의 병력은 10만에 가까웠고 진주성 내에는 3, 4천의 군사가 있었다.

1593년 6월 21일, 왜군들이 우세한 화력과 압도적 병력으로 집요하게 진주성을 공격했다. 이때 큰 장마로 성이 허물어졌으며, 명나라 장수 유정에게 원군을 청했지만 이마저도 허사였다. 하지만 김천일 의병장과 의병들은 좌절하지 않고 9일 동안 버티며 저항했다.

6월 29일, 최후의 날을 맞이했다. 처음에는 동문 근처 성벽이 무너지면서 왜적이 개미 떼처럼 성벽을 넘어왔다. 이어 서북문까지 무너지고 말았으며, 아군은 촉석루 쪽으로 모여들었다. 김천일의 아들 상건과 부하 양산숙이 김천일을 모시고 후퇴하려 했다. 하지만 김천일은 "나의 죽음은 이미 기병한 날 결심한 것이니 오늘까지 이른 것도 늦었다 할 것이다. 그대들은 집을 버리고 나를 따라 2년 만에 이 지경에 이르렀으니 그대들이 가련할 뿐이다."라고 하고 아들 상건과 강물에 몸을 던져 순절했다.

김천일과 많은 호남의병이 희생했지만 진주성은 끝내 함락되고 말았다. 왜군은 진주성을 함락시킴으로써 전라도를 장악하는 전진기지로 삼았다. 그러나 진주성 전투에서 입은 막대한 병력 손실과 그로 인한 전력상의 차질은 사실상 호남 공략의 목표를 좌절시켰고, 왜군의 목적은 실패로 돌아갔다.

2차 진주성 전투도

나주 정렬사에서 기리다

이처럼 김천일은 아들과 함께 죽음으로 조선을 지킨 의병장이다. 이후 '문열공'으로 추증되었고, 나주 금성산 자락의 '정렬사(旌烈祠)'에 모셔 그 충절을 기리고 있다. 아울러 나주 삼영동에 묘가 조성되어 있다. 기록에 의하면 실록에서 김천일은 총 275회에 걸쳐 소개된다. 김천일의 활약상을 엿볼 수 있는 대목이다.

"김천일은 몸소 성을 순행하면서 눈물로 사졸들을 위무(慰撫)했고 성이 함락될 때 좌우가 부축해 일으켜서 피하기를 권했으나 꼼짝도 하지 않고 앉은 채 '나는 이곳에서 죽을 것이니 너희들이나 피하라' 하고서 최경회와 더불어 촉석루 위에서 통곡하고는 이내 스스로 벼랑 밑으로 몸을 던져 죽었습니다."(「선조실록」 41권, 선조 26년 8월 4일)

지금도 매년 음력 5월 16일이면 추모 제향이 진행된다. 그러나 대부분의 사람들은 그런 일을 모르거나 관심이 없다. 국난 앞에 목숨을 바친 의병장들을 기억하고 계승하는 것은 매우 중요한 일이다. 의로움과 당당함을 몸소 실천했던 의병장들의 삶을 통해 민족정기를 바로 세우는 계기가 되었으면 한다.

02

유구하게 빛나는 충·효·열 정신
양산숙

"나라가 이같이 위태로우니 저희들은 나라를 위해 목숨을 바치겠습니다."

임진전쟁이 발발한 후 양산숙과 양산룡 형제가 어머니 박씨에게 한 말이다.

"위태로운 처지에서 구차하게 죽음을 모면하고 주장(김천일)으로 하여금 혼자만 죽음에 빠지게 하는 것이 옳겠는가?"

이는 양산숙이 왜적에게 포위된 진주성을 향해 헤엄쳐 들어갈 것을 결심하며 한 말이다.

양산숙은 김천일과 함께 진주 싸움에서 끝까지 싸우다 죽음으로 충절을 지킨 의병장이다. 그런데 양산숙 의병장을 아는 사람은 없다. 교과서에 나오지 않고, 의병사 교육도 제대로 이루어지지 않았기 때문이다. 이제라도 양산숙 의병장의 삶을 따라가 보자.

아버지로부터 병법을 배우다

양산숙(梁山璹, 1561~1593)의 호는 번계, 본관은 제주다. 나주 박산(현 광주시 박호동)에서 대사성 응정의 셋째 아들로 출생했다. 우계 성혼 문하에서 수학하고 혼인한 후 삼향에 살면서 전란에 대비하여 수영과 행군을 연습했다. 양산숙은 태도가 단정하고 총명했다. 배움을 좋아하여 경전에만 진심을 다했다. 천문과 지리에 정통했으며, 병학도 연구했다.

양산숙은 일찍이 중앙 정치가 평탄하지 못한 것을 보고 과거 공부를 포기했다. 나주의 남쪽 삼향리에 터를 골라 은거했다, 본가와는 1백여

리나 떨어져 있었지만, 매번 어버이를 뵈러 반드시 걸어갔다.

29세 되던 1589년(선조 22), 기축옥사(己丑獄事)가 일어나자 양산숙은 상소를 올려 조헌의 원통함을 변호하면서 정여립의 반역을 예언했다. 아울러 얼마 후 양산숙은 서인인 조헌과 함께 정철을 칭찬하고, 동인인 이산해 등을 배척하는 상소를 올리기도 했다.

양씨삼강문

의주로 피란 간 선조와 만나다

1591년(선조 24), 그는 전란에 대비해야 한다는 상소문을 올렸다가 세상 사람들로부터 미친 사람 취급을 받았다. 이듬해 임진전쟁이 발발하자 나라가 온통 침탈을 당하여 선조가 서쪽 길로 피난하고, 부귀한 자들은 모두 제 몸 피하는 데만 급급했다. 그러나 양산숙과 양산룡 형제는 통곡하며 분발하여 어머니 박씨에게 가서 "나라가 이같이 위태로우니 저희는 나라를 위해 목숨을 바치겠습니다."라고 했다. 그러자 박씨는 말했다. "우리 집안은 대대로 나라의 은혜를 받아 온 것이 다른 집안에 비할 바가 아니니 무슨 수고로울 것이 있겠는가."

이에 양산숙 형제는 의병을 모아 왜적에게 맞섰고, 격문을 돌려 향병을 모았다. 그 뒤 김천일을 추대하여 장군으로 삼아 적의 예봉에 맞서 싸우며 강화로 들어가 진을 쳤다. 양산숙은 장사 10여 명을 모아 김천일의 밀서를 가지고 강화를 떠나서 낮에는 숨어 있고 밤에만 움직이며 의주에 있던 행재소에 도착했다. 당시 적병이 주위에 가득하여 도로가 막혀 행재소에서의 명령이 남쪽 지방으로 전달되지 못한 지 오래되었다. 그러나 양산숙이 이르렀다는 말에 크게 기뻐하여 선조는 그를 즉시 불러들였다. 양산숙이 땅에 엎드려 통곡하며 전라도의 소식과 의병을 일으킨 일 등을 보고했다. 선조는 이를 가상히 여겨 즉시 양산숙에게 벼

슬을 내려 공조 좌랑으로 삼고, 교지를 주어 의병 부대로 돌아가 알리도
록 했다.

남강을 헤엄쳐 포위된 진주산성으로 돌아가다

1593년(선조 26), 왜적이 영남에 진을 치자 김천일은 여러 군대와 협력
하여 퇴로를 공격하며 진주를 지키고 있었다. 이후 양산숙은 김천일을
따라 진주에 이르러 김천일의 서신을 가지고 명나라 장수 유정에게 지
원을 요청했다. 그의 사기가 강개하여 유정도 탄복했지만, 여전히 군사
를 출동하려고 하지는 않았다.

양산숙은 병으로 뒤처져 있다가 행보를 빨리하여 진주로 달려갔다.
사람들이 그에게 "적이 반드시 그 성을 얻으려 하여 성이 매우 위험한
데, 어찌 그리 급하게 갈 필요가 있겠는가?"라고 했지만 양산숙은 듣지
않았다. 그가 진주성으로 돌아왔을 때 적은 이미 성을 압박하고 있었
다. 이때 동행한 몇 사람은 모두 탈주했으나, 그는 홀로 남강을 통해 성
에 들어갔다.

진주성이 함락되기 전에 김천일이 양산숙에게 성에서 나갈 것을 권했
는데, 양산숙은 눈물을 흘리며 "일을 함께한 이상 마땅히 함께 죽어야 합
니다."라고 하고는 끝까지 떠나지 않아 마침내 살신성인의 절개를 지켰다.

그리고 얼마 후인 1593년 6월 29일, 진주성이 함락되자 김천일을 부
축하여 북쪽을 향해 재배를 올린 후 최경회, 고종후와 함께 물에 뛰어
들어 순절했다. 33세의 나이였다.

어등산 푸른 별이 된 아홉 명의 영웅들

정려(旌閭)란 국가에서 미풍양속을 장려하기 위해 효자·충신·열녀 등이 살던 동네에 붉은 칠을 한 정문을 세워 표창하던 풍습이다. 양씨삼강문에 있는 '삼세구정려(三世九旌閭)'는 국가에서 사액된 전국 유일의 정려로, 송천 양응정 가문의 의로운 정신이 깃들어 있는 유적이다.

삼세구정려에 봉안된 9명의 인물은 다음과 같다.

첫째, 송천의 부인으로, 삼양포에서 왜군과 만나 아들, 딸과 함께 순절한 죽산 박씨다. 둘째, 송천의 둘째 아들로, 군량미를 모아 의병을 돕고 정유재란 때 어머니를 모시고 피란하다가 삼양포에서 왜적을 만나 어머니 죽산 박씨와 바다에 투신하여 순절한 효자 생원공 양산룡이다. 셋째, 송천의 셋째 아들 충민공 양산숙이다. 넷째, 양산숙의 부인으로, 정유재란 때 무안 승달산에서 왜적을 만나 항거하다 자결한 광산 이씨다. 다섯째, 송천의 넷째 아들인 효자 처사공 양산축이다. 여섯째, 송천의 딸이며 김광운의 아내인 제주 양씨다. 일곱째, 송천의 외손자 김두남이다. 여덟째, 양산룡의 아내 고흥 유씨다. 아홉째, 김두남의 아내 제주 양씨다. 1635년(인조 13), 이들 9명을 포상하라는 왕명이 내려졌다.

어등산 박뫼마을(박산博山)은 임진전쟁부터 구한말까지 의병활동의 중심에 있었던 '충'의 고장으로 널리 알려져 있다. 구한말 의병들은 이 마을의 주막집을 중심으로 정보를 교환하며 주민들의 지원과 도움을 받았다고 한다.

이처럼 충, 효, 열의 정신을 모두 갖춘 양산숙 집안의 내력을 통해 새삼 명가의 전통을 새길 수 있다. 아무리 세상이 각박해지고 민족정기가 무너져내린 시대라지만 국난 앞에서 죽음으로 충성을 다하고, 어른과 윗사람을 공경하며 효도를 실천하고, 비록 여성의 몸이지만 기꺼이 의를

양씨삼강문 내 삼세구정려

다한 충절은 여전히 절대적으로 필요한 덕목이다.

서양에 '노블레스 오블리주'의 정신이 있다면 우리에게도 '정통 명가'로서의 위상과 정체성을 지키고 의로움과 당당함을 지키는 집안이 있다. 지금도 박산 마을에는 우리의 옷깃을 여미게 하는 정신이 유유히 흐른다.

03

전투와 기록으로 승리한
최희량

국난 앞에서 죽음으로 나라를 지킨 의병장들을 우리는 어떻게 기억해야 할까. 조선 최대의 아픔이자 치욕이었던 임진전쟁 시기, 풍전등화의 백척간두에서 의연하게 일어선 의병들의 활동으로 나라를 지키게 된다. 오늘날과 달리 조선은 체계화된 군대 조직과 군사력을 갖지 못한 실정이었다. 외침(外侵)에 전혀 대비하지 못한 조선은 순식간에 일본에 무너져 내리고 만다.

이때 의연하게 일어선 장군 가운데 활 잘 쏘고 담대했던 최희량 장군이자 의병장이 있다. 그는 임진전쟁에서 승전보를 기록으로 남겼다.

조선의 빌헬름 텔, 고흥 수령으로 부임하다

최희량(崔希亮, 1560~1651) 장군은 1560년 나주 다시면 가흥리에서 아버지 최낙궁과 어머니 광산 김씨 사이에서 태어났다. 7세 때 학문을 시작했지만 21세 때 부친의 명으로 학문을 그만두고 활쏘기를 배웠다.

33세에 임진전쟁을 당했을 때 그는 부친의 삼년상을 치르느라 집에 있었다고 한다. 35세 되던 선조 27년(1594) 무과에 급제했고, 36세에 장인인 충청수사 이계정 휘하의 군관이 되어 왜구를 막았다.

활을 잘 쏘아 선조로부터 홍양(현재 전남 고흥군) 현감을 제수받은 최희량 장군의 일화가 유명하다. 최희량은 38세 되던 해(1597년) 정유재란이 발발하자 임금 앞에서 적장 도요토미 히데요시를 그려놓은 표적에 화살을 명중시켰다. 선조는 기뻐하며 최희량을 홍양 현감으로 임명했다. 그는 이후 충무공 이순신의 막하(幕下)에 들어가 왜적과 맞서 싸우며 탁월

최희량 장군 신도비(나주시 다시면 가흥리 369)

한 활쏘기 실력을 뽐냈다.

큰형인 최희급 의병장은 김천일 장군의 운량장(運糧將, 군대 양식을 운반하는 일을 맡아보던 장수)으로 활약하며 왜적에게 맞서다 진주성 전투에서 의로운 죽음을 맞이했다.

포로 생환을 이루어 이순신 장군의 격찬을 받다

최희량은 흥양에 도착하자 통제사 이순신 장군의 막하에 들어가 그의 지휘 아래 왜적을 크게 무찔러 공을 세웠다. 그는 이순신을 따라 명량(진도)·돌산(여수)·이진(해남) 등 10여 차례의 전투에서 많은 전공을 세웠다. 특히 적에게 포로로 잡혔던 신덕희 외 700여 명이 살아 돌아오게 한 것은 매우 큰 업적이다. 이에 이순신은 격찬을 아끼지 않았다고 한다.

그러나 마지막 전투인 노량해전 이후 그는 세상사에 회의를 느끼고 벼슬을 버리고 고향에 은거했다. 이순신의 죽음과도 연관이 있는 것으로 보인다. 그는 고을에서 지내며 대박산 아래에 '비은정(費隱亭)'이라는 정자를 짓고 나운 임연, 송호 백진남 등과 시문을 주고받으며 허물없는 교우 관계를 맺었다. 이후 77세 때 병자호란을 겪으면

최희량 장군 묘정비

서 우국충정에 가득 찬 한시들을 짓기도 했다.

승리의 기록이 대대손손 전해지다

최희량 임란 관련 고문서 『임란첩보서목(壬亂捷報書目)』은 선조 31년(1598) 흥양현감으로 있으면서 전라수군절도사 이순신 장군과 전라도 관찰사에게 왜적을 격파한 전과(戰果)를 보고한 문서다. 부속자료로 교지·시호망 등 고문서가 덧붙여져 있다. 교지는 조선시대 국왕의 명령 및 의중을 담은 언사, 또는 국왕이 관직 등을 내리는 문서 가운데 첫 행에 교지(敎旨)라고 표기하는 문서군을 지칭하며, 시호망은 관직에 있던 선비들이 죽은 뒤 시호(諡號)를 정할 때 시호 셋을 미리 정하고 임금에게 아뢰는 후보 시호를 말한다. 임금은 이 중 하나를 택하거나 그 세 가지 시호를 사용하는 것이다. 원래는 따로 흩어져 있던 것을 최희량의 후손 최기정이 서목 뒤에 19절지로 배접하여 첩으로 만들었다.

책 표지에 최기정이 '최일옹파왜보첩원본'이라는 제목을 붙이고, 문건마다 백지 또는 붉은 종이를 표지로 붙여 내용을 분류하기 쉽게 했다. 문건 내용은 현지에서 작성한 승전 보고이며, 보고받은 상관이 여백에 회답을 적어 보내는 형태로 남아 있다. 이는 당시 공문서 양식을 그대로 보존하고 있는 희귀한 자료로 평가된다.

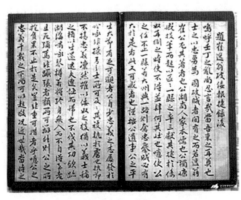

『임란첩보서목』

종류별로 구성 내용을 살펴보면 다음과 같다.

첫째, 최희량임란첩보는 첩장으로 19절이며 표지에는 '최일옹파왜보첩 원본'이라 묵서로 쓰여 있다. 1598년(선조 31) 3~7월 최희량은 흥양 현감으로 재임하면서 전라좌도수군절도사, 통제사 등에게 첨산·고도 등의 승첩을 7차에 걸쳐 올렸다.

둘째, 교지는 낱장으로 되어 있으며 모두 아홉 장이다. 선조 때 최희량이 받은 것이 다섯 장이고, 최희량이 죽은 뒤 내린 병조판서 교지가 있다. 나머지 가운데 한 장은 고종 때 내린 교지이며, 두 장은 그의 아내에게 내린 교지다.

셋째, 시호망은 세 장으로, 1871년(고종 8) 작성된 문서다. 이 서첩과 문서들은 임진전쟁 당시 전황을 살필 수 있는 귀중한 사료이며, 고문서 연구에도 중요한 자료다. 수성 최씨 후손들이 소장하고 있다.

나주시 다시면에 가면 최희량 신도비와 무숙사(武肅祠) 등에서 최희량 장군의 흔적을 만날 수 있다. 영산강을 따라 새로 난 강변도로를 이용하면 쉽게 찾을 수 있다. 유유히 흐르는 영산강과 드넓은 평야를 안고 최희량 의병장을 모시는 무숙사에서 구국의 정신과 기록의 중요성을 일깨워보기를 권한다. '역사는 기록하는 자의 승리'라는 것을 거듭 느낀다.

04

형제들과 함께 충절을 다한
나덕명

이천년 역사문화도시 나주는 금성산을 주산으로, 남산을 안산으로 삼고 있다. 남산 자락에 가면 고풍스런 금호사를 만날 수 있다. 나주천이 유유히 흐르고, 약간은 사람들의 시선에서 벗어나 있는 남내동에 나씨 삼강문을 위시한 사우들이 충절을 다한 나주 나씨 집안의 의병장을 기리고 있다.

형제들과 함께 의로움을 다한 나덕명 의병장을 아는 사람은 얼마나 될까? 나주의 대표적인 토반인 나주 나씨 의병장들을 찾아 나서보자.

출세를 마다하고 지조를 지키다

나덕명(羅德明, 1551~1610)의 본관은 나주, 자는 극지(克之), 호는 소포(嘯浦) 또는 귀암(龜菴)이다. 좌찬성 나사침(羅士忱)의 장자로 나주읍에서 출생했다. 좌찬성은 오늘날의 부총리급에 해당하니 요즘 식으로 표현하면 전형적인 금수저 집안에서 태어났다고 할 수 있다.

그렇지만 나덕명은 학문을 게을리하지 않았으며, 아버지를 본받아 충효 정신을 계승했다. 또한 그는 어려서부터 기골이 장대하고 담력이 컸다고 한다. 나덕명은 29세 되던 1579년(선조 12) 진사시에 급제하여 영의정 박순의 추천으로 의금부도사가 되었다. 의금부도사는 조선 시대 의금부에 속한 종5품 벼슬자리다. 말 그대로 출세가도를 달린 셈이나, 그는 곧 현실 정치에 환멸을 느껴 얼마 지나지 않아 사임하고 고향으로 돌아왔다.

나씨삼강문(전남 나주시 남내동 15)

산골 유배지에서 의병에 참여하다

1589년(선조 22) 10월, 정여립의 모반으로 일어난 동인과 서인의 정쟁으로 '정여립 옥사'가 발생했다. 이때 나덕명의 두 아우가 정여립과 친분이 두터운 정개청의 문인이었다. 그 때문에 이 옥사에 관련이 있다는 무고가 있어 부친과 다섯 형제가 구금되었다가 부친은 효자 정려를 받은 분이라 해서 사면되었다. 그러나 다섯 형제는 유배를 떠나게 되었고, 나덕명은 함경도 경성에서 유배 생활을 시작했다.

1592년 임진전쟁이 일어나 왜군이 함경도에 침입하자 회령에 살던 국경인(鞠景仁, ?~1592) 등이 반란을 일으켜 이곳에 피난 온 두 왕자를 붙잡아 왜군에게 넘겨주었다. 국경인 사건은 1592년 왜장 가토 기요마사가 함경도로 침입하여 회령 가까이 이르자 경성부 아전으로 있던 작은아버지 국세필, 명천 아전 정말수 등과 함께 부민을 선동, 반란을 일으킨 것을 말한다. 이때 왕을 측근에서 호위하는 병사를 모집하기 위해 이곳에 머무르고 있던 선조의 두 왕자 임해군 이진과 순화군 이보 및 그들을 호종했던 대신 김귀영과 황정욱·황혁 부자, 남병사 이영, 부사 문몽헌, 온성 부사 이수 등을 그 가족과 함께 잡아 적진에 넘겼다. 이에 가토 기요마사에 의하여 판형사제북로(判刑使制北路)에 임명되어 회령을 통치하면서 이언우·전언국 등과 함께 횡포를 자행하다가 북평사 정문부의 격문을

나덕명 의병장 사적비(전남 나주시 남내동 15)

받은 회령 유생 신세준과 오윤적의 유인작전으로 붙잡혀 참살되었다. 또한 지역을 지키던 군인들이 왜군에 가세하는 지경이 되었다.

이에 북평사 정문부가 경원·경흥 부사 등 여러 수령과 의병을 모집하게 되었다. 이때 나덕명은 이곳에 유배된 한백겸과 함께 의병에 참여했다. 이후 그는 왜군 토벌에 힘쓰다가 1593년 여름에 유배가 풀려 고향에 돌아왔다.

정유재란 발발 후 형제들이 공을 세우다

나덕명은 1596년(선조 29) 부친상을 당하여 무안군 주룡에 내려가 장사를 지냈다. 상을 마친 후에는 주룡적벽에 정자를 짓고 부친의 시묘를 했다. 이듬해 1597년(선조 30) 정유재란이 발발하자 나덕명은 임환과 함께 창의하여 군대를 일으켰다. 그리고 왜적을 쫓아 동복에 이르러 많은 적을 무찌르고 포로로 붙잡는 큰 공을 세웠다.

『난중일기』 1597년 12월조 기사를 보면 나덕명이 이순신을 두 차례 방문한 것이 확인된다. 의병활동을 하던 나덕명이 이순신을 방문한 것은 일본군에 대한 정보 공유나 수군 재건과 관련이 있다. 이러한 공을 인정받아 나덕명은 선무원종공신에 녹훈되었다.

나사침의 장남 나덕명 외에도 여러 아들이 왜란 시기에 많은 공을 세

경현서원(사진 : 한국학중앙연구원)

웠다. 차남 나덕준은 정개청의 문인으로 기축옥사에 연루되어 부령으로
귀양을 갔다. 그러다 사포서별제로 있던 1595년 보은현감으로 제수되었
다. 사헌부에서 파격 승진이라 하여 우려를 표하기도 했다. 1597년 12월
6일에는 정개청의 아우 정응청과 고하도에서 수군 재건을 위해 총력을
기울이던 이순신을 찾아간다. 호남절의록에 "덕준이 정유재란 때 곡식
을 모아 충무공의 군지에 보냈다."는 기록이 있어 그 활동을 반증할 수
있다.

넷째 아들 나덕현은 기축옥사에 연루되어 귀양 간 적이 있다. 그는 정
유재란 때 모친을 업고 피난 가다 일본군을 만났는데, 덕현이 모친을 껴
안고 슬피 울자 일본군도 감동했다 한다. 그의 부인은 정유재란 때 피란
가다 영산강 나루터에서 일본군과 마주치자 강물에 몸을 던졌다.

다섯째 아들 나덕신은 1591년 무과에 급제한 후 정유재란 때는 이순
신과 노량해전에서 공을 세웠다. 이때의 공으로 선무원종훈 1등에 올랐
으며 영암군수까지 올랐다.

이렇게 나사침의 여러 아들이 임진전쟁과 정유재란 때 이순신을 돕거
나 전쟁에 직접 참여하며 공을 세웠다. 이들은 기축옥사를 통해 큰 피
해를 입었음에도 이순신을 도와 구국활동을 전개한 것이다. 이후 이괄
의 난을 진압하는 데도 앞장섰다. 그리고 광해군 정권이 들어섰을 때는
스승 정개청 등 기축옥사 희생자들을 신원하는 운동을 전개했다.

그리고 경현서원을 통해 나주지역의 주도권을 점유해 갔다. 안타깝게
도 경현서원은 몇 번의 이설과 부침을 겪게 된다. 지금도 경현서원은 제

남도 임진의병의 기억을 걷다

대로 관리되지 않고 있다. 입구는 굳게 닫혀 있고, 찾아오는 사람이 없어서인지 녹슬고 허물어진 모습에 절로 한숨이 나온다.

국난 앞에서 충절을 다한 의병들이 명망가 중심으로 기록되고 알려져 이름 없는 의병들은 대다수 사람이 알지 못하는 실정이다. 수많은 이름 없는 의병들의 나라사랑과 기개를 반드시 기리며 그 삶을 알려주어야 한다. 집안 형제들이 모두 의병에 나선 명문 집안 나주 나씨 나덕명과 형제들의 의병 활동을 거듭 강조하고 싶다.

05

충의정신을 실천한 유학의 대가
홍천경

나주의 주산 금성산 자락을 따라 많은 정자와 서원이 있다. 호남을 상징하는 영산강 줄기와 맞물려 호남의 많은 학자와 의병을 기리는 서원을 이해하는 것은 국난 앞에 의연하게 일어선 의병장을 이해하는 지름길이다. 나주 노안면 금안동에 있는 월정서원과 다시면에 있는 창주정에 가면 낯선 의병장 이름을 만날 수 있다.

충의 정신을 실천한 유학의 대가이자 문학가로 유명했던 홍천경이다. 그는 임진전쟁에서 김천일 의병장을 도와 의병활동을 전개했다. 대기만성으로 알려진 홍천경 의병장의 삶과 충의정신을 따라가 보자.

"은둔생활 나귀 생활로 만족한다고 나를 업신여기지 마라.
어느 때인가 누군가가 필요로 할 때가 오겠지"

대의 문장가, 의병 모집의 격문을 띄우다

홍천경(洪千璟, 1553-1632)은 조선 중기의 문신으로, 1553년(명종 8) 노안면 금안리에서 태어났다. 본관은 풍산이고 자는 군옥(群玉)이며 호는 반항당(盤恒堂)이다. 어렸을 때부터 학문을 닦았는데, 당대 최고 학자인 기대승, 이이, 고경명의 문하에서 배워 유학에 조예가 깊었으며 충의의 정신이 강했다.

임진전쟁이 일어나 각처에서 의병이 일어나자 창의사 김천일 의병장의 부대에 나가 군량을 수집하고 수송하는 등의 임무를 담당했다. 직접

월정서원(나주시 노안면 금안리)

왜적과 싸우지는 않았으나 전투에 중요한 군량 보급을 맡아 충실히 수행했다.

1597년 정유재란 때는 도원수 권율 휘하에서 문서를 관장하고, 의병 모집 격문을 작성했다. 격문이란 요즘의 홍보 포스터라고 할 수 있다. 격문은 아무나 작성할 수 없는 것으로, 당대 최고 문장가들이 주로 맡았다. 홍천경의 명성이 어느 정도인지 알 수 있는 대목이다.

1609년(광해군 1) 증광시(나라에 경사가 있을 때 식년시 외에 실시된 비정기 과거 시험) 문과에 갑과로 급제하여 전적·나주교수·남원교수 등을 역임했다.

1623년, 노인직으로 첨지중추부사가 되었다.(당시 조선은 장수한 사람에게 특별히 노인직을 제수했다.) 1789년 월정서원(月井書院)에 제향되었다.

의병장을 모신 월정서원, 이대로 괜찮을까?

월정서원은 조선 중기에 건축된 서원으로, 전남 나주시 노안면 금안리 광곡마을에 있다. 이 서원은 1659년(효종 10)에 지방 유림의 공의로 박순(朴淳) 선생의 학문과 덕행을 추모하기 위해 창건되었다. 1669년에 '월정(月井)'이라 사액되었으며, 1789년에 김계휘·심의겸·정철·홍천경이 추가 배향되었다.

선현 배향과 지방 교육의 일익을 담당하여 오던 중 1868년(고종 5) 대원

월정서원

창주정(전남 나주시 다시면 신석리)

군의 서원철폐령으로 훼철되었다.

1960년 유림에 의해 복원되어 오늘에 이른다. 경내 건물로는 3칸의 사우, 내삼문, 4칸의 강당, 외삼문, 3칸의 고직사, 행랑 등이 있다.

사우에는 박순·김계휘·심의겸·정철·홍천경의 위패가 봉안되어 있으며, 중앙의 마루와 양쪽 협실로 된 강당은 원내의 여러 행사와 유림의 회합 또는 숙소로 사용된다. 이 서원에서는 매년 3월 6일 향사를 지낸다.

이곳 역시 안타깝게도 관리가 전혀 되지 않고 있다. 입구에는 잡초가 무성하여 내부로 들어갈 엄두가 나지 않고, 내부에도 수풀들이 비석의 글씨를 가려버려 안타까움을 불러일으킨다.

지금도 나주 명가로 인정받고 있는 풍산 홍씨의 집안의 위력은 대단하다. 그 후손들의 자부심 또한 작지 않다. 그럼에도 월정서원과 창주정의 내력을 알리고 설명하고 홍보하려는 움직임이 전혀 없다. 홍천경 의병장을 아는 학생과 시민은 거의 없다. 임진전쟁에서 군량을 지원하고, 의병 홍보를 위해 적지 않은 나이에도 격문을 만들었던 그 정의로움과 당당함을 기억해야 하지 않는가.

06

'노블레스 오블리주'를 실천한
임환

'심지는 청백하게 하며, 처신은 삼가 겸손하라.'

나주 임씨 집안에 600년 넘게 전해온 가훈이다. 영산강을 따라 나주 다시에 이르면 영모정과 창랑정이라는 정자를 만난다. 나주 임씨 대대로 청백과 겸손을 지켜온 내력을 확인할 수 있는 곳이다. 조선 최대 문학가로 알려진 백호 임제와 임진전쟁의 진사군(進士軍)으로 이름을 떨친 습정 임환이 그들이다.

그런데 백호 임제는 잘 알려져 있지만 '노블레스 오블리주'를 보여준 의병장 임환은 잘 알지 못한다. 임진전쟁에서 큰 용맹을 떨쳐 '진사군'이란 칭호를 얻은 임환의 삶과 정신을 찾아 나서보자.

영모정(전남 나주시 다시면 회진리)

왕세자를 찾아가 간청하다

임환(林懽, 1561~1608)은 나주시 다시면 회진리에서 태어났다. 본관은 나주이고 자는 자중(子中)이며 호는 습정(習靜)이다. 전라병마우후 임평의 증손으로, 할아버지는 경주부윤 임붕이다. 아버지는 평안도절도사 임진이며, 어머니는 남원 윤씨 윤개의 딸이다. 조상 대대로 벼슬을 한 명문가 출신으로, 본인 또한 학문에 정진하여 1590년(선조 23) 진사과에 응시하여 급제했다.

임진전쟁이 발발하자 임환은 나주에서 창의사 김천일을 도와 의병을 모집하여 그 종사관이 되어 군무를 맡았다. 수원과 용인에서 승전한 후 강화에 진을 치고 있던 김천일의 보고를 가지고 황해도 수안군에 있는 왕세자를 찾아갔다. 임환은 왕세자에게 '더 남쪽으로 내려가서 국가 중흥의 기업을 세울 것'을 간청했고 왕세자로부터 사포서(司圃署, 조선시대 왕실 소유의 채소나 과실나무 따위를 심는 뒤란이나 밭과 채소재배 등을 관장하기 위해 설치된 관서) 별제를 제수받았다. 왕세자가 그의 우국충정을 인정한 것이다.

전쟁 중에도 교육을 주창하다

1593년(선조 26) 4월 왜적이 도성에서 물러간 후 임환은 조정에 학교를 복원하여 교육에 힘쓸 것을 주장했다. 전란 중에도 교육의 중요성을 강조한 선비의 정신이 느껴지는 대목이다. 교육은 백년대계라는 말을 실천에 옮긴 것이라 할 수 있다.

임환은 다시 김천일을 따라 영남으로 내려간 왜적의 뒤를 쫓아가다 명나라 장수 오종도를 만났는데, 그가 한 번 보고 공의 인품에 감동하여 함께 상주까지 갔다고 한다. 그러나 임환은 병이 심해져서 무기를

임환 의병장, '왕세자에게 국가 중흥을 간청하다'

손에 잡기 어렵게 되자 나주 집으로 돌아와 치료를 받았다. 전란으로 많은 유민이 생기자 이들을 구휼하는 데 힘쓰기도 했다.

사재를 털어 이순신에게 군량을 보내다

임환은 정유재란 때 나주에서 나덕인·오정남·진경문·조의립 등 여러 의사들과 창의하여 그 대장이 되어 보화도(현 목포시 고하도)에 주둔해 있었다. 이때 군량이 없어 고통받는 이순신에게 사재를 털어 수백 석의 군량을 보냈다. 전쟁의 혼란 속에서 이순신이 얻은 쌀 수백 석의 가치는 어떠한 금은보화보다 컸다. 임환의 이러한 기부는 왜적을 막아내는 데 큰 공헌을 했다. 그는 진정한 의미의 '노블레스 오블리주'를 실천한 것이다.

또한 임환은 전라도에서 의병을 모아 대장이 되어 8도에 격서를 보내 국난 극복에 동참할 것을 호소했다. 그는 전라도 의병의 구심점이 되어 전국 각지에 창의 격문을 보낸 것이다. 이후 관찰사 황신의 장계로 이 소식이 조정에 전해져 임환은 공조좌랑에 제수되었다.

'진사군'이 용맹스러운 승리를 거두다

임환은 전라도 의병의 대장으로서 왜교(순천시 해룡면 신성리) 전투 때 고두성을 지키고 있었다. 수천 명의 왜적이 갑자기 고두성을 습격해 오니 함께 그곳을 지키던 명나라 군대들은 두려워서 모두 도망갔다고 한다. 그러나 임환이 거느린 의병들은 겁내지 않고 대항하여 용맹을 떨치며 승리를 거두었고, 이후 '진사군'이라는 군호를 얻게 되었다. 진사군이란 굳세다는 뜻으로, 임환의 군대는 '임 진사가 거느린 진사군'으로 불렸다.

전쟁 후 임환은 무주 현감, 직산 현감에 이어 문화 현령이 되었다가 조정 권신들의 미움을 사서 무고로 파직되고 말았다. 이후 고향으로 돌아와 후진 양성에 여생을 바쳤다.

은퇴 후에도 교육에 대한 그의 열정이 식지 않았음을 알 수 있다. 1605년(선조 38) 호성원종공신의 녹권을 받았으며, 문집으로 『악기탁약(握

영모정에서. 남도문화의 원형을 찾아 답사하는 전남 교원들.

機杼籋)』이 있다.

유유히 흐르는 영산강은 말한다. 자세히 들여다보아라. 오래 보아라. 그래야 보이고 알게 된다. 전쟁 중에서도 의병으로서 역할을 다하고, 교육에 힘을 다하고, 군량미를 보태고 그러다가 후진 양성의 소임을 다한 임환 의병장의 삶과 정신을 기억하라고.

07

나주 임진의병의 시작
이광익

본격적으로 '남도의병 박물관' 조성이 시작되었다. 때늦은 감은 있으나 천만다행이다. 전남의 여러 지자체에서 '남도의병 공원' 조성의 일환으로 역사공원을 유치하기 위한 활동이 활발하게 전개되었다. 그런 과정을 거치는 동안 미처 알려지지 않은 의병 활동과 인물들이 새롭게 소개되고 조명되었다.

역사의 기록이라는 것이 어찌 모든 사람을 담아낼 수 있을까. 그러나 임진의병에서 한말의병까지 알려진 의병장들만이 아니라 국난 앞에서 목숨을 초개같이 버린 '이름 없는' 의병장들이 얼마나 많은가. 기록이 없어, 후손이 변변치 못해, 또는 왜곡과 탄압에 의해 미처 제대로 평가받지 못한 의병장들을 재조명하는 것은 '남도의병 역사박물관' 조성과 함께 선행되어야 할 일이다.

이번에도 임진전쟁에서 가장 먼저 창의를 제안하고 가재를 털어 의병 활동을 도운 알려지지 않은 의병장을 찾아 나서보자.

나주의병의 거병, 애월당 이광익이 시작하다

애월당 이광익을 아는가?

대다수 사람들은 이광익 의병장을 모르거나 처음 들어볼 것이다. 문열공 김천일 의병장을 있게 한 사람이 이광익이다. 아쉽게도 이광익은 김천일의 소개에 부수적으로 언급되는 실정이다. "5월 16일 김천일은 송제민, 양산룡·양산숙 형제, 임환, 서정후, 이광익·이광주 등과 함께 창의했고, 6월 3일 나주 의병 3백 명을 이끌고 북상했다. 6월 23일 수원에

영모재(전남 나주시 삼영동)

이르자 의병은 2천 명으로 늘어났다." 관련 자료를 검색해도 그 이상의
기록은 없다.

〈호남절의록〉의 기록을 중심으로 이광익을 살펴보자.

의병장 이광익은 자는 공좌, 호는 애일당, 본은 양성이다. 양성군 수
광의 후손으로 천자가 준수하고 정의롭고 학행이 뛰어났다. 중종 때 효
행으로 천거되어 참봉을 제수받았으나 나아가지 않았다.

그의 여동생이 진사 김언침에게 출가하여 창의사 김천일을 낳은 지 이
틀 만에 사망하고 7개월 후 매부 언침마저 사망하자 창의사 김천일을
양육 성취하는 데 친아들과 조금도 다름이 없이 했다. 일찍이 그의 아들
과 김천일이 같이 병에 걸렸는데 조카 김천일을 위해 하늘에 빌면서 이
르기를 "내 아들 성훈은 부모 밑에 자랐으나 천일은 부모 없이 불쌍하게
자란 아이이니 천일만은 꼭 살려달라."고 기도했다.

그는 임진전쟁 때 78세의 늙은 몸으로 박광옥, 서정후, 정심 등에게
글을 보내 의병을 일으킬 것을 권유하고, 가재 수백 석을 제공하고 모집
한 의병 천여 명을 조카 김천일에게 보내 먼저 출사하게 했다.

이후 그는 말을 타고 적 소굴에 출몰하여 행재소로 활동하다가 공주
이인역에서 병을 얻게 되어, 통곡하며 북향에 4배를 하고 생을 마감했
다. 이후 이광익을 추모하는 곳을 '충효당'이라 불렀다.

충효당에서 이광익의 정신을 기리다

　문열공 김천일은 조실부모하고 외갓집인 나주 홍룡동 양성 이씨 집안에서 자랐다. 그때 외삼촌 이광익의 도움으로 공부하게 되었고, 이후 임진전쟁이 일어나자 이광익의 도움과 협조로 김천일이 거병할 수 있었던 든든한 배경이 되었을 것이다.

　전쟁이 일어나고 의병을 모으는 것은 군량미를 충분히 확보해야 가능한 일이다. 더구나 천여 명의 의병을 모집할 수 있는 경제력은 지금도 결코 작지 않은 것이다.

　임진전쟁 당시 김천일을 도와 출병을 도운 이후 본인 또한 말 타고 공주까지 가서 의병활동을 전개했다고 한다. 당시 78세로 매우 나이가 많음에도 의병 활동에 가담했다는 사실은 오늘날에도 쉽지 않은 충절의 모범이라 할 수 있다.

　그런데 안타깝게도 김천일을 기리는 정렬사에서 몇 번의 훼철 과정을 거치면서 이광익은 기록이 사라졌다. 양성 이씨 종사에 의하면 '김천일과 이광익, 이광주 등 양성 이씨 공신들이 함께 배향되었다.'고 전해온다. 그런데 이광익 등 양성 이씨의 창의 과정과 활동이 배제되어 버렸다. 그리고 정렬사 유허비(전라남도기념물 48호)도 훼철과 이설을 반복하다 양성 이씨 제실에 세워졌다가 현재의 정렬사로 이설되었다고 전해진다.

문열공 김천일 묘(전남 나주시 내영산)

애월당 이광익 품 안에 김천일이 잠들다

전남 나주 내영산에 애월당 이광익 묘가 있다. 바로 그 아래 문열공 김천일 묘가 있다. 제일 아래에는 김천일의 아들 김상건 묘가 있다.

역사상 인물에 대해 사실에 기초한 근거와 자료를 통해 그 활동을 제대로 평가하는 것은 당연한 일이다. 임진

애월당 이광익 묘(전남 나주시 내영산)

전쟁에서 김천일 의병장의 역할은 크고 높다. 다만, 김천일 의병장을 있게 한 애월당 이광익도 제대로 평가하고 기억해야 한다.

선무원종공신에 등록된 이설 의병장을 기억하다

자료를 찾다 보니 이광익과 같은 집안의 이설 의병장이 보인다. 애월당 이광익 의병장과 사촌간이다. 이설은 양성 이씨 양성군 수광의 후손으로, 선조 때 무과에 합격했다. 임진전쟁에 이순신을 도와 좌별장으로 용맹하게 싸워 큰 공을 세우고 전과를 인정받았다.

부산전투에서 거북선을 이끈 이언량과 함께 적선을 끝까지 추격하여 왜적을 죽이고, 중무장한 적을 피령전(皮翎箭)으로 사살하는 등 큰 활약을 펼쳤다. 이후 노량해전에서 이충무공과 출전하여 끝까지 싸우다 순절하였다. 이에 통제사에 추증하고 선무원종공신(1등)에 등록되었다.

아쉽게도 이설 의병장의 묘는 제대로 관리되어 있지 않아 찾는 이가 거의 없는 실정이다. 하루빨리 그들의 행적과 활동이 제대로 기록 정리되고 많은 사람이 기억하며 그 정신을 계승할 수 있도록 해야 할 것이다.

08

영산강에서 일본군을 저지하다 순절한
최욱

영산강변의 도로가 개통되어 나주에서 목포까지 영산강변을 따라 차로 갈 수 있게 되었다. 일명 '드라이브 코스'로 각광 받으며 많은 이들이 찾는다. 곡강(曲江)으로 유명한 영산강의 수려한 모습을 눈으로 확인할 수 있다. 앙암 바위를 돌아 영상테마파크 공원을 볼 수 있으며, 동강은 한반도 지형을 닮아 많은 이들에게 통일의 염원까지 일깨워 준다.

그러나 영산강은 그런 겉모습처럼 멋있고 아름다움을 간직한 곳이기만 했을까. 임진전쟁에서 일본은 패색이 짙어진 상황을 모면하기 위해 다시 대대적인 침략을 시도한다. 정유재란이다. 해전에서 실패한 일본은 남해안의 제해권을 장악하기 위해 남도의 바다를 거쳐 영산강의 몽탄까지 다시 침략을 시도한다. 당연히 영상강변에 살고 있던 남도인들은 의병을 일으켜 저항한다.

동강 백련산에서 거병하여 일본군을 저지하다

영산강변의 동강 백련산에서 거병하여 일본군을 저지하다 순절한 최욱 의병장. 그의 기록을 따라가 보자. 최욱의 후손이 펴낸 「최열사전」은 이렇게 전한다.

"정유재란에 나주지역에서 활동했던 의병장으로는 최욱을 들 수 있다. 동강면 월송리 출신인 그는 일본군이 몽탄 지역에 쳐들어오자 형제들과 함께 200여 명의 의병을 모아 백련산에서 일본군과 싸우다 전사했다."

최욱 정려각(전남 나주시 동강면 월송)

전과와 활동이 인정되어 그는 선무원종공신에 책훈되었다. 이 기록에 의하면 최욱 의병장의 역할을 결코 작지 않았음을 보여준다. 그럼에도 최욱 의병장은 알려지지 않았고, 제대로 선양되지 않고 있다.

최욱 의병장의 정려각을 찾으러 가는 길은 쉽지 않다. 제대로 안내하는 이정표도 없고, 지역 주민들에게 물어도 아는 사람이 거의 없다. 겨우겨우 찾아간 최욱 정려각은 전혀 관리가 되지 않고 있었다. 문짝은 녹슨 채 떨어져 있고, 제각은 사람이 찾지 않으니 거미줄과 잡초들이 균열을 내고 있다. 주변에는 농작물 쓰레기가 쌓여있다.

제각 안에 있는 편액을 확인한다. 최욱 의병장의 기록이 확연하다. 선무원종공신까지 인정되었다면 많은 기록을 있을 것이다. 그러나 안타깝게도 제대로 검색되지 않는다.

사왜회를 결성하여 상담비를 세우다

'사왜회(射倭會)'를 아시나? 말 그대로 해석하면 사외란 '왜놈을 쏜다'는 의미다. 간담이 써늘할 정도로 정곡을 찌르는 느낌을 주는 이름이다. 와신상담, 그야말로 왜적의 쓸개 맛을 보자는 강인한 정신 무장으로 비를 세워 민족정기를 세우자는 결의가 담겨 있다.

다른 기록을 따라가 보자.

"정유재란 때 순국한 나주 출신 11개의 가문의 후손들은 상담약, 일명 사왜회를 결성했다. 이 모임은 행주 기, 평택 임, 전의 이, 순천 박, 제주 양, 경주 최, 문화 유, 하동 정, 광산 김, 광산 정 등으로 구성되어 있었다. '정유재란에 부모를 잃은 우리 11명은 칼을 갈아 언젠가 왜적의 쓸개를 맛보자'라는 취지로 모인 것이었다. 후손들은 매년 봄과 가을에 모여 아버지의 순절을 기리고 복수를 다짐했다. 하지만 시간이 지나면서 이 모임은 오랜 세월 중단되었다. 그러다가 광복 후 최욱의 후손 최학진이 상담약이라는 기록을 찾게 되면서, 11개 문중의 후예들이 다시 모여 상담약 속수계를 조직하고 1979년 12월 나주시 향교동 월정마을 국도변에 상담비를 세웠다."

이 기록에는 최욱 의병장의 후손 최학진이 언급된다. 최욱 의병장은 이미 수성 최씨 집안에서 그 충절의 정신을 익히 알고 있었음을 확인할 수 있다.

정유재란에 고향을 지키고 나라를 구하고자 의병을 이끌고 영산강을 거슬러 올라오는

'충신최욱지려'라고 쓰인 편액

왜선을 기습하여 불태우고 곡강 백련사 전투에서 장렬하게 순국한 최욱 열사의 일대기가 '최열사전(崔烈士傳)'이라는 이름으로 출간되었다.(문학과현실사, 2001)

최욱 열사는 충렬공 광위의 14세손이며 광주에서 나주로 내려온 학주공 언홍의 손자다. 그는 벼슬길에 나아가지 않고 주경야독으로 나주 곡강에서 농사짓고 살다가 왜적이 영산강을 거슬러 올라온다는 소식을 듣고 의병을 모았다. 백련산에 진을 치고 왜병과 싸웠으나 중과부적으로 2백여 의병과 같이 전사했다는 앞의 설명과 맞닿아 있다.

백천간두 나라를 위해 목숨을 바친 최욱 의병장, 그리고 상담약이라는 사왜회를 만들고 상담비를 세워 결기를 잊지 않으려 했던 나주지역 의병장 후손들의 정기는 높이 평가받아야 한다.

국도변에 있다는 '상담비'를 찾아 나섰을 때 제대로 관리가 잘 되어 있으리라는 예상은 완전히 빗나가고 말았다. 바로 앞집 가게 쓰레기가 널

상담비(사왜회, 전남 나주시
교동)

브러져 있고, 개를 키우는지 개집들이 주변
환경을 지저분하게 하고 있었다. 역사 앞에
무지와 무능으로 죄를 짓고 있다는 생각이
들었다.

그 어느 비석보다 의미 있고 가치가 중요
한 비석이니, 민족정기를 바로 일으켜 세울
수 있는 충분한 가치가 있다. '왜놈의 쓸개
맛을 보자!' 지금도 그러지 아니한가 말이다.

09

영산강 해상의병으로 활약한
김충수 부부

남도의 젖줄 영산강을 따라가다 보면 주변 환경과 어우러진 곡강(曲江)의 유려함을 확인할 수 있다. 많은 정자와 사우(祠宇)가 즐비하게 서 있고, 지금도 지친 영혼들을 달래주기 위한 휴식 공간의 역할을 다하고 있다. 겉모습은 멋지고 아름답지만, 그 안을 들여다보면 400여 년 전 임진전쟁의 기억을 고스란히 안고 있다.

참, '임진전쟁'이란 명칭을 정리하고 넘어가자.

임진왜란은 임진년(1592년)에 '왜놈들이 조선을 침범하여 소란을 피웠다'는 의미다. 평화롭게 살고 있던 조선을 침략하는 것은 소란이기도 하고, 요란이기도 할 테다. 그러나 임진년에 일본의 침략에 맞서 조선과 명까지 합세하여 무려 7년 동안 치열한 전투가 이루어진 전쟁이다. 그리하여 나라마다 명칭을 다르게 부른다.

우리 입장에서 보면 '임진전쟁'이 정확한 표현이다. 이미 눈치 빠른 독자는 '임진전쟁'이란 용어를 확인했을 것이다. 차후 학계에서 더 많은 토론과 공론화 과정이 이어지기를 바란다.

이번에는 영산강에서 해상의병으로서 역할을 다한 구암 김충수 의병장을 알아보자.

대굴포 전투에서 해상의병 활약으로 일본을 막다

나주 다시에서 아래로 내려가면 대굴포를 만나게 된다. 나주의 영산강 본류와 함평 학교(鶴橋)에서 내려오는 학교천이 만나는 지점이다. 지금은 경지 정리가 되고 제방이 쌓여 있어 포구라고 느껴지지 않는다. 새

대굴포 전라수군처치사영 터 안내판
(전남 함평군 학교면)

로 뚫린 강변길 옆에 '전라수군처치사영 터' 안내판이 초라하게 서 있다. 일찍이 전라도수군영이 설치되었던 곳이다. 그런데 안내판은 세운 지 오래되어서인지 글씨가 흐려져 읽기가 쉽지 않다.

'대굴포 전투'. 일명 몽탄강 전투라고 한다. 일본은 임진전쟁에서 휴식기를 갖다가 정유년에 대대적으로 남도를 침략한다. 정유전쟁은 호남을 굴복시키기 위한 전투였으니, 왜군은 영산강 깊숙이 대굴포까지 쳐들어온다. 이에 맞서 영산강변의 지역민들이 의병으로 들불처럼 일어선다. 바로 그 중심에 구암(龜巖) 김충수(金忠秀, 1538~1597) 의병장이 있다. 그에 대한 기록을 따라가 보자.

"김충수는 김적(金滴)의 아들로, 자가 중심이고 호가 귀암이다. 21세 때인 1558년(명종 13) 무오 식년시에 합격했으나 벼슬길에 오르지 않았다. 임진전쟁에서 의병을 일으켜 전공을 세워 선무원종공신에 책록되고, 호조참판에 제수되었다. 정유전쟁에서 부인 금성 나씨와 함께 순절했다. 1799년(정조 23년) 정려가 포장(襃彰)되고, 부부의 고향 무안에 정려각을 건립했다. 무안군 몽탄면 사창리 1315-5번지 소재 '우산사'에 제향되었다."

1597년 조선을 다시 침략한 일본은 전라도 공략을 최우선으로 삼았다. 일본 수군은 조선수군을 몰살시키려다 오히려 9월 16일 명량해전에서 크게 패했다. 명량해전은 잘 알려진 전쟁이다. 2014년 제작된 영화 〈명량〉은 1,760여만 명이 관람했고, 지금도 역사영화로 좋은 평가를 받고 있다. 이순신의 작전 능력과 리더십은 두고두고 회자된다.

명량해전에서 참패한 왜적은 전라도 해안지역의 조선 백성에게 분풀이를 했다. 진도·해남지역에 상륙해 조선 백성을 무차별 죽이고 재물을 노략질했다. 코를 베어 전쟁의 공(功)으로 삼고 여자들은 겁간한 뒤 죽이거나 끌고 갔다.

나주 김씨 비림(전남 무안군 몽탄면)

왜적들은 영산강을 거슬러 올라와 영암·무안·함평·남평 일대를 노략질했다. 왜적들이 들어와 마구잡이로 백성을 죽이고 있다는 소식에 관직에서 물러나 향리에 머물고 있었던 김충수는 왜적을 물리치기 위해 의병을 일으킨다. 그래서 지역민 1천여 명을 모았다. 농사 짓던 농민들이 호미와 낫을 들고 의병이 됐다. 김충수 역시 무인이 아니었지만 칼을 차고 의병들을 지휘했다.

김충수 의병장은 왜적의 전선(戰船)이 영산강 하류인 몽탄강 하류 쪽에 정박해 있다는 소식을 들었다. 이에 가족들을 대곡산에 머물게 한 뒤 상류에서 배를 몰고 가 왜적들과 싸웠다. 오랫동안 격전을 벌였으나 싸움에 능한 왜적들을 상대하기에는 역부족이었다. 영산강에서 대곡산으로 후퇴해 싸웠으나 결국 김충수 의병장과 아내는 그곳에서 장렬한 죽음을 맞았다. 1천여 명의 의병 역시 모두 그곳에서 살육당하거나 포로가 됐다.

왜적의 침략 앞에 가족이 모두 의병에 나서다

김충수 의병장의 부인 금성 나씨도 의병에 참가했다. 직접 전쟁에 나서 의병들을 지휘하다 순절했으니, 이 얼마나 장렬한 죽음인가. 역시 나주 김씨의 충절을 다한 가풍을 생각하게 한다.

김충수 의병장은 나주 김씨 집안이다. 이 집안에서 많은 의병장이 배출되었다. 김덕수와 김예수가 있다. 김덕수는 정유전쟁 초기에 형 김충수가 군량미 200석과 군마 300필을 모아 관군을 도울 때 함께 활동했다. 그는 형 김충수가 대굴포 전투에서 장렬히 전사하자 이후 의병활동을 하며 왜적과 싸웠다. 고하도에 주둔하고 있는 이순신 수군이 식량난을 겪고 있다는 소식에 군량미 150석을 보내는 등, 조선 수군의 전력 향상에 도움을 주었다고 이순신의 『난중일기』에 전한다. 정유재란 이후 3등 공신에 책봉됐다.

김예수는 김충수 의병장의 사촌동생이다. 김예수의 자형은 충의공 최경회 장군이다. 김예수는 임진전쟁 당시 최경회 장군이 형 최경운·최경장과 함께 의병을 모집하자 자신이 일으킨 의병들을 데리고 최경회 장군의 부대에 합류했다. 김예수는 최경회 장군과 함께 전주, 남원 일대 왜적과의 전투에서 많은 전과를 올렸다. 그 후 1593년(선조 26) 6월, 왜적이 진주성을 재차 공격하자 그는 최경회, 김천일, 황진, 복수의병장 고종후 등과 진주성을 사수하기 위해 치열하게 싸웠다. 그러나 결국 진주성이 함락되자 "왜적들에게 몸을 더럽히게 할 수 없다."며 최경회 장군과 함께 남강에 투신했다.

이처럼 김충수와 부인 금성 나씨. 김덕수와 김예수 등의 의병활동은 명가의 충혼을 보여준다.

우산사에서 나주 김씨의 충혼 정신을 느끼다

대굴포 아래로 내려가면 무안군 몽탄면 사창이란 마을에 다다른다. 사창은 영산강을 두고 많은 물산이 집하된 곳이다. 당연히 사람들이 모이고 큰 마을이 형성되며 크게 번성하여 몽탄의 중심지 역할을 했다. 지금은 수로 대신 육로가 발달하여 물류 이동이 변화된 관계로 쇠락해 보인다.

사창리에 여러 비석들이 모여 있다, 일명 '비림' 거리다. 그 비석을 찬찬히 들여다보면, 나주 김씨의 입향조부터 김충수 부부의병장 비를 위시한 의병장들의 행적을 기록하고 있다. 역시 명가여서인지 후손 중에는 유명한 분이 많다. 조선시대 문과에 8명이, 무과에는 79명이 급제했

다고 기록에 전한다. 후대에는 제헌
국회의원 2명, 한성대학교 설립자 김
의형, 초당대학교 설립자 김기운 등
이 그들이다.

김충수 의병장을 배향한 우산사
(전남 무안군 몽탄면)

우산사는 1683년(숙종 9) 나주 김씨
문중에서 원래 취암사로 창건했다.
창건 당시 취암 김적(1507-1579)을 배향
해오다가 1828년(순조 28)에 귀암 김충
수, 지암 김약화를 추배(追配)했다. 서
원철폐령(1868)으로 훼철된 후 1882년(고종 19)에 다시 설치되었다. 1945년
에 사우를 중건하면서 월당 김대경을 주향(主享)으로 했고 그 후 김원,
김덕수, 김예수, 김지수 등이 추배되었다.

왜적이 쳐들어오면 소 울음을 내어 알렸다는 우명산 자락에 우산사
는 자리잡고 있다. 뒷산으로 우명산이 있고 앞에는 영산강이 유유히 흐
르는, 명당 중에서도 명당이다. 우산사 입구에 거북이 모양을 한 바위가
우산사를 지키고 있다. 의병장 김충수의 호는 이 바위와 관련이 있다.
구암, 또는 귀암.

우산사는 정갈하게 잘 관리되어 있다. 충혼의 집안의 위세를 확인할
수 있다. 뿌리 있는 집안의 내력은 영산강물처럼 유유히 흐른다.

미처 기억하지 못하고 있던 김충수 부부, 김덕수와 김예수 등의 의병
장을 기억하고 계승하고, 그 정신을 육영사업으로 이어가는 나주 김씨
의 당당한 가풍에서 '노블레스 오블리주'의 의미를 되새긴다. 명가들의
도덕의식과 솔선수범하는 정신에서 비롯한 것이다. 근대와 현대에 이르
러서도 이러한 도덕의식은 계층 간 대립을 해소할 수 있는 최고의 수단
으로 여겨져 왔다. 특히 전쟁 같은 총체적 국난을 맞이하여 국민을 통합
하고 역량을 극대화하기 위해서는 무엇보다 기득권층의 솔선하는 자세
가 필요하다. 사회적 갈등과 세대 간 갈등이 심해지는 당대에 깊게 곱씹
어 볼 일이다.

10

적진에서 피눈물로 기록을 남긴
노인

남도 역사와 문화를 이해하기 위해 답사나 탐방을 한다. 오래된 역사에서 선조들의 흔적을 만나면서 미안하기도 하고, 안타깝기도 하다. 특히 국난 앞에서 목숨을 초개같이 버린 의병들의 삶과 정신을 접하면 부끄러움이 앞선다. 왜 몰랐을까 하는 아쉬움이 크지만 제대로 알려야 한다는 책무감이 솟아오른다.

30여 년 넘게 역사교사로서 학생들에게 역사를 교육해 오면서 교과서 내용을 중심으로 설명해왔다. 자기가 태어난 지역의 역사와 문화는 교과서에 나오지 않는다는 이유로 제대로 가르치지 못했다. 늦게나마 사람이 중심이 된 일상생활사가 중요함을 깨닫는다.

향토사 또는 지역사를 통해 자기가 태어나고 자란 지역의 역사와 인물을 알아야 함에도 여전히 현재의 역사교육은 중앙사와 명망가 중심의 역사교육이 계속된다. 이제라도 남도의 역사와 인물을 알아야 하고, 또 그들의 삶을 통해 자존감과 정체성을 정립할 수 있도록 지역사 교육에 심혈을 기울여야 할 때임을 강조하고 싶다.

이번에 소개하는 임진의병은 나주 출신 의병장 금계(錦溪) 노인(魯認, 1566~1622). 생소한 의병장이다. 먼저 그에 대한 기록을 찾아 나서보자.

'호랑이에게 물려가도 정신만 차리면 산다'

노인은 1566년(명종 21) 나주시 문평면에서 노사정의 둘째 아들로 태어났다. 나항과 이이에게 학문을 배웠고, 강항과 이덕형 등과 친교를 나누었다. 이러한 학문적 기반을 바탕으로 스무 살도 채 되지 않은 나이인

금계사 유허비(전남 나주시 문평면)

1582년 진사시에 합격했다.

　노인은 임진전쟁이 일어나자 권율을 찾아가 그의 밑에서 의병장으로 활동하며 일본군을 맞아 이치·의령·행주 등의 전투에서 여러 차례 싸워 승리했다. 정유재란이 발발했을 때도 의병을 모아 일본군과 싸웠는데, 남원성 전투에서는 수적 열세로 패배했다. 남원성에서 패배한 후 적의 동태를 살피다가 적의 총탄에 맞아 부상당했고, 일본의 여러 지역에 끌려가 억류되었다.

　노인은 2년 동안 포로 생활을 하면서도 탈출할 기회를 엿보다가, 때마침 일본에 온 명나라 사절단의 배로 도주에 성공했다. 이후 그는 명나라 사신 임진호의 보호 아래 중국 푸젠(福建)성에 도착했다. 성리학자이기도 한 노인은 주자의 옛 흔적이 남아 있는 무이서원에 머물며 성리학을 깊이 연구했는데, 학문의 수준이 높아 중국 학자들로부터 '해동의 주자'라는 칭송을 받기도 했다.

　노인은 명나라 조정 관리들에게 자신의 포로 경험을 바탕으로 일본을 물리치기 위한 복수책도 알려주었다. 이를 기특하게 여긴 명나라 황제 신종의 배려로 북경을 거쳐 마침내 1599년, 귀국에 성공했다.

　노인은 나라가 힘이 없으면 아무것도 할 수 없다는 것을 뼈저리게 느끼고, 다시 무과에 응시하여 마흔이 가까운 나이인 1602년에 급제했다. 이후 1603년에 옹진 현령과 영월 부사를 역임했고, 선전관을 비롯하여 수원 부사와 황해 수사 등의 관직을 맡았다. 1604년에는 통제사 이경준과 함께 당포에 침입한 일본군의 전선을 격파하여 선조로부터 〈당포전

나주 거평사(전남 나주시 문평면)

양승첩지도〉를 하사받았다. 하지만 정인홍의 탄핵을 받아 군산으로 좌
천되었다가, 선조가 승하한 후 광해군이 즉위하자 병을 핑계로 1609년
고향으로 돌아갔다.

귀향한 후 노인은 나주에 금계정이라는 정자를 짓고 후진 양성에 힘
쓰다가 1622년에 세상을 떠났다. 1789년, 노인이 태어난 문평면에 그의
사우(祠宇)인 금계사가 세워졌으며, 나중에는 거평사(居平祠)로 이름을 바
꾸어 지금까지 보존되어 오고 있다.

알려지지 않은 보물 『금계일기』에서 일본을 읽다

노인은 일본에서 포로생활을 하던 중, 일본의 정세를 일기 형식으로
기록하여 책으로 남겼다. 책 이름은 그의 호를 따서 『금계일기(錦溪日記)』
라고 지었다. 『금계일기』는 1599년 2월 22일부터 6월 27일까지 약 4개월
간의 기록을 담은 견문록이다. 원래는 2년 5개월간 쓴 일기가 모두 남아
있었던 것으로 보이나, 지금은 4개월 정도의 기록만이 앞과 뒤가 끊어진
채 남아 있다. 하지만 현재 전하는 부분도 노인이 일본을 탈출하는 과정
이 생생하게 담겨 있으며, 양적으로도 풍부하여 이 자체로도 충분한 가
치가 있다.

『금계일기』에는 당시 일본 국내 정세가 상세하게 기록되어 있다. 노인
이 포로 생활 중 파악한 일본의 지형과 병세(兵勢), 역사와 관제, 왜인들
의 풍속, 습관 등을 적었으며, 자신이 그린 일본 지도도 실려 있다. 일본

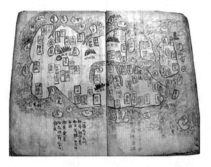

노인 의병장이 기록한 『금계일기』 중 일본 지도

인의 포로 대우와 자신이 탈출한 경위, 명나라에서 오랫동안 머물면서 그곳 학자들과 나눈 이야기도 생생하게 남겨져 있다.

『금계일기』는 당시 동아시아 3국의 국가 제도와 문화, 풍속 등 여러 분야에 대하여 소상하게 기록되어 있는 중요한 자료로 평가된다. 보물 311호로 지정되어 있지만 의외로 잘 알려지지 않은 상태다.

어렵고 힘든 절망의 상황에서도 지혜를 잃지 않다

노인은 포로로 일본으로 끌려갔지만 탈출할 기회를 호시탐탐 노렸다. 한 번 실패했지만 포기하지 않고 거듭 시도해 성공했다. 중국 사신 임진혁 등과 배를 타고 탈출하여 중국 장주·홍화를 거쳐 복건에 도착했다. 복건에 머무르며 중국 황제에게 귀국을 탄원한 것이 받아들여져 북경을 거쳐 귀국했다. 포로로 끌려간 지 2년 5개월 만이다. (1597.8.~1600.1.)

감시와 탄압 속에서도 포기하지 않고 탈출에 성공한 것은 지혜가 있었기에 가능했다. 문장력이 뛰어난 노인은 일본인에게 글을 써 주면서 일본의 산세와 지형을 파악하는 치밀함을 보였다. 포로 기간의 생활을 기록한 『금계일기』에서 그의 기지와 지혜를 확인할 수 있다. 일본인을 매수하고, 불안에 떨며 포로 생활을 하는 조선 포로들에게 희망을 주고, 중국으로 탈출에 성공하여 인정받는다.

'호랑이에게 물려가도 정신만 차리면 산다.'는 속담은 노인을 설명할 수 있는 적절한 말이다. 누구나 원하지 않는 힘든 상황에 직면할 수 있다. 전쟁이라는 극한 상황에서 포로가 되거나 죽음에 직면할 수 있다. 그러나 절대 포기하지 않고 기지와 지혜를 발휘하여 위기를 모면하고 상황을 반전할 수 있는 자세가 필요하다. 금계 노인 의병장에게서 배워야 할 교훈이 바로 그것이다.

또 하나 강조하고 싶은 것은 기록의 중요성이다. 포로로 끌려가서 탈출할 때까지의 상황과 보고 들은 것을 기록으로 남긴『금계일기』는 임진전쟁 직후 일본과 중국의 이모저모를 이해할 수 있는 귀중한 자료다. 많은 양이 소실되었음에도 사료적 가치가 크다.

2부

화순, 보성, 장흥

11

남강에 몸을 던진 논개의 남편
최경회

아픈 5월이 간다. 코로나 19로 5월 영령들을 제대로 달래지 못한다. 그래서 더 아프다.

마침 1980년 5월 27일 구 전남도청의 마지막 항쟁으로 죽어간 윤상원 열사의 사진이 공개되었다. 사진전시회를 찾았다. 망치로 머리를 맞는 기분이다. 시민군의 대변인은 말했다.

"오늘 우리는 패배할 것이다. 그러나 내일의 역사는 우리를 승리자로 만들 것이다."

비록 패배했지만 기어코 우리 역사는 그들을 승리자로 만든다. 지금 의롭고 당당한 남도의병들을 찾아나서는 이유다.

이번에는 남강에 몸을 던진 화순의 충의사 최경회 의병장을 찾아 나선다.

남강에 몸을 던지다

1592년 6월 이후 전국에서 봉기한 의병들의 활약으로 기세가 꺾인 왜군은 병력을 집중하여 어떻게든 하삼도의 관문인 진주성을 손아귀에 넣으려 했지만 공략하지 못한다.

진주성은 앞에 남강이 흐르고 후방 삼면은 험준한 형세로 돌담을 높이 쌓아 올린 매우 견고한 성이다.

도요토미 히데요시는 전라도를 장악할 수 있는 관문이자 교두보 역할을 해낼 수 있는 요충지가 바로 진주성이라 여기고 공격을 명한다. 1592년 10월 4일부터 2만 왜군이 진주성을 공격했지만, 진주목사 김시민을

충의사(전남 화순군 화순읍)

비롯한 3,800명의 성안 주민과 관군이 이를 격퇴시킨다.

이 전투가 이순신의 한산도 대첩, 권율의 행주 대첩과 함께 임진전쟁 3대첩으로 불린 제1차 진주성 대첩이다.

제1차 진주성 대첩은 임진전쟁 최초로 성을 지켜낸 귀중한 승리였다. 전라도로 진출하려던 계획이 좌절된 왜군은 전라도로 통하는 관문을 확보하고 진주에서의 패배를 만회하기 위해 10만 병력을 집중하여 함안과 의령을 차례로 점령하고 진주성을 재차 공격한다.

당시 조정은 방어가 불가능하다고 판단하여 진주성을 포기하라는 명을 내렸고, 도원수 권율과 경상도 의병장 곽재우마저도 진주성에서 10만 왜군을 상대하는 것은 무리라고 판단하여 반대한다.

조정이 포기하고 곽재우마저 포기한 진주성을 지켜 낸 것은 김천일, 최경회, 고종후, 황진 등이 이끄는 3,500명의 호남 의병들이다.

1593년 6월 21일(음)부터 시작된 제2차 진주성 전투는 다윗과 골리앗의 싸움이었다. 관군과 명군의 지원 없이 9일을 버텼지만 성이 무너지면서 중과부적으로 함락된다. 성이 함락되자 경상우도병마사 최경회는 "촉석루의 세 장수는 / 한잔 술을 들이켜며 강물을 가리키며 웃네 / 강물은 도도히 흘러가는데 / 저 물결 흐르는 한 혼도 죽지 않으리"라는 시를 남기고 남강에 몸을 던진다. 그의 나이 예순둘이었다.

이 시 속의 세 장수는 김천일과 고경명의 장남인 복수 의병장 고종후와 최경회 자신을 가리킨다.

왜군은 진주성을 함락했지만 큰 손실을 입어 결국 전라도 진출이 좌절된다. 전라도 의병들이 몸을 던져 그들을 막아낸 것이다.

호남도 우리 땅이요, 영남도 우리 땅

진주성이 함락되자 남강에 몸을 던진 최경회(崔慶會, 1532~1593). 그는 화순 출신 의병장보다는 왜장을 껴안고 촉석루에서 순절한 논개의 남편으로 더 유명하다.

최경회 장군 기마상

그는 1532년(중종 27년), 전남 화순에서 최천부의 아들로 태어났다. 호는 일휴당(日休堂), 본관은 해주다. 양응정과 기대승 문하에서 수학한 후 1567년(명종 22년) 문과에 급제했다.

성균관 전적을 시작으로 사헌부 감찰, 무장 현감, 영암 군수, 호조 정랑을 거쳐 1587년 담양 부사를 역임한다.

담양 부사로 재직 중이던 선조 24년(1591) 모친상을 당하자 벼슬을 버리고 화순으로 낙향, 시묘(侍墓, 부모의 상을 당해 3년간 무덤 옆에 움막을 짓고 삶) 중에 임진전쟁이 일어난다.

김천일과 고경명이 1차 의병을 일으켰을 때 최경회는 모친상 중이었다.

그런데 의병장 고경명이 금산 전투에서 전사한다. 고경명 휘하의 문홍헌은 최경회에게 달려와 호남 의병을 수습하여 거병할 것을 간청한다. 최경회와 고경명은 기대승 문하에서 배운 동문이다.

1592년 8월, 전라우의병장으로 추대된 최경회는 두 형인 경운, 경장과 함께 의병청을 설치하고 수천의 의병을 일으켜 남원을 거쳐 장수로 진출한다. 당시 전황은 이순신의 해전 승리와 각처의 의병 활동으로 왜군이 영남에서 기승을 부리고 있었다.

이때 영남 의병장인 경남 우도병마사 김면과 경상우도순찰사 김성일이 호남 의병장들에게 구원을 요청해 온다.

논개 영정(충의사 의암영각)

　일부 의병장들은 "지금 적세가 사방에 뻗쳐 있는데 어찌 호남을 버리고 멀리 있는 영남을 구원하겠는가?"라는 구실로 영남의 구원 요구를 반대한다. 그러나 최경회는 "호남도 우리 땅이요, 영남도 우리 땅이다. 의병장이 되어 어찌 멀고 가까움을 가려 영남을 구원하지 않겠는가?"라며 영남 출병을 결정한다.

　이리하여 전라우의병은 10월 초, 영남으로 진군하여 제1차 진주성 전투를 외곽에서 지원하고 성주, 개령 지역 탈환에 큰 공을 세운다.

　당시 조정은 최경회의 공을 높이 평가하여 "호남 일도와 영남우도 지방이 보존된 것은 다 그의 힘"이라고 격찬한다. 순절 후 1753년(영조 29년), 그에게 '충의(忠毅)'라는 시호가 내려지고 좌찬성에 추증되었으며, 능주 포충사, 진주 창렬사, 능주 삼충각에 배향되어 있다. 2003년 화순읍 백용리에 충의사를 건립하여 그의 충절을 기리고 있다. 이곳에는 의암영각도 함께 세워 논개의 영정을 모시고 있다.

12

금산전투와 진주성전투에 참여한
문홍헌

영산강의 지류인 지석천을 따라 올라간다. 남평읍을 지나 드들강을 거슬러 오르면 대초천을 지나 능주로 가는 길은 물의 흘러가는 방향이 달라진다. 우리나라는 지형상 대개 북에서 남으로 물이 흐른다. 그러나 그 반대로 물길이 남에서 북으로 흐르는 강이 있다.

물길의 흐름이 이런 지역은 대체로 저항정신이 강하게 흐른다고 한다. 남평 드들강도 예외는 아니다.

참고로 '드들강'은 지석천으로, 지역민들은 지석천이라기보다는 드들강이라 부른다. 근대화 이전에는 드들강부터 남평현까지 십리송이 아름드리 조성되었다고 한다. 일제강점기에 홍수 피해를 방지하기 위해 간척사업이 진행되면서 제방시설이 들어오게 되고, 직강이 되어 현재의 모습을 갖춘다.

옛날에는 나주목에서 남평현을 지나 능주현으로 가는 길이어서 중간에 원님들이 쉬었다 가는 원주막이 있기도 했다. 그래서 지금도 지역민들은 '원두막'이라고 부르기도 한다.

그 원님길을 따라 이번에는 능주에서 화순 출신 최경회와 의병활동을 했던 문홍헌 의병장을 만나러 간다.

능주 출신 문홍헌 의병장을 삼충각에서 만나다

먼저, 문홍헌(文弘獻, 1551~1593) 의병장의 기록을 따라 가보자. 문홍헌 의병장은 자는 여징(汝徵), 호는 경암(敬菴)으로, 충숙공 문익점의 후손이다. 율곡 이이 문하에서 수학했고, 1582년(선조 15) 진사시에 합격했다.

능주 삼충각(최경회, 조현, 문홍헌)

임진전쟁이 발발하자 동향의 선비 구희, 박혁기, 노희상 등과 담양에서 회동하여 고경명을 맹주로 추대했다. 그리고 의병 3백여 명을 모아 금산 전투에 참가했다. 그러던 중 군량미가 부족하여 양곡을 모으기 위해 화순군 동복에 이르렀을 때 금산 전투에서 고경명이 순절했다는 소식을 듣게 된다.

그 후 집안일은 동생 문홍유에게 맡겨두고 자신은 여러 곳으로 격문을 보내 의병을 모았다. 당시 모친상을 당하여 화순에서 시묘살이하던 최경회를 찾아가 의병장으로 추대했다. 이후 문홍헌은 최경회의 휘하에서 활동했다. 진주성이 함락되자 큰아들 문정과 김천일, 최경회 등의 여러 장수들과 촉석루에 올라 북쪽을 향해 4배를 올린 후 순절했다.

1630년(인조 8) 포충사에 배향되었고, 1675년(숙종 1) 정려(旌閭)를 명받았으며, 사헌부 지평에 증직되었다. 현재 능주면 잠정리에 있는 삼충각과 포충사에 최경회·조현 등과 함께 배향되었다.

단아하고 멋진 삼충각에서 충절을 생각하다

능주는 화순의 한 축을 담당하는 고을이다. 근대 이전의 능주는 화순에서 가장 중요한 지역이었음을 여러 유적과 사료에 의해 확인할 수 있다.

능주 가는 길목에 대곡리가 있다. 국보인 세형동검이 출토된 곳이다. 초라한 입간판이 세워져 있지만 길손은 국보 출토지역인지도 모르고 지나간다. 그리고 도암 효산리에는 세계문화유산으로 지정된 고인돌 공원이 조성되어 있다.

능주 입구는 '조선의 혁신 아이콘'으로 불리는 정암 조광조의 유배지다. 조광조는 다시 부각되어 찾아오는 이가 많아서 다행이다. 그 능주의 객사를 지나 남쪽으로 지석천이 흐르는 강가에 멋진 정려각이 있다. 삼충각이다.

단칸짜리 정려각인 삼충각은 지석천을 바라보며 단아하게 서 있다. 한때는 바로 밑길이 능주에서 보성, 장흥을 지나가는 길목이었다. 지금은 4차선 도로가 개설되어 한적한 시골길이 되었다.

삼충각은 최경회 의병장과 문홍헌, 그리고 을묘왜변에서 큰 전과를 세운 조현 의병장을 모시고 있다. 모두 화순 출신이다. 이들을 기리기 위해 세운 정려각의 단아함과 청렴함이 이 시대를 살아가는 우리에게 많은 생각을 하게 한다. 크고 요란하게 조성한다 해서 그 정신이 더 크지는 않을 터, 역류하는 지석천 강가에 오롯이 나라사랑과 충절의 정신을 지켰던 삼충 의병장의 정신은 크고도 깊다.

남도의병에서 민주평화의 정신을 이어가다

남도의병의 정신은 저 영산강물처럼 유유히 흐른다. 멀리 임진의병에서 한말의병, 그리고 독립항일운동, 현대의 민주화운동에 이르기까지. 특히 이름을 날린 많은 의병장보다 이름 없이 의병 활동에 적극 참여했던 의병장들을 알리고 기리는 일은 결코 가볍지 않은 후세들의 책무이자 역할임을 기억해야 한다. 문홍헌 의병장도 자발적으로 거병하고 고경명 의병장과 최경회 의병장과 함께 의병활동을 전개했다. 마찬가지로 진주성 전투에서 패하자, 아들 문정과 함께 순절했다. 그런데 두 의병장 휘하에 있었다고 해서 그 역할의 의미를 낮게 평가하는 일은 없어야 한다. 임진전쟁 이후 인조는 그를 포충사에 배향하게 했고, 숙종은 정려각

화순, 보성, 장흥

을 지어 그 충절의 의미를 평가했다.

이후 외침과 식민지 시기를 보내고, 일제강점기에는 의병들의 활동과 유적이 많이 훼손되거나 지워졌다.

이제 선진국으로 우뚝 선 대한민국은 국난 앞에서 충절을 다한 의병들의 삶과 정신을 재평가하여 알리고 기억하고 계승하는 데 게을리하지 않아야 한다. 그래서 남도에서 민주독립평화의 정신을 이어가려는 노력이 매우 중요하다.

13

진주성을 지키기 위해 달려간 화순 출신 의병들

6월 1일, 전남도청과 나주시청은 '의병의 날'을 맞이하여 대대적인 행사를 했다. 늦게나마 '남도의병 역사박물관' 건립이 추진되고 있다. 2020년, 여러 지자체에서 남도의병 역사공원을 유치하기 위해 활발한 움직임이 있었다. 여러 절차와 심사 과정을 통해 나주시에 세우기로 최종 결정되었고, 2021년부터 '남도의병 역사박물관' 건립이 본격적으로 진행되고 있다. 만시지탄이지만 환영한다.

이제 부지런히 자료를 수집하고 연구 정리하여 남도의병을 제대로 평가하고 정립할 기회로 삼아야 한다. 전문가와 연구자들이 차분하고 진지하게 자료 수집 및 평가와 해석을 통해 의롭고 당당한 남도의병을 총망라하여 반영해야 함을 강조하고 싶다.

능주 출신 문홍헌 의병장처럼 진주성을 지키기 위해 달려간 화순 의병장들을 찾아 나선다. 이번에도 미처 알려지지 않은 의병장들이다. 이런 분들의 소개는 지역사 자료 개발 작업으로 '전남의 임진의병'을 정리하는 일에 참여했기에 가능했음을 밝혀둔다.

2차 진주성 싸움에서 순절한 구희

먼저 의병장 청계(淸溪) 구희(具喜, 1552~1593)를 소개한다. 구희는 능주(오늘날 화순군) 출생으로 기대승 문하에서 수학했다. 본관은 능성(綾城)이다. 1592년 임진전쟁이 일어났을 때 고경명이 의병을 모집하자 군량미 100여 석을 내놓고 인근의 문홍헌 등과 더불어 고경명의 의병군에 가담하여 금산에서 싸웠다.

고경명이 전사한 후 결성된 전라우의병에 들어가 최경회 의병장을 보좌하여 흩어진 군사들을 수습했으며, 황간, 영동, 금산, 무주 등지에서 일본군과 싸웠다. 1593년에는 최경회와 함께 진주성에 합류하여 김천일, 고종후, 황진 등 여러 의병장과 합세하여 일본군에 맞서 싸웠다. 그러나 6월 29일 성이 함락되자 최경회, 문홍헌 등과 남강에 투신자살했다. 그는 시를 잘 써서 싸움터에서 쓴 진중시를 많이 남겼다.

능성 구씨는 화순의 대표적인 명가다. 구회 의병장만 활동한 것이 아니다. 죽수(竹樹)서원에 가면 동쪽에 구씨 집안의 의병 비석들이 서 있다. 자료가 많이 부족하여 제대로 평가받지 못한 아쉬움이 있다. 다행히 능주의 포충사에 배향되었다.

최경회 의병장과 활동하며 죽음까지 같이한 박혁기

다음으로 박혁기는 임진전쟁이 일어나자 같은 고향 출신인 문홍헌, 구회, 오방한 등과 함께 인근 유생과 동료들에게 격문을 보내 의병을 모집했다. 이렇게 모집된 의병은 고경명의 호남연합의병군에 합세하여 활동했다. 금산전투 이후에는 화순에서 최경회를 중심으로 결집한 전라우의병에 잔여 의병들과 합세하여 금산에서 복수전을 했다.

박혁기는 무주대첩과 1차 진주성 싸움을 승리로 이끄는 등 전공을 세웠다. 성주성 수복 전투에서도 활약이 컸다. 1593년의 2차 진주성 싸움에도 참여했으나 6월 29일 진주성이 함락되자 최경회, 김천일, 고종후의 뒤를 이어 문홍헌, 구회, 오방한과 함께 남강에 투신하여 순절했다.

진주성 공방전에서 장렬하게 순국한 오방한

보성 오씨인 오방한은 죽천 박광전 문하에서 수학했다. 1590년(선조23) 무과에 급제했으며, 임진전쟁이 일어난 1592년에는 귀향 중이었다. 같은 고향 출신인 문홍헌, 박혁기, 구회 등과 함께 의병을 일으킬 것을 결심하고 의병 수백 명을 모집했다. 선조를 지키기 위해 북상하고자 했으나,

능주 포충사(최경회, 문홍헌, 구희, 오방한, 조현 배향)

영남에서 일본군을 방어하는 입이 급하다 생각하여 남하하여 진주성으로 입성했다.

2차 진주성 전투에서 성벽을 무너뜨리고 침입해오는 일본군을 참살하고 6월 29일 장렬하게 순국했다.

시묘살이를 마친 후 진주성으로 달려간 김인갑·의갑 형제

능주 출신 김인갑은 1579년(선조12) 무과에 급제했으며, 의갑은 1590년 무과에 급제했다. 효성이 지극했던 형제는 임진전쟁이 일어난 다음 해에 시묘살이를 마치자 인근 유생들과 창의하여 곧바로 진주로 달려갔다.

하동, 곤양(경남 사천) 부근에서 일본군을 격퇴하고, 1593년 6월 13일 진주성 외곽에 도달했다. 일본군이 진주성을 포위하고 있는 것을 보고 야산으로 적을 유인하여 격파했지만 이때 동생 김의갑은 화살을 맞고 순절했다.

진주성 입성에 성공한 김인갑은 경상우병사 최경회 및 김천일, 고종후 등의 환영을 받으며 진주성 사수를 결의했다. 그러나 관군의 지원이 없는 고립된 상황에서 혈투를 벌이다 성이 함락되자 남강에 투신하여 순절했다. 오늘날 화순 이양면 쌍봉리 충신각에서 형제의 충의를 기리고 있다.

쌍봉리 충신각(화순 이양면)

10일간의 처절한 진주성 싸움에서 죽음으로 순절하다

이처럼 화순 출신의 전라우의병들은 진주성 전투에서 끝까지 싸우다 전쟁에서 패배하자 남강에 투신하여 순절했다.

진주성 함락은 임진전쟁 최대의 비극이다. 선조 때 재상 유성룡은 진주성 함락에 대하여 적의 병력이 아군에 비해 강대했고, 진주성 방어에 대한 서예원(徐禮元)의 착치가 적절하지 못했고, 명령체계가 단일화되지 못하여 각 군이 분리되었기 때문으로 평가했다. 그리고 여러 장수의 정세판단 미숙에 따라 함안에서 분산된 점과 수성군에 대한 적의 차단으로 외부의 지원이 없었다는 점을 진주성 함락의 원인으로 꼽는다.

이유야 어찌했든 제2차 진주성 싸움에서 순국한 전라좌의병은 최경회 장군 휘하에서 싸운 화순지역 의병이 주축을 이루었다. 그들은 오직 왜적의 격퇴만이 민족과 국토의 보전이며 향토의 방어에 직결되는 길이라 믿었다. 당연히 의병장의 입성 고수에 대해 순종했고, 불리한 여건에서도 의연히 생명을 바쳐 방어하며 숭고하고 의로운 정신을 지킨 것이다. 이것이 바로 남도의병의 정의로움과 당당함이 아닐까.

14

대를 이은 의병 명문가 의병장
박광전

이번에는 전라좌의병의 상징적인 의병장을 찾아 나선다. '도학과 절의의 선비'로 평가받는 죽천 박광전 의병장이다.

먼저 죽천(竹川) 박광전(朴光前, 1526~1597) 의병장의 기록을 살펴보자. 박광전은 호남의병의 상징적인 인물이다. 홍섬과 양응정에게 경전을 익혔으며, 퇴계 이황 문하에서 학문을 연마했다. 죽천의 태자리가 전라남도 보성이고 퇴계는 경북 안동에 살았다. 이런 먼 거리를 극복하고 학문에 대한 그의 열정을 엿볼 수 있다.

1568년 과거시험에 합격한 박광전은 전라감사 미암 류희춘의 천거로 관직에 나간다. 1581년 56세에 왕자(광해군)의 스승이 된다. 2년 동안 왕자의 스승으로 있으면서 왕실의 잘못까지도 바로잡았다. 이후 함열(전북 익산) 현감으로 있을 때는 농사와 잠업을 권장하며, 백성의 세금 부담을 덜어주었다. 관아 동헌에다 '시민여상(視民如傷)', 다친 사람을 보살피듯 백성을 대하겠다는 다짐 글을 붙여두고 백성들을 내 부모·형제처럼 대했다. 공정과 애민정신을 몸소 실천한 학자이자 선비였다.

그는 유학자로서 탁월한 현실인식과 독실한 실천정신을 지니고 있었는데, 특히 임진전쟁과 정유재란 때는 이러한 실천정신을 바탕으로 의병을 일으켰다.

보성에서 광해군 스승 박광전, 의병을 일으키다

임진전쟁이 발발했을 당시 박광전은 67세의 노령으로, 이미 3년 전인 64세 때 관직을 그만두고 고향에 돌아와 있었다. 박광전은 경상, 충청, 전

용산서원(전남 보성군 노동면)

라도의 3도를 국가의 중요한 핵심으로 여겼는데, 당시 겨우 남아 있던 전라도를 보전하기 위하여 전라도에서 의병을 일으켜야 한다고 주장했다.

"나라에서 믿고 근심하지 않았던 것은 경상 충청 전라의 아래 3도가 있었기 때문인데 경상도와 충청도는 이미 궤멸하여 적군의 소굴이 되었고 겨우 호남만이 오로지 한 모퉁이를 보존하게 되었다. 군량은 모두 거두어 보내 버렸고, 정병은 징발되었으니, 모두가 호남 하나가 어찌 될 것인가 기대하고 있으니, 실제로는 국가의 운명이 여기에 달려있다. 호서의 적군은 이미 경계를 넘어 올라가 석권할 형세이지만 이를 극복할 가망이 없어 국가가 위태롭게 되었으니 정말로 통곡할 일이라. 지금이야말로 의로운 백성들은 분발할 시기인 것이다."

박광전은 1592년 7월 10일, 고경명 휘하의 호남의병이 금산성 전투에서 패했다는 소식을 접한 직후 의병 활동을 모색했다. 당시 전라좌의병을 주도한 박광전과 임계영은 도내에서 명망이 높은 인물들이었다. 특히 박광전의 경우 전라좌의병 지도층 인사들 가운데 연배가 가장 위였을 뿐만 아니라 학문과 경륜에서도 의병장이 되어야 할 입장이었다.

그러나 의병을 일으킬 당시 박광전은 노령에 병까지 겹쳐 직접 군사를 지휘할 수 없었으므로 자신보다 두 살 아래인 임계영에게 전라좌의병의 지휘권을 맡게 했다. 그리고 장남 근효, 처남 문위세, 문인 정사제를 주축으로 하여 탄탄한 의병 조직을 갖추게 하는 한편 문인 안방준에게 연

산양정(전남 보성군 문덕면)

락 참모 역할을 맡게 하여 조정과도 긴밀한 협조 체제를 구축했다.

박광전의 인맥, 전라좌의병 결집에 기여하다

전라좌의병의 구성에서 특별히 주목되는 점은 박광전의 인맥이다. 특히 장흥 출신의 대표적인 의병지도자 문위세는 박광전의 처남이자 제자로, 박광전 집안과 문위세 집안의 결합은 전라좌의병의 결속력 강화에 큰 도움을 주었다. 전라좌의병의 지도층 21명 중 문위세 일가가 전체 성원의 1/3을 차지하고 있었다. 문위세를 주축으로 한 남평 문씨 일가의 부자, 형제 및 조카, 사위가 모두 의병 활동에 동참했다. 이는 결국 박광전과 문위세의 인맥이 가져온 결과라고 할 수 있다.

후방에서 군량 조달에 심혈을 기울이다

박광전은 몸소 모은 700여 명의 의병을 전선으로 출정시킨 후 전면에 나서지 못한 대신 후방에서 전라좌의병의 군량 공급을 자임했다. 전라좌의병이 영남지역으로 진군하여 성주·개령 수복 전투를 치르고 있을 즈음, 보성에 머물고 있던 박광전은 깊은 병환에도 장남 박근효와 처남 문위세 등과 긴밀하게 연락하며 군량 조달에 심혈을 기울였다.

1594년 정월에는 전주에 주둔하고 있던 광해군에게 장문의 글을 올려 전란 극복의 방법을 조목조목 말하며 이를 모두 받아들이게 했다. 당시 호남지방의 실정을 전하며, 떠도는 백성들을 불러 모아 농사를 짓게 하여 민생을 안정시키는 것이 급선무임을 강조했다.

"지난해에 흉년이 들어 모든 곡식의 수확이 전보다 반이나 줄었는데 각종 요역의 무거움은 도리어 열 배나 되어 해를 넘기기 전에 집들이 벌써 텅텅 비어버렸습니다. 지금 보는 바에 의하면 집에 조석의 끼니를 잇지 못한 사람들이 반이 넘는데, 영남지방에 양식 운반하는 값과 수군의 군량미가 매월 쌀로 7, 8석이나 되어 그것을 내고 나면 목숨을 이어 갈 수 없으므로 도망하고 유리하는 백성이 잇달아 발생하여 촌락이 모두 비게 되고 서로 안고 붙들고 가는 이들이 길에 가득했을 뿐 아니라 굶어 죽은 시체들이 겹쳐 쌓여 있어 그 참혹함이 차마 눈 뜨고 볼 수 없습니다. 조금 잘 사는 집도 사사로 감춰둔 것이 적발되면 관청에 모두 내주지 않을 수 없게 되나 관청에서도 수합해야 할 양을 1/3밖에 채우지 못하여 공사간이 모두 함께 곤궁하니 식구들은 어찌하며 군량 수납과 종자벼는 또 어찌할 것입니까. 이로써 말한다면 적이 쳐들어오기도 전에 나라의 근본인 백성들이 먼저 뽑히고 만 것이니… 살아남은 백성은 무엇으로 먹을 것이며, 적을 막아야 할 군사는 무엇으로 군량을 이어갈 것이며, 백성이 어찌 백성이 될 것이며 나라가 어찌 나라가 될 수 있겠습니까."

고령의 박광전, 정유재란 때 다시 의병을 일으키다

그 후 1597년, 정유재란이 일어났을 때 박광전은 72세의 고령에 달했다. 일본군의 재침략으로 8월 중순 남원·전주성이 함락된 후 호남지방은 비참한 실정이었다. 이때 박광전은 문인 안방준과 피란 중이었는데 사람들이 찾아와 다시 의병운동에 앞장서줄 것을 요청하자, "난리는 나날이 급해지고 내 병은 나날이 깊어지니, 이제 남은 것은 죽음이 있을 뿐이라. 다만 한가락 숨이 붙어있는 동안이라도 저 왜놈들과 같은 하늘 밑에 있을 수는 없는 일"이라며 산속에 피란 중인 장정들을 모아 다시 의병 활동을 개시했다.

그러나 의병 활동을 재개한 후 얼마 되지 않아 11월, 노령에 병이 깊어 전쟁 중에 순절했다.

의병 명문가 박광전 집안의 의로움을 읽다

죽천정(전남 보성군 노동면)

한편 박광전 집안은 임진전쟁부터 병자호란까지 3대에 걸쳐 의병활동을 전개한 '의병 명문가'였다. 즉 임진전쟁 때는 박광전과 그의 장남인 박근효, 차남인 박근제 등이 의병운동에 참가하여 '삼부자 창의'라는 말을 들었다.

병자호란 때는 박광전의 손자이자 장남 박근효의 큰아들인 박춘수와 차남인 춘장, 그리고 춘장의 아들이자 박광전의 증손자인 박진형과 죽천의 손자이자 박근제의 아들인 박춘호 등이 의병운동에 뛰어들어 한 가문에서 일곱 명의 의병이 배출되었다.

이처럼 임진전쟁에서 병자호란까지 4대에 걸쳐 의병으로서 충절을 다할 수 있었던 저력은 어디서 나왔을까 생각해 본다. 갈수록 각박해지고 충절의 의미가 퇴색해가고 각자도생하는 현실에서 박광전은 자신의 출세보다도 백성을 사랑했다. 나라가 위기에 처했을 때는 가장 앞장서서 싸웠다. 사랑하는 가족과 백성들을 위해. 나아가 아들과 손자, 증손자로 이어진 의병활동은 인정받아야 한다. 노블레스 오블리주의 본보기다. 호남의병의 표상으로 기억해야 한다.

15

전투와 군사행정을 분리하여 승리한 임계영

정의롭고 당당한 호남의병 이야기를 쓰다 보니 새삼 남도의병들과 남도정신을 생각하게 한다. 외침의 난국에서 분연히 일어섰던 임진의병들의 발자취를 따라가다 보면 '충절'의 의미가 남다르게 다가온다.

이번에는 전라좌의병장 임계영을 만나러 떠난다.

보성에서 의병을 모집하여 북상하다

전라좌의병장 임계영(任啓英, 1528~1597)은 1576년(선조9) 문과에 급제한 뒤 1580년에 경상도 진보 현감을 지냈다. 임기를 마치고 고향에 돌아온 후 더 이상 관직에 뜻을 두지 않고 후진 양성에 힘쓰던 중 임진전쟁을 맞았다. 65세 노령에도 보성의 박광전, 능주 현령 김익복 등과 더불어 나라를 구하기 위해 의병을 일으켰다. 그는 다음과 같은 격문을 보내 의병에 참여할 것을 권했다.

"의거로 군사를 일으킴은 오로지 국가를 위하여 적을 토벌함이다. 흉하고 추한 놈들이 침범한 지 이제 이미 한 달이 넘었는데 관군이 여러 번 붕괴되어 소탕할 기약이 없다. 7도의 생령이 이미 어육이 되었고 호남 한둘만이 겨우 보전함을 얻었으니 지금 기회를 잃으면 어찌 회복의 공을 성취하여 남아 있는 백성을 구하랴. 이때가 바로 의기 분발한 선비가 몸을 잊고 나라에 보답할 때다."

임계영 의병장 사우

그러나 민중은 관군의 징집에 응하기를 꺼렸고 의병에 자진 참가하기는 더욱 어려웠다. 이런 처지에서 임계영에게 고을 유지가 읍 중의 자제와 병사 등 2백 명을 거느리고 왔고, 장흥부에서도 2백 명이 응모해왔다. 임계영은 약 4백여 명의 병력을 거느리고 1592년 7월 20일경 보성에서 출발했다.

출발 당시 임계영 외에 양향관에 문위세, 참모관에 박근효, 종사관에 정사제를 임명하여 대체적인 지휘부를 구성했다. 낙안을 거쳐 순천에 이르러 장윤을 의병부장으로 영입했다. 구례를 거치고 남원으로 향해 다니면서 군사를 수합하여 1천여 명을 얻었다. 한편으로는 장흥, 낙안, 순천, 남원에서 격문을 돌려 군사를 모집하고 군량을 출원하도록 요청하기도 했다.

경상우도로 이동하여 의병활동을 전개하다

우여곡절 끝에 8월경 남원에 당도한 임계영과 전라좌의병은 장수로 진격하여 금산, 무주를 공격할 계획을 세웠다. 금산, 무주는 이미 경상우도의 관·의병이 여러 차례 공격했으나 번번이 패했던 곳인데 부장 장윤의 활약으로 적을 격퇴했다. 9월 22일에는 다시 남원으로 와서 진을 쳤다. 이 무렵 남원과 접경을 이룬 경상우도 지역에서 일본군이 더욱 날뛰자 경상우도 순찰사 김성일의 구원 요청에 응해 경상우도로 이동하게 된다.

귀산정(전남 보성군 조성면)

제1차 진주성 전투가 끝난 직후인 10월 18일, 마침내 전라좌의병이 경상도 함양군으로 진출했다. 함양 출신 의병종사관 정경운은 당시 상황을 이렇게 전한다.

"전라의병장 임계영이 군사 천여 명을 인솔하여 본군에 당도했다. 사졸들이 모두 장흥, 보성, 흥양 등지에서 나왔는데 뛰어나고 강하기가 이보다 더할 데가 없다."

개령, 성주에서 승리하여 호남을 지키는 효과를 가져오다!

경상우도에 진출한 전라좌의병은 10월 하순부터 이듬해 2월까지 최경회, 김면, 정인홍과 연합하여 개령, 성주 지역을 공략했다. 10월 하순부터 11월 중순까지는 주로 좌·우의병이 김면 군과 합세하여 개령의 적진을 공격했다. 11월 중순 이후에는 좌·우의병이 분리되면서 최경회가 이끈 전라우의병은 김면 군과 함께 개령에서, 임계영이 이끈 전라좌의병은 정인홍 군과 더불어 성주에서 일본군과 접전했다.

특히 1592년 12월 14일 성주 전투는 임계영의 지휘하에 있던 전라좌의병이 단독으로 치렀다. 적군을 들판으로 유인, 습격하여 거의 섬멸하기에 이를 정도로 대승을 거두었다. 성주는 오랫동안 일본군의 근거지였던 지역으로, 사실상 탈환했다는 점에서 중요한 일전이었다.

이날 대첩은 전라도 의병의 활약 가운데 가장 큰 전과였다. 혹한 속에 현지 관군과 의병이 모두 전투를 기피한 상황에서 고군분투하여 대첩을 이끌었다는 점에서 중요한 의미가 있다.

전라좌의병은 1592년 10월 하순부터 1593년 4월까지 성주·개령 지역을 중심으로 6개월에 걸쳐 일본군과의 공방전에서 승리했다. 이 지역은 부산에서 한성에 이르는 최단거리 보급로의 중간지점이며, 호남으로 통하는 관문으로 특히 중요한 지역이었다. 전라좌의병의 승리는 일본군의 주요 보급로를 차단하고 호남을 보존하는 효과를 가져왔다.

노(老) 의병장, 탁월한 리더십을 발휘하다

임계영의 전라좌의병이 연이어 승리를 거둘 수 있었던 원동력은 무엇일까?

첫째, 전투 활동과 군사행정의 분리를 꼽을 수 있다. 의병장 임계영은 65세의 노령으로 외진에 머물며 군비를 조달했고, 부장인 장윤은 40세의 무과 출신 장수로서 전장을 누비며 전투 활동을 했다. 의병장과 부장이 역할을 분담함으로써 부대의 전력을 극대화할 수 있었는데, 이는 관군과 다른 의병 조직의 취약성을 보완한 동시에 전투효과를 극대화한 요인이었다.

둘째, 보성, 장흥, 남원, 옥과, 곡성 등 다섯 고을에서 집중적이고 안정적으로 군량을 조달받았다. 고을마다 군량 조달 책임을 진 사람이 있었는데, 전라좌의병의 경우 부대 자체로만 운용된 것이 아니라 각 지역과 연락망을 구축하여 연계적으로 운용되고 있었다. 특히 장흥의 문위세는 본진과 후방을 오가며 군량 수송을 추진했고, 보성의 박광전은 후방에서 군량 확보를 뒷받침했다.

한편 임계영의 리더십에서 빼놓을 수 없는 것이 부하를 사랑하는 마음이다. 임계영은 선봉에서 실제 전투를 주도하지는 않았지만 부장의 전투 활동을 뒷받침했다. 의병장으로서 임계영이 부하들의 두터운 신임을 얻을 수 있었던 것은 정신적인 측면이 강했다. 그는 늘 자신은 "군수와

임계영 의병장이 조성한 저수지(삼도)

행정으로 뒤에서 후원했을 뿐, 모든 전공은 부장이 세운 것"임을 강조했다. 아울러 부하들이 전공 포상이 이루어지지 못할 것이 두려워 그들의 공적을 세밀하게 작성하여 포상을 요청했다. 앞서서 싸우는 것도 중요하지만 충분한 후방지원과 부하, 후배들을 위하는 마음 역시 의병장의 책무 중 하나임을 잘 보여주었다.

2차 진주성 전투 이후 의병을 수습하고 전과를 올리다

1593년 4월, 조선 전국에 걸쳐 주둔해 있던 일본군은 모두 철수하여 경상도 연해지역에 주둔했고, 이후 진주성 공격에 총력을 다했다. 그 결과 1593년 6월, 제2차 진주성 전투가 발발했다.

일본군의 위세에 눌려 철수했던 관군도 있었지만 임계영을 비롯한 전라좌의병은 김천일, 최경회 군과 함께 진주성을 지키기 위해 참전했다. 임계영은 이번에도 부장 장윤에게 전투를 일임했다. 정예군 300명을 이끌고 먼저 성에 들어가게 하고, 임계영 자신은 성 밖에서 곡식과 무기를 조달하다 적이 성을 포위하자 성에 들어가지 못했다.

전방에서 싸우던 장윤이 2차 진주성 전투에서 전사하자, 남은 군사들을 수습하여 하동에 들어가 지키면서 때때로 군사를 내어 고성, 거제 등지에 매복하며 일본군을 공격하여 전과를 올렸다. 선조가 환도한 후 양주, 정주, 해주, 순창 등지에서 목사를 지냈으며, 1597년 정유재란 때 다시 의병을 일으켰으나 객사했다.

양곡재(임계영 아들 추모 사당)

이원 행정의 역할분담,
군량 조달과 부하 사랑하는 마음으로 나타나다

여러 가지 난국 상황에서 지도자의 리더십을 생각해 보면, 참으로 안타깝고 답답한 마음이 앞선다. 진정한 지도자의 자질과 모습은 어떠해야 하는가?

임계영 의병장을 통해 부하 사랑하는 마음과 자신의 군공을 챙기지 않고 부하들을 먼저 생각하고 챙기는 리더십을 생각한다. 다시 임계영 의병장을 찾아 나서니, 귀산정은 찾기 힘들고 사우는 제대로 추진되지 못하고 있어 안타깝다. 후손들이 겨우 사당을 세우고 추모하고 있다는 소식을 접하니 부끄럽고 죄송할 따름이다. 언제 의병장을 제대로 기리고 선양할 수 있을까.

16

나라를 구하기 위해 충절을 다한
어모장군 전방삭

　대학원에서 동문수학한 노기욱 박사가 저술한 『보성군 의병장 전방삭』을 접할 기회가 있었다. '어모장군 전방삭'. 처음 들은 의병장이다. 지역사를 열심히 정리하고 알리기 위해 노력해 온 입장에서 당황스러웠던 기억이 새롭다. 하긴, 지역사에서 인물을 제대로 배우고 가르친 적이 있었던가. 참으로 부끄럽고 부담으로 남아 있었다.

　그런 사이 남도의병 공원 유치 경쟁이 매우 치열한 상황을 알게 되었다. 저마다 지자체는 자기 지역이 최적지라는 이유와 근거를 제시하며 홍보전을 전개했다. 다행히도 그 일을 계기로 지역의 의병 활동과 의병들이 새롭게 조명되고, 부각되었다. 그런 자극과 충격에서 정의롭고 당당한 호남의병장들을 알리기 위해 배전의 노력을 다짐했다.

　임계영, 박광전 의병장에 이어 어모장군 전방삭 보성 의병장을 만나러 간다.

충효사(전남 보성군 벌교읍)

어모장군 전방삭 의병장 영등에서 뜨다

어모장군(禦侮將軍) 전방삭(全方朔, 1545~1598) 의병장. 생소한 용어로 시작한다. '어모장군'이 무엇인가. 조선시대 정3품 당하관에 해당하는 무신의 관직이다.

전방삭 장군은 1545년 보성군 우산리 택촌에서 부사 전윤부의 외동아들로 태어났다. 자는 일진, 호 규암이다. 1575년 무과에 급제하여 훈련원에 재직 중 1592년 건공장군에 올랐다.

그해 임진전쟁이 발발하자 세자 광해군을 호종하고 피신했다. 전쟁이 소강상태가 되자 군량과 병력 동원 차 광해군이 전주에 왔을 때 "고향 땅에 내려가 몸소 왜적을 무찌르고자 하오니 윤허하여 주시기 바랍니다."라고 간청하자 세자는 그 뜻을 칭찬하며 허락했다.

이순신이 21세 때 보성 군수 방진의 외동딸과 결혼했다. 장인 방진으로부터 무술을 연마할 때, 좁은 고을 보성의 활터와 경마장에서 무예를 연마했던 전방삭과 이순신은 매일같이 만나다시피 하여 절친한 친구 사이가 되었다. 전방삭은 지인이며 옛 친구인 이순신 막하에서 백의종군하여 많은 공을 세웠다.

충무공 이순신과 절친이 되다

삼도 수군통제사 이순신 장군이 모함으로 하옥되자 수군은 와해되어 주인 잃은 형세가 되었다. 전방삭 장군은 뜻한 바 있어 미리 보아 두었던 보성군 벌교읍 영등에 진지를 마련하여 주로 보성과 벌교 청장년 의병 300명을 모집하여 훈련시켰다. 본인의 전 재산을 헌납하여 군량미로 사용하는 모습을 본 일가친척 외에도 애국심에 불타는 많은 분이 다투어 군량미를 헌납했다.

다른 장수와 달리 전방삭 장군은 훈련원에 재직했을 때 습독관(현 훈련소 교관) 활동을 경험으로 정예병으로 훈련한 의병을 이끌고 왜적을 막아내는 혁혁한 전과를 세웠다.

어모장군 전방삭 유적비

전방삭 의병장의 전과를 더 자세히 들여다 보자.

1597년 5월 2일 왜교전투(해룡면 신성리), 1597년 6월 10일 홍양 첨산전투(고흥 동강면 첨산), 1597년 6월 16일 홍양 망저포전투(고흥 동강면 망주), 1598년 3월 보성 예진전투(보성 득량면 예당), 1598년 4월 8일 홍양 첨산전투(고흥 동강면 첨산), 1598년 4월 벌교포, 영등포, 장암포, 대포지역으로 왜적의 침투를 막아냈다.

1598년 6월 6일 고흥, 보성, 낙안전투, 1598년 6월 8일 보성 안치전투(기러기재), 1598년 7월 12일 보성 죽전벌전투(보성 득량면 심정) 등의 공적으로 1605년 4월 16일 선조로부터 선무원종공신 2등에 선정되었다. 선무원종공신녹권을 하사받았으며 훈련원정 어모장군으로 추증되었다.

전방삭 의병장의 기록이 사라지다

이순신을 도와 전과를 올렸고, 고흥과 보성 지역의 수많은 전투에서 큰 승리를 거둔 전방삭 의병장이 알려지지 않은 이유가 무엇일까. 거기에는 아픈 역사가 있다.

일제강점기 벌교 주재 일본 헌병이 전방삭 의병장이 일본군을 무수히 살상한 사실을 알고 유품이 보관되어있는 자손의 집을 급습하여 불 지르고 유품을 빼앗아간 것이다. 남아 있는 것은 이웃에서 빌려 간 덕분에 단 한 권 '선무원종공신녹권'뿐이었다.

임진전쟁 당시에도 우리 역사를 말살하기 위해 역사자료와 문화재를 불태우거나 가져간 일본이다. 그런데 또다시 일제강점기에 의병과 관련한 기록을 없애거나 왜곡시켰다. 애통할 일이다. 전방삭 의병장이 후손에게 남겨준 것은 오직 애국충성 정신이다.

전방삭 의병장의 활동이 되살아나다

다행히도 후손들이 끈질긴 노력으로 각종 기록을 찾아 정리했다. 전방삭의 활동 기록은 〈호남절의록〉, 〈호남충의사록〉 등에 수록되어 있다. 전방삭의 아들 전홍례는 무과 급제 후 훈련원 판관으로 재직할 때 부친의 유지를 받들고자 부친의 의병 훈련지로 아무도 살지 않았던 바닷가 벌교읍 영등으로 조상의 위패와 가솔을 데리고 와서 설당했다.

전홍례는 병자호란 시 임금님을 모시다 순절했다. 가문에 쌍충이 났다고 주변의 칭찬이 자자했다. 지극히 당연한 일이다. 부자가 충절을 다했으니 쌍충의 의미는 높게 평가받아야 한다. 특히 우산(牛山) 안방준(安邦俊, 1573~1654) 선생도 그들을 찬양하는 글을 지었다는 기록이 있다. 후손들은 전방삭 장군의 위패를 모시는 충효사를 건립하고 매년 추모제를 지내고 있다.

한편 2017년에는 보성군과 군민들의 지원과 성원으로 노기욱 박사가 『보성군 의병장 전방삭』을 편찬했다. 이듬해에는 전방삭 장군 일대기를 그린 정형남 작가의 소설 『꽃이 지니 열매 맺혔어라』가 출간되었다. 꼭 일독했으면 싶다.

보성군에서는 전방삭 장군 역사관 건립 계획을 세우고 있다. 최근에는 그 계획이 지지부진하여 후손 전종실 님은 안타까워한다. 보성군과 전남도청의 지속적인 관심과 지원이 필요하다.

자라나는 후세들에게 지역사와 국난 앞에서 충절을 다한 의병들의 활

전방삭 장군 역사관 조감도

동이 기록 보존되고 계승되어야 한다는 사명감으로 '남도민주평화길' 프로그램을 진행하고 있다. 다행히 전남교육청과 전남교육연수원의 적극적인 지원과 협조로 전남지역의 민주, 평화, 독립의 정신을 계승하기 위한 자료 정리와 체험코스를 개발하고 있다. 보성은 2020년에 실시했다. 이번 정리도 그런 활동의 연장선상에서 진행되고 있다.

17

전라 동부지역에서 연전연승한
모의장군 최대성

임진전쟁에서 활약한 전라좌의병을 찾아 다시 떠난다. 이번에는 보성에서 태어나 순천, 광양, 흥양(고흥), 보성 등지에서 수차례 전쟁에 참가하여 연전연승한 모의장군 최대성 의병장을 만나본다.

이순신 휘하에 자원 종군하다

보성 출신 최대성(崔大晟, 1553~1598)은 고려말 학자 최충의 8세손이다. 1585년 무과에 급제했지만 관직에 나간 적은 없는, 의병장의 성격을 띤 장수다.

최대성은 임진전쟁 초기 전라좌수사 이순신 휘하에서 자원 종군했으며, 옥포 해전에서 전과를 기록하기도 했다. 전라좌수영 군관 자격으로 해전에 참가하여 공을 세웠지만 옥포 해전의 마무리 전투에서 중상을 입었다. 곧이어 부친상을 당하면서 이후로는 실전의 해상전투에 당분간 참가하지 않고 후방에 남았다. 이후 1597년 2월, 수군통제사 이순신이 관직을 박탈당하고 그 자리에 원균이 들어왔을 때 이순신 산하의 군관들은 수영을 떠나 귀향한 경우가 많았다.

이때 최대성 역시 고향인 보성으로 돌아왔다. 살아남은 전라좌수영 출신의 군관들, 즉 흥양 출신의 송대립, 신군안, 김붕만 등과 보성·낙안 출신의 최대성, 전방삭 등은 명량해전에 참전하지 않고 출신 지역의 향리 보전을 위한 해상의병 활동을 전개했다.

충절사 전경(전남 보성군 득량면)

흥양 의병들과 향리 보전을 위한 합동 의병활동을 전개하다

최대성의 의병활동은 1597년 8월에 시작하며, 1598년 3월 일본군이
보성 예진(현 득량면 예당리)에 상륙한 뒤부터 본격적으로 활동했다.

1598년에 들어와서 전라좌수영 관내 연해 지역에 일본군 침공에 대
한 위기의식이 고조되었다. 일본군은 순천 왜교성을 중심으로 한 좌수
영 관내에 전투력을 집중했다. 특히 흥양과 보성지역에는 일본 수군의
침략이 부쩍 잦았다. 지리적으로 순천, 광양은 왜교성의 직접적인 영향
력 아래 있었던데 반해 흥양지역은 왜교성으로부터 멀리 떨어져 있을
뿐 아니라 거의 4면이 바다로 둘러싸여 있어 사방이 해상 공격에 노출
된 지역이었다. 게다가 좌우 해역은 보성과 낙안으로 이어진 지리적 특
성이 있어서 어느 한 지역이 공격을 받으면 흥양, 보성, 낙안 세 고을이
함께 타격을 입었다. 이 같은 환경 때문에 주로 흥양반도에 상륙한 일본
수군은 세 지역의 각처를 유린했고, 세 지역의 의병들도 함께 적을 물리
치곤 했다.

1598년 3월, 적선 10척이 보성 예진에 침입했을 때 최대성은 송대립,
전방삭 등과 함께 인접 지역을 왕래하면서 상호 간 합동작전을 펼쳐 적
을 물리쳤다. 이때로부터 4월 8일, 첨산 전투에서 흥양의 송대립이 전사
하기까지 최대성, 전방삭, 김덕방, 황원복 등은 합동작전을 펼치며 전과
를 올렸다.

충절사. 최대성 의병장 사당

최대성, 보성 안치전투에서 순절하다

최대성은 3월 예진에 상륙한 일본군과 접전을 벌였다. 그 후, 4월에는 흥양의 첨산전투에서 일가가 함께 의병활동을 전개했다. 첨산전투에서는 아우 최대민과 종제 대영, 그리고 작은아들 후립이 참전했다가 종제 대영이 전사했다. 최대성은 첨산전투에서 전사한 흥양 출신 송대립의 시신을 거두어 그의 아우에게 인도한 뒤, 낙안과 순천 관내 해안지역에서 의병활동을 계속했다.

5월 하순에는 순천만 거차포에서 접전이 있었으며, 25일에는 흥양에 상륙한 일본군이 약 2주간에 걸쳐 낙안, 보성 일대를 휩쓸자 최대성은 두 아들 언립, 후립뿐만 아니라 사노비 두리, 갑술 형제 등 일가족과 함께 참전했다. 최대성 의병군은 안치 정상에 진을 친 다음 들판에 주둔한 적진을 확인한 후 기습공격을 감행했다. 군사·지리적으로 의병에게 결코 불리한 조건은 아니었지만 병력과 화력이 뛰어난 일본군에 관군의 별다른 도움 없이 홀로 맞선 결과는 처참했다. 의병 활동 개시 후 20여 회의 크고 작은 전투를 치르면서 일본군 백여 명을 참수한 최대성은 46세의 나이로 순절했다. 최대성 의병군에서 가장 활약이 뛰어났던 가노(家奴) 두리동과 그의 아우 갑술이 모두 함께 전사했다.

도피자로 기록된 최대성, 안타깝게 전공을 인정받지 못하다!

　안치전투의 공은 1605년 선무원종공신록에 반영되었다. 최대성의 장자 언립과 3남 후립은 나란히 2등공신에 책록되었다. 그러나 안치 혈전을 이끈 최대성은 공신록 어디에도 찾아볼 수 없다. 1597년 10월에 올린 수군통제사 이순신의 장계에서 그가 전쟁을 피하여 도망간 사람으로 기록되어 있기 때문이다.

　당시는 명량해전 직후로 전라도 전역은 침략군의 소굴이었으며 도로는 불통되고 지방행정은 마비된 상태였다. 특히 이 기간에 해남, 강진, 장흥, 보성 등 해안지방은 사실상 무정부 상태로 혼란스러울 때였다. 따라서 중앙과 전라도의 소식은 오랫동안 끊어져 조정에서는 전라도의 실정을 전혀 파악하지 못하고 있었다. 특히 이 시기는 전국적으로 지방 수령이나 무관들이 자신의 근무지를 버리고 도망하는 경우가 많았다. 이 같은 실정에서 군율을 엄격히 집행했던 이순신에게 정기적으로 연락을 취하지 못했다면 도피자로 지목될 수도 있었을 것이다. 하지만 이 사건과 관련하여 1598년 2월 이후 최대성에게 별다른 조치가 없었던 것을 보면 전쟁을 피해 도망갔다는 것은 사실이 아닐 가능성이 크다. 그럼에도 최대성은 선무원종공신록에 올라가지 못하게 되었다.

　결국 최대성의 전공 회복을 위해 보성과 홍양 지방의 유림과 후손들이 나섰다. 보성읍내에 거주하던 지식인 안방준과 제자 문희순 주도하에 1648년 복권운동이 본격적으로 시작되어, 1751년 최대성의 5세손 최정기에 이르기까지 약 100년간 지속되었다. 결국 최대성의 전공은 영조에 이르러서야 빛을 보게 되었다. 최대성의 고향 보성에 충신 정려가 세워지고 증직 교지가 내려졌다. 보성 안치 싸움에서 순절한 지 154년 만이다.

모의장군 최대성 삼세
충절비

　남도의 임진의병장을 찾아 그 기록을 정리하는 일은 나라사랑 정신과 민족정기가 희미해지고 있는 현대에 매우 절실한 일로 다가온다. 최대성 의병장은 가족과 가노들이 모두 전쟁에 참여하여 목숨을 다했음에도 제대로 평가받지 못했다. 가족이 모두 죽었기 때문에 제대로 기록을 남기지 못했기 때문에 그랬으리라.

늦게나마 최대성 의병장은 뜻있는 사람들이 계속 상소하여 150여 년만에 제대로 평가받았으니 그나마 다행이다. 이런 일은 현대사에서도 비일비재하다. 역사는 사필귀정이다.

18

군량 보급을 담당한 일문창의 문위세

연일 폭염이 수그러들지 않는다. 광주에서 장흥 가는 길은 그런 더위를 식히는 길이다. 나주 덕룡산 자락을 따라 영암 국사봉을 거쳐 장흥 가는 길은 지친 심신을 달래주는 코스다. 한말의병의 흔적을 따라 답사하던 중에 장흥 유치에서 임진의병 풍암 문위세를 배향하는 강성서원을 알게 되었다. 군량 보급은 물론 그 후손들의 의병 활동을 알게 되면서 역사교사로서의 부끄러움과 죄송함이 앞섰다. 열심히 자료를 찾고 정리해서 더 알려야 한다는 책무감이 앞선다. 문위세 의병장과 그 가문들의 의병 활동을 소개한다.

군사가 있어도 군량이 없으면 의병활동이 이루어질 수 없다!

풍암(楓庵) 문위세(文緯世, 1534~1600)는 장흥 출신으로, 죽천 박광전의 처남이자 제자다. 임진전쟁이 발발하자 보성에서 일어난 전라좌의병에 합류하여 남원으로 진군했다. 병력이 늘어나면서 군량 확보가 중요했는데, 그는 당시 전라좌의병에서 군량 조달 의무를 맡고 있었다. 그의 『창의일기』에서 군량 확보의 어려움을 호소하고 있음을 엿볼 수 있다.

"지금 군사를 이끌어 적이 있는 곳으로 가서 최경회군(전라우의병)과 협력할 준비가 급한데 군사를 먹일 양식이 없어 낭패다. (중략) 여러분이 질병이나 사고로 의병에 참여할 수는 없다 하더라도 군량을 도와주는 것만은 힘써줄 수 있을 것이다. 모름지기 군중에 비바람을 무릅쓰는 고생을 바꾸어 생각하고 흉한 적이 분탕질하는 화를 생각하여 각기 분발하고 격려하여 마음과 힘을

문위세 의병장을 배향한 강성서원(전남 장흥군 유치면)

다해 양식을 보내 도와줌으로써 우리 의병으로 하여금 왜적을 무찔러 마침 내 근왕의 뜻을 다할 수 있게 해줄 것을 바라노라."

문위세는 군사가 있어도 군량이 없으면 의병활동이 이루어질 수 없다 는 사실을 지적했다. 국난을 당한 백성이라면 직접 왜적 토벌에 참여하 거나 아니면 의병의 군량 공급에 솔선해야 함을 강조했다.

호남의 열읍을 돌며 군량 모집에 최선을 다하다

1592년 9월말 이후 경상우도 관찰사 김성일과 영남의병장 김면의 원 군 요청에 의해 전라좌·우의병은 경상우도로 이동하여 1차 진주성 전투 에서 승리했다. 이후에도 김면 군, 정인홍 군과 더불어 협력하며 수개월 을 일본군과 전투하여 전과를 올렸다. 특히 전라좌의병군은 1592년 11 월 중순부터 정인홍 군과 더불어 성주, 개령 등지에서 적을 공격하여 일 본군의 거점이 되어있던 성주, 개령 일대를 수복하는 데 성공했다.

그런데 이 무렵 문위세는 영남 지방에 주둔한 전라좌의병 내에 있었 던 것이 아니라 전라도 열읍을 돌며 군량 모집에 진력하고 있었다. 문위 세의 문집『풍암실기』에서는 다음과 같이 기록을 전한다.

"조정이 문위세를 호남운량관으로 삼아 전라좌도 연해지역 여러 고을 창고에 쌓아둔 곡식을 경상좌도 여러 읍으로 옮기게 하고… (중략) …그 고을 군사들을 모두 전라도순찰사 권율 진중에 소속케 하니 그의 차남 영개를 포함한 세 아들 및 부장 이충량 등이 모두 권율 휘하에 들어갔다."

당시 문위세는 호남지방에서 모은 곡식을 영남지방으로 수송하여 의병의 군량을 공급했다. 그리고 행주산성 전투에 참전한 전라도 관군의 군량과 군사를 지원하는 책임까지 맡고 있었던 것으로 보인다.

조정에서 문위세를 호남운량관으로 임명한 것은 전라좌의병의 양향관으로서 전라좌도 연해 지역에서 멀리 영남지방까지 의병의 군량을 조달할 능력이 있었기 때문이다. 이처럼 문위세는 전라좌의병의 본진과 분리된 가운데 후방에서 군량을 확보하여 이를 전방에 공급하는 군량 지원 활동을 적극적으로 추진했다.

그런데 1593년 이후 전쟁이 장기화하고 전국에 흉년이 들자 문위세의 군량지원활동은 어려워졌다. 이 같은 상황에서 1593년 6월, 제2차 진주성 전투 당시에도 권율의 요청에 따라 선박에 군량을 실어 영남지방에 공급했다. 순천 왜교촌에서 배를 띄운 뒤 천신만고 끝에 영남지방에 군량을 수송했다. 군량을 전달하고 돌아가는 길에 하동에서 조선인 포로 2백여 명을 구출하기도 했다.

조정에서 전국의 의병을 모두 해산시키고 김덕령 휘하의 1군만 남기는 조치가 내려진 1594년 4월 직전까지 문위세의 군량 보급 활동은 계속되었다. 약 2년 6개월에 걸쳐 군량 보급 활동을 전개했다. 조정은 문위세가 62세 되던 해인 1595년에야 그에게 용담 현령 관직을 제수했다. 군량보급이라는 문위세의 의병 활동을 인정하고 높이 평가한 것이다.

풍암 문위세 집안, 육지와 바다에서 종횡무진 활약하다

1597년 8월 남원성과 전주성이 함락된 직후 그 인접지역이던 용담고을 역시 어려운 상황에 놓여 있었다. 이때 문위세는 부장 이충량과 장남

문원개를 비롯한 자식, 사위 백민수 등에게 명하여 의병을 규합하여 민-관 연합 방위체제를 구축하여 방어했다. 1598년 일본군이 순천 왜교성에서 마지막으로 철수할 때까지 용담고을을 무사히 지켰다. 현령 문위세와 휘하 의병들의 활약 덕분이다.

이에 1600년 선조로부터 3품관인 파주목사직첩이 내려졌지만 노환으로 부임하지 못한 채 그해 3월 67세의 나이로 세상을 떠나고 말았다.

한편 문위세의 아들과 사위 등 그 일가족도 임진전쟁 7년 중 공을 세운 바가 크다. 그들의 의병 활동을 정리하면 가히 놀랍다.

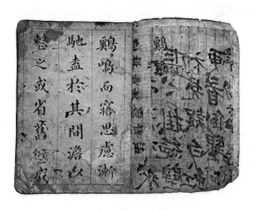

문홍개 의병장 문집

장남 문원개: 임진전쟁이 일어났을 때 장흥에서 부친 문위세의 의병운동의 기반을 구축한 인물. 보성 관문에서 전라좌의병의 기치를 세운 뒤 부친의 명에 따라 백부와 모친을 봉양하기 위해 장흥에 돌아왔다. 전라좌의병이 경상우도에서 의병활동을 계속하던 때에 그는 현지에서 군량을 모아 후방지원 책무를 담당했다. 정유재란 때는 부친이 용담 현령으로 있을 때 아우들과 함께 지역을 방위하여 공을 세웠다.

차남 문영개: 28세 때 임진전쟁을 당하여 형 문원개와 더불어 강진, 해남, 영암 등지에서 의병을 모집하여 부친을 따라 전라좌의병진에 종군했다. 성주, 개령 지역에 진군하여 경상우도 지방을 수복하는 데 공을 세웠다. 1597년 정유재란 시에 백진남, 정명열, 임영개 등과 협력하여 수군통제사 이순신

에게 군량을 조달하며 향선을 동원하여 명량해전을 후원했다. 그리고 우수영 앞바다에서 일본 선단을 크게 격파했다.

3남 문형개: 25세 되던 해에 임진전쟁이 일어나자 두 형과 아우 홍개, 여개와 더불어 장흥에서 의병을 일으켰다. 부친 문위세를 따라 형제들이 남원에 진군한 뒤 무주, 장수 지역에서 유격전을 펼친 다음 성주, 개령 지역을 수복하는 데 공을 세웠다. 1595년, 부친 문위세가 용담 현령으로 부임했을 때 형제들과 더불어 현지를 방위했다. 중형 영개와 아우 홍개, 여개 등 4명은 이순신 장군의 휘하에 들어가 명량해전에 공을 세우기도 했다.

4남 문홍개: 22세의 젊은 나이에 형제들과 전라좌의병에 참여했다. 7월 20일 보성관문을 출발하여 남원~개령~성주전투에서 일본군을 격퇴하기까지 아버지 곁을 보좌했고, 정유재란 때 명량대첩에서도 공을 세웠다.

5남 문여개: 20세의 젊은 나이에 여러 형 및 종형 문희개와 더불어 장흥에서 의병을 일으켰다. 전라좌의병이 보성에서 출발한 뒤에는 의병진과 향리를 오가며 군량 조달에 진력했다. 1595년 부친 문위세가 용담 현령으로 부임한 후 형들과 읍성을 방위했다. 정유년에는 맏형의 명에 따라 이충무공 막하에 들어가 명량해전에 참전하여 대첩을 이루는 데 공헌했다. 1624년 이괄의 난 때는 형 문홍개와 함께 다시 창의했다.

백민수: 문위세의 사위. 장흥에서 태어나 문위세의 딸 남평 문씨를 부인으로 맞이했다. 임진전쟁이 일어나자 문영개, 형개, 홍개, 여개 등 네 처남과 사촌처남 문희개와 더불어 장인을 도와 장흥에서 의병을 일으켰다. 7월 20일 보성에서 출진한 후 낙안, 순천, 구례를 거쳐 남원에 진군한 뒤 장수, 금산, 무주 등지에서 일본군의 남원 침공을 저지했다. 1593년 개령, 성주지역 전투에 참전하여 군공을 세웠다. 정유재란 당시에도 용담 현령으로 있던 문위세를 도와 현지에서 향병을 모아 의병활동을 계속했다. 1597년 남원성 전투가 벌어질 무렵 이충량 등과 더불어 다시 큰 공을 세웠다.

문희개: 문위세의 조카. 임진전쟁이 일어나자 숙부를 따라 영개 등 사촌들과 힘을 합하여 장흥에서 창의 기병했다. 임진년 의병활동에서 세운 공으로 고창

현감이 되었다가 정유재란을 당했을 때 두 아들과 수성전에 참여하여 읍성을 수호했다.

문기방: 문위세의 조카, 정유재란이 일어난 후 전라 병사 이복남 휘하에 들어가 남원성 전투에 참전했으나 1597년 8월 16일 남원성이 함락될 당시 전사했다.

국난 상황에서 '오블레스 노블리주'의 전형을 보여주다

이처럼 일문창의한 일가족의 활약은 대단했다. 요즘 말로 가문에 10명이 의병에 참가하여 '노블레스 오블리주'의 전형을 보여준다. 세상이 변하고 나라 사랑과 애국정신이 무너지고 있는 당대에 많은 시사점을 준다. 갈수록 국가 간의 갈등과 마찰이 심해지고 있으며, 코로나19 시국을 극복하고 민족 자존의 길을 가야 하는 시기에 의병장들의 충절의 의병정신은 그 어느 때보다 중요하다.

우리에게 진정 '오블레스 노블리주'의 전형을 보여주는 집안과 인물은 있는 것인가.

풍암 문위세 의병장 유허비

3부

순천, 광양, 구례

19

제2차 진주성 전투 최후의 순성장
장윤

폭염을 피해 피서를 떠나려 하지만 코로나19로 피서지는 통제되고 있다. 이럴 때 국난 앞에 나라를 지키기 위해 처절하게 싸운 의병들의 행적을 찾아 나서는 것은 또 다른 애국이 아닐까 싶다.

이번에는 전라좌의병으로 진주성 전투에서 순절한 장윤 의병장을 만나러 가보자. 앞에 소개한 의병장들에서 계속 이름이 언급된 분이다.

은둔 무인, 위기 속에 나라와 고향을 위해 의병에 합류하다

먼저 장윤(張潤, 1552~1593)에 대한 기록을 살펴보자. 장윤은 1552년 정월 순천(당시 승주)에서 태어났다. 아버지는 순천부 쌍암면 학구정에서 선전관을 지낸 장응익이다. 조부 장자강은 순천향교 교관을 지낸 인물로, 무오사화 때 순천에서 유배생활을 했던 김굉필의 문인이며 지역 내에서 명망이 높았다.

장윤은 어렸을 적부터 성격이 강직하고 8척 장신에 힘이 뛰어났다고 한다. 31세 되던 1582년 무과에 급제했다. 그다음 해에 발포만호(鉢浦萬戶)에 제수되었으나 당시 전라좌수사와 뜻이 맞지 않아 관직을 그만두고 사냥으로 소일하며 은둔생활을 했다.

임진전쟁 직전에는 사천 현감이 되었으나, 부당한 상관과의 의견대립으로 다시 관직에서 물러나 고향으로 돌아왔다.

임진전쟁이 발발하자 순천에서 군사 300여 명을 모아 의병을 일으켜 순천읍성을 지켰다. 당시 보성에서 임계영이 전라좌의병을 조직하여 함께 싸울 것을 요청해오자, 임계영 휘하에 들어가 의병부장으로 활약하

정충사 경의문(전남 순천)

게 되었다. 임계영이 칠순을 눈앞에 둔 고령이었기에 작전 계획이나 의병의 통솔은 사실상 장윤이 담당했다. 무과 출신으로 병법에 밝고 41세의 나이로 왕성한 활동력을 지닌 장윤에게 딱 맞는 역할이 주어진 셈이다.

경상우도로 건너가 성주·개령 수복 전에서 활약하다

전라좌의병에 합류한 장윤은 8월에 임계영 휘하의 전라좌의병군을 거느리고 순천에서 구례를 거쳐 남원으로 이동했다. 담양, 순창을 거쳐 남원으로 온 최경회의 전라우의병군과 합세하여 의병활동을 전개했다. 이들은 호남에서 합세했지만 호남에만 머무르며 활동하지는 않았다.

그들은 영남이 무너지면 호남도 무너진다는 위기의식으로 호남을 지키기 위해 경상우도로 건너갔다. 경상도 의병과 때로는 연합하며, 때로는 단독으로 일본군과 전투를 전개하여 많은 전과를 올렸다. 특히 임계영과 장윤이 거느린 전라좌의병군은 1차 진주성 전투 이후 1592년 10월부터 1593년 초까지 근처 일본군이 주둔하고 있던 성주성을 공격하여 수복하는 데 성공했다.

1593년 2월 초에는 개령 부근에서 행군 중이던 일본군을 사전에 확인하고 매복, 급습하여 격파했다. 그로부터 10일 후에는 단독으로 군사를 인솔하여 개령의 일본군 본부를 공격하여 200여 명의 일본군을 참살하고 조선인 포로 400여 명을 구출했다. 장윤이 이끄는 부대에게 막대한 타격을 입은 일본군은 개령으로부터 철수할 수밖에 없었다. 이때 장윤은 철수하는 일본군을 선산까지 추격하여 계속 타격을 가하기도 했다.

전라좌의병군의 성주·개령 수복 작전에는 많은 어려움이 있었다. 작전 기간이 겨울이었기 때문에 얼어붙은 땅에 매복하거나 눈보라 속에서 전투해야 했다. 전염병까지 만연하여 희생자가 속출했으며, 전쟁의 고통 속에서 도망자가 늘어나는 등 악전고투가 계속되었다. 그러나 이 같은 어려움 속에서도 전라좌의병을 중심으로 한 호남의병은 끝까지 영남 지역에서 철수하지 않았다. 오히려 거듭 격문을 띄워 원군을 요청하기도 했다.

이들에게는 지역주의적 편협성을 찾아볼 수 없었으며, 오히려 당시 영남 지역 사람들은 전라좌의병에게 깊이 의지하고 있었다. 한때 조정의 명에 따라 호남의병이 영남지역에서 철수해야 할 상황이 되자 이를 반대하는 현지인들의 상소가 빗발쳤다는 사실에서 경상우도 지역에서 활약했던 전라도의병에 대한 영남인들의 신뢰를 엿볼 수 있다.

진주성의 마지막 순성장, 상처를 싸매고 끝까지 싸우다

진주성은 경상도 서남단의 요충지이며, 전라도로 통하는 관문이다. 일본군이 이곳을 장악한다면 호남의 곡창지대 역시 일본군 수중에 떨어진다. 이미 1592년 10월, 1차 전투에서 일본군 3만의 공세를 막아냈지만, 일본군은 1차 진주성 전투에서의 패배를 설욕할 기회만 엿보고 있었다. 1593년 6월, 영남 해안가에 포진해 있던 일본군 10만 명이 속속 진주성으로 모이고 있었다. 이때 관군과 의병은 일본군이 대규모 병력을 결집한다는 소식에 전의를 상실한 상태였다. 심지어 명군은 성을 비우고 적군이 알아서 물러가기를 기다린다는 공성책을 제의한 상황이었다. 이런 분위기에서 관군의 주요 책임자나 영남의병장들 역시 진주성 전투를 기피했다.

그런데 호남의병장들의 상황은 달랐다. 진주의 지리적 특성 때문에 진주성이 함락될 경우 호남이 보존되지 못하는 것은 뻔한 일이었다. 호

정충사(전남 순천 정충사길)

남의병들은 진주성 사수를 주장하며 성을 지킬 것을 결의했다. 김천일이 300여 명의 의병을 인솔하여 입성하고, 충청병사 황진이 700명, 경상우병사 최경회가 500명, 복수의병장 고종후가 400명, 남원의병 부장 이잠이 300명, 태인의병장 민여운이 200여 명을 인솔하고 모여들었다. 그 밖에 남원의 고득뢰, 광양의 강희보·희열 형제 등이 각각 군사를 이끌고 합류했다. 전라좌의병 부장 장윤 역시 이때 300명의 의병군을 이끌고 합류했다.

6월 21일부터 29일 성이 함락될 때까지 주야로 9일간 혈전이 계속되었다. 일본군은 약 10만의 압도적인 병력과 화력을 내세워 집요하게 공격했다. 관군과 영남의병장의 외면 속에서 고립무원의 상황에서 수성군의 방어전은 처참했다. 설상가상으로 장맛비가 계속되어 낡은 성벽의 이곳저곳을 무너뜨렸다. 더 이상 손쓸 수 없을 만큼 화살도 다하고 창검도 닳아버린 상황이었다.

함락을 하루 앞둔 6월 28일, 순성장(巡城將) 황진이 전사하면서 수성군의 사기가 떨어졌다. 다음날, 장윤은 최후의 순성장이 되었다. 장윤은 군사들의 신망이 두터워 적임자로 환영받았다. 순성장을 맡은 장윤은 성내를 돌며 병사들을 독려하고 분전하다가 조총에 맞아 전사했다.

진주성 혈전 이후 장윤을 포함한 수성 책임자들이 모두 장렬히 전사했다는 소식을 듣고 조정에서는 포상을 내렸는데, 이때 장윤에게는 가선대부 병조참판 교지가 내려졌다. 인조 때는 순천에 충신 정려문이 세워졌으며, 다시 숙종 때는 인제산 밑에 정충사(旌忠祠)가 세워져 사액까지 받게 되었다.

기억해야 할 호남의병장들의 순절의 정신, 태양보다 뜨겁다

장윤 의병장을 만나러 가는 길은 쉽지 않다. 작열하는 폭염과 무더위로 시골길은 잡초들이 무성하게 자라 찾아가는 것은 인내가 필요하다. 모르니 기억하지 못하고, 기억에 없으니 찾아오는 사람들도 없다.

장윤의 순절을 기리기 위해 사액으로 세워진 정충사를 찾아갈 수 있었던 것은 현대의 길잡이 내비게이션 덕분이다. 그러나 지번과 도로명으로 혼용되고 있어서인지 인내가 필요하다.

앞에서 언급했듯이 2차 진주성 전투에서 9일 동안의 처절한 싸움으로 의병들은 끝내 순절한다. 이름을 남긴 의병장은 그나마 다행이다. 의병으로 거병했던 이름없는 민초들. 사기는 하늘을 찔렀으되 배고픔과 온갖 역병으로 인한 현실은 냉혹했다. 정확한 수를 헤아릴 수 없지만 3만여 명의 민초들이 목숨을 잃었다.

그때 위정자들은 무엇을 했는가? 남도에서 죽음으로 나라를 지키고 있을 때 그들은 자기만 살기 위해 도망갔다. 전쟁 후 평가에도 인색했다. 너무도 어이없고 속상할 일이다.

쌍충정려(전남 순천시 승주읍)

20

웅천바다와 진주성을 지킨
허일과 6부자

　남도는 어느 때보다 의병활동에 관심이 많다. 남도의병 공원 조성과 박물관 건립 계획에 따른 지자체의 관심에서 비롯되었다고 할 수 있다. 남도의병 박물관이 나주에 세우기로 결정되어 추진되고 있지만, 근래에 각 지자체에서 임진의병과 한말의병을 정리하는 움직임이 활발했다. 천만다행이다.

　과거 없이 현재 없고, 어제 없이 오늘이 없다. 미래를 예측하고 설계할 때 과거의 역사적 경험에서 교훈을 얻고 조망하는 것은 기본 중의 기본이다. 변화무쌍하게 흘러가는 21세기에도 민족과 국가의 중요성은 여전히 강조되고 있다. 이런 시기에 남도의 의로움과 당당함을 느끼게 하는 남도의병들을 찾아 나서는 일은 매우 중요하다.

　이번에는 일심재 허일 의병장과 6부자의 의병 활동으로 들어가 보자.

충렬사(허일 의병장과 6부자 배향, 전남 순천시 조례동)

일심재 허일 의병장, 2차 진주성 전투에서 순절하다

허일(許鎰, 1549~1593)은 본관이 양천이며 자는 여중(汝重), 호는 일심재(一心齋) 또는 남포(南圃)다. 문경공 허공의 후손이며, 아버지 참판공 허혼과 어머니 옥천 조씨의 아들로 1549년에 태어났다.

일찍이 미암 유희춘 선생에게 수학하고 1579년 무과에 급제하여 선전관, 내금위, 훈련원 주부, 사헌부 감찰을 역임했다. 1592년 4월 14일 임진 전쟁이 일어날 당시에는 웅천 현감으로 재직 중이었으나, 제승방략(制勝方略, 적의 대규모 침입이 예상될 경우 인근 모든 부대를 동원해서 대규모 병력을 운용하여 방어함)에 의해 김해 진관을 방어하려고 웅천현을 떠났다.

그러나 4월 18일 낙동강 하류 죽도에 상륙한 쿠로다 나가마사(黑田長政)의 3번대 병력으로 인해 김해성 지원이 여의치 않았으며, 왜군들의 전략으로 김해성은 결국 함락되었다.

이런 상황에서 허일은 이순신 장군 진영에 가담하여 왜군들과 싸웠다. 웅천현 소속 군졸과 향리 의병까지 대동하여 이순신 장군 진영에 가담하여 동래, 부산, 남해 등지에서 연승을 거두고 공을 세우며 종군했다.

또한 김천일 장군의 의거 소식을 듣고 애용하던 준마를 기꺼이 주어 충의를 공고히 했다. 그 후 1592년 9월 27일 의병장 최경회가 이끄는 부대에 합류하여 후부장으로 전라도 장수를 거점으로 무주, 금산 진안 등지를 오가며 일본군과 접전을 벌였다.

전쟁 중 최경회 부대에 합류한 허일은 경상도 의병장이었다가 경상우병사 직책을 맡은 김면의 성주성 개령현을 수복하는 전투에도 참여했다. 「임진 창의시 동고록(壬辰倡義時同苦錄)」에는 허일이 당시 군관직책으로 활약했음을 확인할 수 있다.

1593년 1월 의병장 김면이 죽자, 최경회가 경상우병사 직책을 맡아 1차 진주성 전투에서 승리하는 데 도움을 주었다. 같은 해 6월 29일 서울에서 철수한 왜군은 1차 진주성 전투에서의 패전을 설욕하고 전라도로 진출하기 위한 교두보를 확보하기 위해 2차로 진주성에 대한 총공세를 감

웅천 앞바다에서 왜적을 막다.
구자삼정 허 일

하늘을 돌고 해를 가리던 적의 선박 돌아가니
해동에는 저들 용납할 곳 없으리
비록 선측에 숙악의 송에는 없지만
이 마음은 갈코 문산에게 뒤지지 않노라

施天蔽日賊船還
海東無地措身閒
縱乏千秋孫樂乎
此心端不後文山「양천제고」

일심재 허일 의병장 시비

행했는데 이 전투에서 최경회 등 여러 의병장과 함께 순절했다.

임진전쟁에서 공을 세운 사람들에 대해 선조는 1604년 18명을 선무공신으로 녹훈하고, 이듬해인 1605년 4월에는 선무공신에서 제외된 9,060명을 선무원종공신으로 녹훈했다. 허일은 이때 선무원종공신 1등 훈으로 책록되었다. 또한 공은 숙종 때 호조참판을 추증받았다. 허일은 전남 순천시 조례동 충렬사에 배향되었으며, 임진전쟁 의병으로 왜적에 대항하다 숨진 공의 다섯 아들과 함께 전라남도 순천시 황전면 자은마을에 있는 육충각에 배향되었다.

허일과 5부자, 충렬사에 배향하다

충렬사는 임진전쟁 2차 진주성 전투에서 의병장 김천일, 장군 최경회 등과 함께 순국한 임란공신인 양천 허씨 허일과 그의 다섯 자녀(장남 허중, 2남 허환, 3남 허곤, 4남 허근, 5남 허단) 등 6위를 배향하기 위해 세운 서원으로, 전라남도 문화재 자료 제6호로 지정되어 있다.

서원 입구에는 근래 세워진 '충렬사보수헌성비'가 있다. 비석 측면에는 전라남도지사를 역임한 '전 국회부의장 허경만'이라는 이름이 새겨져 있다. 허일 선생의 후손이다. '여현문'이라는 현판이 붙은 외삼문을 들어서면 '세수재'라는 현판이 있는 건물이 정면에 있다. 왼쪽으로는 지금도 사람이 살고있는 조그만 건물이 있는데, 이곳이 여느 서원의 강학 공간에

소현문(전남 순천시 조례동)

해당하는 곳이다.

　외삼문 바로 오른쪽 모퉁이를 돌면 두 개의 문인상이 보인다. 모두 두 손으로 홀(笏)을 감싸 안고 가슴에 모은 상태이며, 일반 서원에서 흔히 볼 수 없는 조각이다.

　건물 배치상 충렬사는 좌학우묘(左學右廟)의 구조다. 우선 내삼문에 새겨진 '소현문' 현판과 현판 왼쪽의 '백련'이라는 낙인과 오른쪽의 '의제'라는 두인이 얼른 눈에 띈다. 건물 기둥의 주련과 충렬사 편액은 전라남도 진도 출신으로 유명한 한국화가 의재(毅齋) 허백련(許百鍊) 선생의 글씨다.

　현재 사우에서는 일심재 허일을 주벽으로 재헌 허곤, 장암 허경의 위패를 봉안, 제향하고 있다. 함께 배향하고 있는 허곤은 자는 성대, 호는 재헌으로 일심재 허일의 셋째 아들이다. 임진전쟁에서 아버지를 따라 왜적과 싸우다 한산전투에서 순절했다. 그에게는 선무원종공신 2등훈이 수여되고 군자판관과 병조참지가 추증되었다.

　허경은 자는 여명, 호는 장암으로 허일의 육촌 아우다. 성품이 온순하고 효행이 지극했으며 지조와 절개가 강개했다. 장연 부사를 역임했으며, 임진전쟁이 일어나자 동생 전과 함께 수백 석의 군량을 가지고 의병을 모아 육촌형 허일을 따라 충무공 막하로 들어가 많은 전공을 세웠다. 이러한 공으로 후에 선조 임금으로부터 경주판관을 제수받았으며, 선무원종공신 3등훈에 수여받았다.(충렬사에는 허일, 허곤, 허경이 받은 선무원종공신록 권과 교지가 보관되어 있다. 미리 연락해야 열람할 수 있다.)

충렬사 샘(전남 순천시 조례동)

양천 허씨의 가풍과 후손들의 자부심이 아름답다

순천 의병 답사를 위해 방문한다고 미리 연락해서 안내와 설명을 부탁했다. 답사 당일 충렬사를 방문했을 때 양천 허씨 후손이 답사단 일행을 맞이할 준비를 하고 계셨다. 풍기는 인상과 분위기가 남달랐다.

순천에서도 명당에 위치한 충렬사는 남향으로, 멀리 여수가 보이고, 북쪽으로는 지형 지세가 찬 바람을 막아준다. 건물 관리도 잘 되어있고, 평소에도 후손들이 정성을 다해 관리하고 있다. 답사단의 이해를 돕기 위해 녹권과 관련한 자료도 주신다.

충렬사 앞에는 작은 샘이 있다. 사람에게 가장 중요한 것은 생수다. 작은 샘을 정성스레 관리하는 것도 참으로 인상적이다. 역사는 이렇게 흐르는 물처럼 이어지는 것이니, '상선약수(上善若水)'라는 말이 생각난다.

21

조선 조총을 개발하여 승리에 기여한
정사준

　전라도는 땅이 넓고 서에서 동까지 거리가 멀다. 전근대 사회의 전라도는 인구가 많고 물산도 풍부했다. 선사시대부터 근대까지 전라도는 한반도의 중요한 역할을 해 왔다고 해도 과언이 아니다.

　임진전쟁 당시 일본이 내세운 명분은 '정명가도'(征明假道, 명을 치기 위해 길을 달라는 것)였지만 일본은 철저한 준비로 조선을 침략한다. 1592년 4월 13일 고니시가 이끄는 일본군 선봉대 18,700명이 700여 척의 병선에 나누어 타고 쓰시마 섬 오우라 항을 출발하여 부산포로 쳐들어왔다. 부산 첨사 정발은 적과 싸우다 전사했고 부산성은 함락되었다. 다음날 일본군이 동래성을 공격하자 동래 부사 송상현은 군민과 더불어 항전했으나 전사했고 동래성은 함락되었다. 이어 후속 부대가 순식간에 조선의 경상도 지역을 함락시킨다.

　일본 수군은 남해를 거쳐 전라도 지역을 정벌하고 군량 및 물자를 확보하려 했다. 이런 일본의 계획을 저지하고 조선의 승리를 가져다준 것은 조선 수군과 이순신 그리고 남도 의병들이다.

　조선 수군의 승리는 임진전쟁을 막아내는 원동력이었다. 성웅으로 추앙받는 이순신의 전투력과 리더십은 오늘날에도 빛을 발하고 있다. 이순신을 도와 해전에서 승리를 가능하게 했던 남도인의 수군과 의병을 기억하는 일은 매우 중요하다.

　이번에는 순천 출신 정사준과 그를 배향한 옥계서원을 찾아 나선다. 정사준과 경주 정씨의 의병활동 또한 거의 알려지지 않았다.

옥계서원(전남 순천시 연향동)

조총을 개발하여 해전에서 승리를 가져오다

먼저, 정사준 장군의 활동을 기록에서 찾아보자.

정사준(鄭思竣, 1553~1604)은 조선 중기 무신이다. 본관은 경주, 호는 성은 (城隱), 자는 근초(謹初)이며, 전라도 순천 출신이다. 1584년 별시 무과에서 을과 급제했다. 1592년 임진전쟁 시기에는 훈련주부로서 이순신 휘하에서 일본군의 종자도총(種子島銃)을 참고한 정철총통(精鐵銃筒)을 개발했다.

정사준의 정철총통은 일본 조총의 장점을 차용해 조선의 승자총통을 개량한 것이다. 스스로의 연구와 노력으로 총기를 개량했다는 점에서 의미가 크다. 더 강하고 더 멀리 날아가는 총을 만들어가는 노력은 결국 성능이 우수한 조총을 개발하는 성과를 올렸다. 정사준과 그와 함께 굵은 땀을 흘린 대장장이들의 노력으로 가능했다.

소승자총은 조총과 기존의 승자총을 절충한 새로운 것이었다. 이순신 장군은 휘하 각 관에 조총을 만들도록 하는 한편 5자루를 조정에 올려 보내기도 했다.

이순신 장군은 선조에게 올린 〈봉진화포장〉을 통해 소승자총의 제조 동기와 대량생산 방안을 다음과 같이 밝혔다.

"신(이순신)은 왜군과 여러 차례 큰 전투를 치르면서 조총을 많이 얻었습니다. 그 조총을 자세히 살피며 기묘한 이치를 시험했습니다. 왜군의 조총은 몸체가 길고 총구멍도 깊었습니다. 따라서 포의 기운이 맹렬하여 맞히는 것은 모두 부서졌습니다. 그러나 조선의 승자(승자총통)나 쌍혈 등의 총통은 몸체가 짧고 총구멍이 얕아 소리도 작고 맹렬하기가 왜군의 총통만 못합니다.

그래서 신의 군관인 훈련원 주부 정사준을 시켜 (정철)총통을 만들었습니다. 정사준은 신묘한 방법을 터득해 대장장이인 낙안의 수군 이필종과 순천의 사노 안성, 난을 피해 김해 병영에 살고 있는 사노 동지, 거제의 사노 언복 등을 데리고 총을 만들어냈습니다. 그들은 만든 총은 좋은 철을 두드려 만들었기에 체제가 매우 정교하고 포탄의 맹렬함이 (왜군) 조총과 같습니다.

정철총통은 실 같은 구멍과 불을 붙이는 기구 등이 (왜군 조총과) 조금 다르지만 며칠 내로 만들수 있습니다. 만드는 것도 대체로 어렵지 않습니다. 왜군을 물리칠 수 있는 무기로는 이보다 나은 것이 없습니다. 조총 다섯 자루를 봉하여 올려 보냅니다. 엎드려 바라옵건대 각 도와 관가에서도 이 같은 총을 제조하도록 명을 내리시기 바랍니다. 정사준과 대장장이 이필종 등은 별도로 상을 주시어 그들이 감동을 받아 즐거운 마음으로 조선 조총을 만들게끔 하여 주시옵소서."

이순신 장군은 정사준을 매우 신임했다. 충무공은 자신이 쓴 장계 〈장송전곡장〉에서 정사준에 대해 "경상도 접경 지역 요충지인 광양현 전탄의 복병장으로 보냈는데 군사를 매복시키는 등 왜적을 막는 일에 특별한 계책을 마련해 적이 감히 다가오지 못하도록 했다."고 적기도 했다.

옥계서원에서 정사준 집안의 충절을 이어가다

정사준 장군을 만나기 위해 옥계서원을 찾았다. 미리 연락해서 개방과 안내를 부탁했다. 경주 정씨 후손들이 서원을 잘 관리하고 있었다. 그리고 종친회장이 서울에서 오셔서 답사단 일행을 맞이해 주셨다. 명가의 가풍이란 전통과 정신이 면면히 이어오고 있었다. 역시 충절을 다한 경주 정씨의 내력이 남다르다.

정사준은 순천 옥계서원에 모셔져 있다. 옥계서원은 전남 순천시 연향

옥계사(전남 순천시 연향동)

동 1097에 있다. 정사준의 5대조 정지년을 주벽(서원에서 가장 어른으로 모시는 분)으로 하고 있다. 이 서원에는 정사준의 아버지 정승복, 아들 정선, 동생 정사횡, 형 정사익의 아들 정빈도 함께 모셔져 있다.

옥계서원은 서남쪽으로 비교적 완만한 경사지인 산자락에 있다. 외삼문인 태화문을 들어서면 바로 앞에 경모재가 있고, 왼편에 고직사가 있다. 오른편에 옥계서원의 강당인 옥계원, 그 뒤편에 내삼문인 세충문, 신실인 옥계사 등으로 배치되어 있다.

사우는 정면 3칸 측면 1칸 반 규모로, 전면 반칸을 툇문으로 개방하고 내부는 우물마루를 깔았다. 강당은 정면 3칸 측면 1칸 반의 건물로, 전면 툇간에 툇마루를 깔고 중앙 칸을 대청으로 했으며 좌·우측 칸은 온돌을 깔았다.

1806년(순조 6년) 착공하여 1808년 준공했다는 기록이 있으며, 그 후 고종 5년에 사액서원 철폐로 훼철되었다가 1953년 지금의 연향동 명말마을에 복원되었다.

옥계서원 옆으로 돌아가니 묘소가 있다. 묘소 가는 길은 봄을 알리는 신록이 녹색이다. 그 사이로 비치는 봄 하늘이 참 높고 좋다. 그냥 명당자리라는 생각이 저절로 든다. 우뚝 서 있는 감나무가 많은 열매를 맺으면 좋겠다.

정사준 묘소

'눈물을 흘리다' ㅡ 타루비를 정사준이 세우다

정사준은 이순신 장군이 세상을 떠난 지 6년 후인 1603년(선조 36년) 이순신 장군을 기리는 타루비(보물 1288호)를 세우는 데 힘을 보태고 1604년 숨을 거둔다.

〈승평지〉에는 "이 충무공 비가 수영(여수)에 있는데 읍인(순천 사람) 전현감 정사준과 통제사(이순신) 부하들이 세운 것이다."라고 기록돼 있다.

일제강점기인 1942년 여수경찰서장 마쓰키는 대첩 비각을 헐고 '통제사이공수군대첩비'(좌수영대첩비)와 타루비를 어디론가 가져가 버렸다. 통제사이공수군대첩비는 광해군 7년 3도수군통제영이었던 여수에 이충무공의 공적을 기리기 위해 건립한 우리나라 최대의 대첩비다. 이 비에는 이순신 장군의 수많은 공적이 기록돼 있다.

광복 후 여수지역 유지들은 초대 여수경찰서장 김수평을 서울로 보내 대첩비와 타루비의 행방을 수소문했다. 다행히도 1946년 대첩비와 타루비가 발견됐다. 일제가 경복궁 앞뜰 땅 속 깊이 파묻어 둔 것이다. 1947년 좌수영대첩비와 타루비는 이순신 장군의 작전지휘소가 있었던 고소대로 옮겨졌다.

타루비. 여수에서 근무하면서 타루비를 알게 되었다. 그런데 이 타루비를 세운 사람이 정사준이란다. 미처 몰랐던 새로운 사실이다.

의병을 평가는 후세인들의 자세는 어떠해야 할까?

안타깝게도 정사준은 공신 책봉에 들지 못했다. 조선 조정은 1604년 (선조 37) 선무공신 책봉 때 빠진 사람들을 대상으로 1605년 4월 선무원 종공신 9060명을 추가 녹훈했다. 그런데 정사준을 공신으로 넣지 않았다. 이순신 장군을 도와 왜적과의 싸움에서 공을 세우고 정철총통을 개발해 조선군의 전력을 높인 인물이 공신에서 제외된 것이다.

과연 그 이유가 무엇일까? 더 조사하고 연구해야 할 부분이다. 기록에 보면 정사준은 녹훈을 받지 못했다. 1599년 결성 현감으로 재직 중 탐학하다 하여 파직되었다. 어쩌면 이것이 녹훈에서 빠진 이유가 아닐까.

한 사람이 평생 충절을 다했다 할지라도 말년에 불미스러운 일을 저지르면, 그것은 어떤 역사적 평가를 해야 할까. 우리가 알고 인물 중에도 초지일관 유종의 미를 거두지 못해 부정적인 평가를 받는 경우가 있다. 역사 앞에서 부끄럽지 않게 살아야 할 이유다.

22

적정을 살펴 해전 승리에 기여한
성윤문

올해는 어느 때보다 의병과 그 활동에 관심이 많다. 천만다행이다. '남도의병 박물관' 조성에 따른 자료 수집과 박물관 컨텐츠 확보가 이루어지고 있기 때문일 것이다. 그동안 다양한 형태로 남도 의병활동을 연구 정리하는 활동이 있었지만, 그렇게 활발했다고는 할 수 없다.

2021년은 한인 쿠바 디아스포라 100주년이 되는 해다. 1921년, 먹고 살기 위해 조국을 떠나 이역만리 멕시코로 떠난 한인들이 다시 쿠바로 이주하게 되었다. 한인 쿠바 디아스포라의 독립항일운동을 연구 조사하여 국내에 알리고, 그들이 독립운동 유공자로 서훈받게 하고자 활동하는 김재기 전남대학교 정치외교학과 교수를 알게 되었다. 김 교수는 해외독립운동가들만이 아니라 남도 의병들의 활동을 조사 정리하여 학계에 알리고, 보훈처에 등록하여 서훈을 받게 하는 역할을 하고 계셨다.

김재기 교수를 중심으로 호남 의병과 독립운동을 연구하는 '의향정신 세계화사업단'은 1896년 을미의병 때 순국한 나주 출신 의병장 김창균(김창곤)과 아들 김석현의 후손을 찾아내 이들에게 건국훈장 애국장이 전수되게 했다. 광주3·1운동 참가자 이병환의 후손에게는 건국포장 신청과 전수가 이뤄지도록 했다.

1896년 을미의병으로 참여했다가 아들과 순국한 김창균은 1995년에, 아들 김석현 2003년에 각각 건국훈장 애국장에 추서됐으나 훈장이 전수되지 못했다. 이후 전남대 연구팀이 광주 전남지역 3·1운동을 조사하는 과정에서 서울에 사는 김달호 후손을 찾아내 훈장을 전수토록 했다.

역사교사로서 올바른 역사의식과 시대정신을 가르치고자 나름 치열하게 살아온다고 자부해 왔는데, 이런 활동을 모르고 있어 부끄럽고 무

성무재(전남 순천시 해룡면)

안했다.

그런데 기회가 왔다. 광주학생독립운동에 참여한 독립운동가를 발굴하고 제대로 평가받지 못한 그들이 서훈받게 하는 데 공감하면서 합류하는 기회를 만들었다. 그것이 인연이었을까.

5월 어느 날, 임진전쟁에서 큰 역할을 한 순천 출신의 장군과 의병장을 만나러 갔다.

호암산 아래 충절의 기를 타고 나다

순천 해룡의 성윤문 장군을 만나본다. 먼저, 자료를 통해 성윤문 장군의 생애와 기록 활동을 찾아보자.

성윤문(成允文, 1542-1629)의 본관은 창녕. 호는 만휴정(晚休亭). 순천 출생이다. 어려서부터 말을 잘 타고 활을 잘 쏘아 선조 때 무과에 급제했다.

1591년(선조 24) 갑산 부사로 부임하여 재직 중, 이듬해 임진전쟁을 당하여 함경남도 병마절도사 이영이 임해군·순화군 두 왕자와 함께 왜적에게 잡혀가자 그 후임이 되었다.

함흥을 점령한 왜적의 북상을 저지하기 위하여 황초령 전투를 지휘했다. 그러나 부하 장수의 전공을 시기한 나머지 과감한 공격을 제지하여 큰 전과를 올리지 못했다. 함경북도 병마절도사를 거쳐 1594년 경상우도 병마절도사가 되었다.

성윤문 장군 묘소(전남 순천시 해룡면)

그 뒤 진주 목사를 거쳐 정유재란 때는 다시 경상좌도 병마절도사가 되어 경상도 해안의 여러 전투에서 공을 세웠다. 특히 1598년 8월 생포한 왜적을 심문한 결과 도요토미의 병이 중하며, 부산·동래·서생포의 왜적이 철수할 계획임을 조정에 알려 이에 대비하게 했다.

또 11월에는 다시 생포한 왜병으로부터 "도요토미가 7월 초에 이미 병사했고 도쿠가와가 대장이 되어 국사를 장악했으며, 가토가 곧 귀국하기로 되어 있어 그를 데려가기 위해 빈 배 50척이 와서 행장을 꾸리는데 군량과 군마 3분의 1은 이미 배에 실었다."는 내용의 정보를 조정에 알려 1주일 뒤에 있을 노량해전에 대비할 수 있게 했다.

전란 직후 제주 목사가 되었으며 그 뒤 충청도 수군절도사를 거쳐, 1604년에는 평안도 병마절도사가 되었다. 성격이 곧고 결백했으나, 가는 곳마다 군민에게 가혹한 형벌을 가하여 원한을 샀다. 이 때문에 사간헌과 사헌부로부터 자주 탄핵을 받았다. 1607년 경상우도 수군절도사 겸 통제사가 되었다가 곧 수원 부사 겸 방어사로 관직이 교체되었고, 그 뒤 파직되었다.

적정을 살펴 해전을 대비케 하여 승리에 기여하다

성윤문은 어려서부터 강단 있고 담대하고, 형들과 전쟁놀이를 하면 늘 선두에 섰다고 한다. 말을 잘 타고, 활 쏘는 실력이 대단하여 무과에 급제했다. 이런 것을 뒷받침하는 일화가 내려온다.

현재 성윤문의 묘소는 순천 해룡 호암산(虎巖山) 자락에 있는데, 이곳에는 '쉰질바위'와 함께 성윤문이 호랑이와 대결했다는 일화가 내려온다. 예부터 큰 인물은 떡잎부터 남다르다고 하지 않는가.

성윤문은 임진전쟁 중에 병마절도사로서 전쟁에 참가하여 전과를 올렸다. 특히 정유재란이 발발하자 적의 상태를 미리 간파하여 해전을 준비했다. 무릇 전쟁이란 첩보를 수집하고 적의 동태를 파악해야 승리하는 법이다. 지금처럼 통신이 발달하지 못한 상황에서 적정을 제대로 파악하는 능력은 장군이 기본적으로 갖춰야 할 자질이다.

성윤문 일생에서 관리자의 삶을 생각하다

성윤문 묘소로 들어가는 입구는 좁은 길이어서 차량으로 이동하기 쉽지 않았다. 막상 묘소에 다다르니 크고 넓다. 방향도 남쪽 바다를 향해 있다. 그야말로 명당자리라는 느낌으로 다가온다. 답사단 일행 모두 같은 느낌이었을까, 탄성을 내지른다.

호암산을 뒤로하고 앞쪽은 멀리 여수 앞바다가 보인다. 그 앞쪽으로 순천왜성이 있고, 또 여수 앞바다가 있다. 임진전쟁에서 순천 출신의 장군과 의병장들의 역할을 새삼 확인하는 순간이다. 묘 주변에 아름드리 소나무가 병풍처럼 서 있다. 그런데 앞쪽 소나무 한 그루가 고사하고 있다. 아무도 찾아오지 않는 후대에게 준엄하게 꾸짖는 듯하다.

안내자의 설명에 따르면, 성윤문 장군은 임진전쟁에서 큰 공을 세운 것은 분명하지만 전쟁 후 병마절도사로 근무하면서 백성을 가혹하게 처벌하고 학정을 했던 것 같다. 그래서 탄핵을 받고 파직되었다는 기록이 있다. 일설에 의하면, 성윤문 장군이 죽자 제주도민들이 그의 묘소를 파헤치려 했다는 이야기가 전해온다.

성윤문 장군 묘비
(전남 순천시 해룡면)

그에 대한 소략한 기록과 전해오는 일화에 의하면, 성윤문 장군의 평가는 상반될 수밖에 없다. 시시비비와 공과 과를 구별하고 사실과 근거에 따라 역사적 평가를 내려야 한다.

23

전라좌의병 광양의 형제의병장
강희보와 강희열

2021년은 여순항쟁 73주년이다.

"여수·순천 10·19사건 진상규명 및 희생자 명예회복에 관한 특별법"(이하 여순특별법)이 제정되어 2022년 1월 시행을 앞두고 정부와 도에서는 시행령과 조례를 준비 중이다. 만시지탄이지만 천만다행이다.

여순특별법이 통과되어서인지 전남 동부권의 지역사회는 예전과는 다르게 역사를 바로 세우려는 움직임이 활발하다. 마침 순천과 여수의 임진의병장들을 소개하고 있던 차에 지역 역사와 문화에 관심 많은 향토사가와 지역전문가들의 관심이 크다는 것을 확인하게 된다. 400년 전 임진전쟁에서 목숨으로 나라를 지키려 했던 의병들의 정신이 꾸준히 이어져 왔고, 근현대사의 굴곡진 사건 앞에서 온몸으로 저항했던 남도인의 정신의 밑거름이었던 것이다.

광양. 전라좌수영 오관오포(五官五浦, 순천도호부, 낙안군, 보성군, 광양현, 흥양현 등 오관과 방답진, 사도진, 여도진, 발포진, 녹도진 등 오포) 중의 수군기지. 경상도에서 전라도로 넘어오는 교통의 요충지다. 특히 광양 망덕포구는 당시 조선수군의 선소(船所) 역할을 했다. 일본 수군이 광양을 지나 여수와 고흥 그리고 해남까지 가는 길목이다. 당연히 광양 사람들은 수군으로, 의병으로 나서게 되었다.

이번에는 광양에서 일본의 침략에 대항하고 조선 수군을 도와 승리에 기여했던 광양 형제의병장을 만나러 간다.

쌍의사(전남 광양시 봉강면 소재)

광양 형제의병장 강희보와 강희열, 진주성 싸움에서 전사하다

주변 분들에게 물어보면 강희보, 강희열 의병장을 아는 사람이 거의 없다. 교과서에 나오지 않고, 또 지역의 역사를 제대로 가르치지 않으니 모를 수밖에 없다. 현재 역사교과서는 역사와 인물을 모두 담을 수 없다. 오랜 역사를 모두 담을 수 없으니 내용을 최대한 줄이고, 또 중앙사 위주로 중요 인물을 중심으로 담을 수밖에 없는 한계가 있다.

그래서 요즘에는 지역의 역사와 문화를 제대로 가르칠 수 있는 '지역사'의 중요성이 강조되고 있다. 최근 2022 교육과정 개발에도 '지역화 교육과정'의 중요성이 강조되어 각 지역의 역사와 문화, 환경을 반영하기 위한 노력을 기울이고 있다. 지역 전문가와 교사, 지역민들의 힘과 지혜가 필요할 때다.

지역사 개발과 관련 자료 제작을 통한 향토사 또는 남도의 역사가 반영되는 교과서를 발행하여 지역 학생들이 주인공과 자존감을 정립할 수 있도록 했으면 좋겠다.

강희보, 강희열 형제의병장의 의병활동을 기록으로 따라 가보자.

의병장 강희보(姜希輔, 1545~1593), 강희열(姜希悅, ?~1593) 형제는 광양 봉강면 신촌마을에서 태어났다. 임진전쟁에서는 경상도 지역으로 건너가 의병 활동을 펼쳤다.

임진전쟁이 일어나자 형 강희보는 광양에서 100여 명의 의병을 모아

형제의병장 강희보, 강희열 묘역

서 당시 영호남을 잇는 군사적 요충지인 단성(현재 경남 산청)에서 적과 싸우고 있던 백부 강인상을 구하기 위해 군사를 이끌고 달려가 일본군과 싸웠다.

무과에 급제하고 영호남의 군사요충지인 구례군 토지면의 석주관을 지키던 동생 강희열도 휘하 군사를 이끌고 단성으로 달려가 백부를 구했으며, 싸움이 끝나자 다시 돌아와 석주관을 수비했다.

이듬해인 1593년, 일본군은 행주산성 싸움에서 권율 장군에게 크게 패한 후 위세가 꺾여 4월부터는 서울에서 철수하여 남하하기 시작했다. 6월에는 경상남도 진주 쪽에 머무르다가 10만 병력을 동원하여 진주성을 공격했다. 성이 고립무원에 이르자 많은 장수가 전투를 포기하고 흩어졌으나 김천일 등은 군사를 이끌고 진주성을 지키고자 했다. 진주성의 위급한 상황을 들은 형 강희보는 김천일과 함께 진주성에 입성했고, 아우 강희열도 소식을 듣고 수성군에 합류했다. 수성군의 부장과 전투대장으로 앞장서 싸우던 중 형 강희보는 27일에, 아우 강희열은 29일에 전사했다.

뒷날 조정에서는 강희보, 강희열 형제를 진주 창렬사에 배향했다. 1755년(영조 40년) 강희보에게는 형조좌랑(정6품), 강희열에게는 병조참의(정3품)가 추증되었다. 1970년에는 강씨 문중과 광양 유지들이 강희보·강희열 형제 장군 숭모회를 창립해 봉강면 신룡리에 묘소와 묘비를 보수하고 사당을 건립했다.

형제의병장 마을 안내도

광양 형제의병장 강희보와 강희열을 만나다

2020년 전남교육청에서 지원하는 '전남 지역사 자료개발' 작업의 일환으로 '전남의 임진의병' 자료개발을 총괄하는 팀장을 맡았다. 남도에서 30년 넘게 역사교사로서 역사교육을 해왔지만, 정작 지역 역사를 제대로 가르치지 못했다. 지역 역사를 제대로 배우지 못했고, 지역사 자료도 부족해서 충분하게 공부를 한 적이 없다. 여러 지역을 전근 다니면서 지역의 역사와 문화의 자료를 찾고 공부를 해왔지만 역부족이었다.

의롭고 당당한 남도의병 이야기를 시리즈로 쓰게 된 계기도 2020년 발행한 「전남의 임진의병」 자료 개발과 무관하지 않다. 전남에서 역사를 가르치는 현직 역사교사들과 의기투합하여 그동안 이름 없이 죽어갔던 잘 알려지지 않은 의병장들을 소개하는 데 심혈을 기울였다. 남도 어디를 가도 무명의 의병장들이 있고, 또 그들의 의병활동이 기억 계승해야 한다는 부채의식과 책임감으로 다가왔다.

강희보, 강희열 의병장을 알리기 위해 자료를 찾았더니, 이미 지역사회에서 추모제를 매년 해오고 있었다. 형제의병장을 모시는 사우는 관리가 잘되어 있고, 묘역도 잘 단장되어 있었다. 지역 지자체에서도 많은 관심을 기울이고 있었다. 미처 모르고 있었던 역사교사로서 부끄럽고 죄송함이 앞섰다.

지역 의병장을 통해 그 정신을 이어가다

형제의병장을 모시고 있는 쌍의사(雙義祠)를 찾으러 간다. 안내판이 잘 설치되어 있어 찾아가는 길은 어렵지 않았다. 여느 사우와 비슷하지만 주변 정리가 잘되어 있다.

코로나19로 찾아오는 이들은 거의 없었다. 지역의 추모 행사도 제대로 이루어지지 않고 있었다. 코로나로 지역사를 알리는 행사가 연기되거나 취소되어 안타깝다. 그럼에도 최대한 방역지침을 준수하며 지역 행사는 진행되어야 한다. 성장 과정에 있는 학생들에게는 이 시기가 다시 돌아오지 않기 때문이다. 학생들에게 역사의식과 시대정신을 가르쳐야 성인이 되어 민주시민이 될 수 있다. 가장 순수하며 열정과 희망을 갖는 학생들에게 지역사 교육은 매우 중요하다. 형제의병장의 나라사랑은 여전히 사람들에게 귀감이 된다. 하여, 아이들과 함께 형제의병장을 만나러 가시라. 쌍의! 의로움! 가슴에 불이 타오르고 단단한 심지가 생기리라.

24

구례 석주관에서 맹렬히 싸운
구례의병 칠의사

아름다운 가을날, 가을장마 예보도 있었다. 가을비가 참 이쁘게 내린 다. 이번에는 구례의 칠의사를 만나러 간다.

광주에서 구례는 쉽게 접근하기 힘든 곳이다. 다행히 88고속도로가 확장되어 담양을 거쳐 남원 분기점에서 곡성을 지나 구례로 가는 길이 수월해졌다. 전남의 동부권 구례는 거의 산으로 이루어진 곳이며, 섬진 강이 유유히 흐른다. 오염되지 않은 청정한 강이다. 바로 섬진강변에 전 남과 경남의 경계를 이루는 곳. 석주관이다.

그림을 그리는 친구와 두런두런 이야기를 나누며 빗속을 달린다. 지 리산 자락의 풍경은 말 그 자체로 여유이자 힐링이다. 비 때문인지 찾아 오는 사람도 별로 없다. 그래서 더욱 차분하게 마음을 비우고, 삶의 무 게를 잠시 내려놓고 석주관(石柱關)의 칠의사를 만난다.

경상도에서 전라도로 통하는 관문, 석주관

석주관은 경상도(현 하동 화개면)에서 전라도(현 구례 토지면)로 통하는 관 문으로, 군사전략상 매우 중요한 곳이다. 일찍이 고려말 왜구가 섬진강 을 넘어 전라도 내륙으로 침략해오는 것을 막기 위해 석주관 일대에 돌 로 성을 쌓아 방어할 정도였다.

구례 석주관의 지리적 특성과 군사적 중요성은 조선 조정도 잘 알고 있었다. 이는 정유재란이 일어나기 한해 전인 1596년 비변사가 선조에게 올린 글에서 잘 파악할 수 있다.

석주관성(전남 구례군 토지면)

석주관성의 위치(하동과 구례의 경계)

"전라도와 경상도의 접경지역 요해처로 남원이 가장 중요한데 순천과 남원 사이에 석주진이 있으니 바로 진주로 통하는 곳입니다. 구례는 가장 먼저 적을 맞게 되는 곳이며, 또 성첩도 견고하니 만약 인재를 얻어 이곳을 잘 지킨다면 적군이 서쪽(전라도)을 침범하는 기세를 막아낼 수 있을 것입니다." (『선조실록』 권45. 재위 29년 정월 22일)

그러나 석주관의 관문으로서의 중요성에도 불구하고 병조, 전라병사, 비변사 등 어느 관청도 석주관에 대해 아무런 대응 조치를 하지 않았다. 이런 상황에서 정유재란이 발발했다.

1597년 7월 15일 칠천량 해전 패배 이후 사천을 지나 두치(하동)를 거쳐 구례로 일본군이 쳐들어오는 상황에서 8월 3일 삼도수군통제사로 재임명된 이순신은 구례에 입성한다. 하동에서 구례로 들어오는 초소인 석주관에서 구례 현감 이원춘을 만났다. 이순신은 일본군 10만 병력이 섬진강을 따라 구례 방향으로 북상하고 있다는 전황을 보고 받았다.

"석주관에 이르니 이원춘과 유해가 복병하고 지키고 있다가 나와 나를 보고는 적을 토벌할 일에 대해 많이 이야기했다." (『난중일기』 8월 3일)

그러나 이순신은 석주관을 지키는 것만으로 전세를 역전시킬 수 없다고 판단했고, 수군을 재건하기 위해 군사와 무기를 모으며 이동했다.

이순신이 구례를 지나 곡성으로 이동한 후인 8월 6일, 구례 현감 이원

춘은 소수 병력으로 방어가 불가능하다고 판단하고 남원으로 퇴각했다. 8월 7일 구례는 일본군에 의해 함락되었다. 8월 16일에는 남원성마저 함락되고, 이어 전주성도 함락되어 전라도 전역이 일본군 수중에 들어갔다. 일본군의 무자비한 약탈과 방화, 살육으로 전라도 지역은 초토화되었다.

구례의 칠의사, 구례의병을 조직하다

정유재란이 일어났을 때 일본군은 호남지방을 목표로 이곳을 집중 공략했다. 이에 저항하여 1597년 9월 하순에는 왕득인이 의병을 일으켰다. 구례의병을 일으킨 왕득인이 어떻게 의병을 모아 조직했는지 자세한 과정은 기록에 전하지 않는다. 그러나 남원 의병장 조경남이 남긴 『산서전진실기』에 따르면 왕득인은 1597년 9월 22일 의병 50여 명을 이끌고 숙성치로 넘어와 남원의 조경남 의병진을 방문했다. 합동작전을 논의하고 구례로 돌아온 왕득인과 의병들은 9월 하순에서 10월초까지 일본군을 상대로 사투를 벌였다. 당시 일본군이 전라좌도 일원 및 구례지역을 완전히 점령한 상황에서 매복과 기습작전을 반복했지만 결국 모두 전사했다.

왕득인과 구례의병이 전사한 지 한 달여 지난 1597년 11월 초, 구례의 젊은 선비들이 중심이 되어 다시 의병이 일어났다. 왕득인의 아들 왕의성은 '석주관 복수의병'을 자임했다. 이정익, 한호성, 양응록, 고정철, 오종 등 5인의 의사들도 수백 명의 의병을 모집했다. 각자 가노를 동원한 다음 지리산에 피난 중이던 지역민을 모아 훨씬 많은 병력을 결집했다.

2차 구례의병은 11월 8일, 연곡에서 조경남이 이끄는 남원의병과 합동작전을 통해 일본군 60여 명을 무찔렀다. 연곡에서 패한 일본군들은 보복 공격에 나섰고, 11월 중순과 하순 사이에 석주관에서 또다시 혈투가 벌어졌다.

석주관 칠의사 전적지(전남 구례군 토지면)

2차 구례의병의 결집, 화엄사의 승병들이 힘을 보태다

2차 석주관 전투를 앞두고 화엄사에서는 의승병 153명과 군량미 100 여 섬을 지원해왔다. 기세가 높아진 구례의병은 석주관의 지세를 이용한 매복전을 펼쳤다. 5의사 의병은 석주관 성 아래 협곡을 사이에 두고 좌우로 나눠 적을 기습했다. 산 정상에 진을 친 왕의성의 부대는 계곡 아래 적에게 돌을 굴려 내리며 공격을 퍼부었다. 초기에는 승리를 거두는 듯했지만 끝없이 밀려오는 일본군을 막기에는 역부족이었다. 계곡 좌우의 5의사 의병군과 의승군이 일본군의 공격에 무너지기 시작했다. 그나마 산 정상에 진을 친 왕의성의 의병부대만 전멸을 면했을 뿐, 계곡에 있던 나머지 5의사 의병과 화엄사 의승병은 거의 모두가 전사했다.

이곳에서 싸운 의병장들을 일컬어 '석주관 칠의사'라 하여, 후대에 성터 옆에 사당을 세웠다. 순조 4년(1804) 나라에서 왕득인을 포함한 칠의사의 충절을 기려 각각 관직을 내렸다.

석주관 전투는 지역의 중심, 그 안에 지역의병과 의승병이 있다

구례 석주관은 다른 지역보다는 많이 알려져 있다. 경상도와 전라도를 잇는 교통 요지로, 섬진강을 거슬러 남쪽 바다에서 구례, 남원으로 이어지는 길목이기 때문이다. 그래서 이미 석주관성이 만들어졌고, 지

석주관 칠의사 묘(왕득인, 왕의성, 이정익, 한호성, 양응록, 고정철, 오종)

역 방어의 중요한 위치였다. 임진전쟁에서 다시 전열을 모아 정유전쟁을 일으킨 일본군의 전라도 침략 거점이 섬진강이다. 백의종군한 이순신 장군이 다시 의병을 모아 나선 백의종군길의 시작점이기도 하다.

이미 '조선수군 재건로'로 정리되었고, '백의종군길'이라는 둘레길이 만들어지기도 했다. 그러나 아직도 많이 알려지지 않았다. 지금은 도로정비가 잘 되어 있고, 교통수단이 편리해졌다. 그래서 금방이면 지나갈 수 있는 길이지만, 임진전쟁 당시에는 구불구불한 길이었다. 그 험난한 길을 걷고 걸어 해남까지 이동한 것은 고난의 길이었을 것이다. 더구나 일본의 위협과 방해는 죽음을 각오해야 했다. 그런 조선수군의 재건의 길에 함께한 지역민의 참여와 협조, 그리고 일본군의 침략을 저지한 의병의 분투는 분명 역사에 기록되고 기억돼야 한이다.

살생을 금하는 승려들의 의병 참가는 특히 높게 평가해야 한다. 화엄사 의승병은 153명이었다고 기록에 전한다. 임진전쟁에서 의승군의 역할과 의미는 매우 크다. 다행히 화엄사에서 의승군 관련 행사를 하고 있다고 한다. 관심을 가질 일이다.

비 내리는 섬진강을 지켜본다. 깨끗한 섬진강에 이름 모를 새들이 날아오른다. 석주관성을 올라

남도 이순신 길 조선수군 재건로 안내판

섬진강을 내려다보니 나무들이 시야를 가린다. 저 아래에서 일본군들이 치고 올라오는 환상이 보인다. 나도 모르게 돌멩이들을 던지며, 굴리며 저항했을 구례의 의병과 의사들의 함성에 전율을 느낀다. 소복하게 내리는 가을비가 구례의병의 혼령인가 싶다.

4부

여수, 고흥

25

이순신을 도와 해전 승리에 기여한
정철 형제들

임진전쟁에서 남도는 유일하게 일본에 점령되지 않고 자리를 지켰다. 일본이 조선을 침략할 때 경로를 셋으로 정하고 제일 먼저 동래를 점령한다. 그러나 조선은 큰 저항 없이 순식간에 무너진다. 임진전쟁 직전 조선의 국방 실태는 최악이었고, 일본 침략에 대한 방비 대책이 전혀 없었다 해도 과언이 아니다. 그리고 당시 군사제도인 제승방략(制勝方略) 체제는 허상이었다. 군사 책임을 맡은 리더들은 전투에 나가 싸우기는커녕 도망가기 바빴다. 당연히 군사들은 오합지졸이었다. 이 얼마나 한심하고 안타까운 일인가?

그러나 난세에 영웅이 나온다고 했다. 해전에서 일본의 침략을 저지하고 조선을 지켜낸 이들은 수군과 의병들이다. 부산 앞바다를 지나 남해로 침략해오는 일본 수군을 막아내고 큰 승리를 이끌어낸 수군, 그리고 해상의병들이다. 그 정점에 이순신 장군이 있었다.

이순신 장군을 도와 해전에서 승리할 수 있도록 역할을 다한 수군들과 해상의병들을 우리는 얼마나 알고 있을까. 당시 수사로 있었던 원균, 이억기 장군은 기억할 것이다. 그러나 제대로 무기와 군량미가 보급되지 않는 바다에서 죽음으로 일본군을 저지하고 순절했던 수군들과 해상의병들은 기억하지 못한다. 국난 앞에서, 죽음이 예고되어 있는 전쟁에서 기꺼이 목숨을 바치며 순절한 수많은 넋을 기억해야 하지 않는가.

정철 형제들, 이순신을 도와 승리를 이끌어내다

순천에서 남쪽으로 내려가면 여수다. 아름다운 여수반도는 임진전쟁에서 전라좌수군의 본영전라좌수영이 있던 곳이다. 그리고 전라좌수사 이순신 장군. 그래서 진남관이 있고, 이순신 광장이 있다.

여수 오충사. 그리고 정철.

정철 하면 가사문학의 대가 송강(松江) 정철(鄭澈, 1536~1593)을 떠올릴 것이다. 이 사람의 이름과 발음이 같은 충절공 정철(丁哲, 1554~1597)은 누구일까?

여수 출신 충절공 정철과 그 형제들인 사충신을 만나러 떠난다. 충절공 정철·충의공 정춘(丁春, 1555~1594), 충숙공 정린(丁麟, 1556~1595), 충정공 정대수(丁大水, 1565~1599)가 그들이다. 먼저 정철 형제들의 활동 기록을 따라가 보자.

충절공 정철은 본관은 압해(押海), 자는 사명, 호 청음.

1585년(선조18) 무과에 급제하여 수문장으로 재직 중 1592년 임진전쟁이 일어나자 동생 춘, 사촌동생 린. 조카 대수와 함께 재산을 털어 의병을 모집하고 전라좌수영에 합류했다. 이들이 훗날 이순신 휘하의 수군 척후병과 첨병을 맡아 임란 해전을 승리로 이끈 주역이 되었다. 정철은 1592년 5월 옥포, 사천, 해전과 6월 당포, 당항포, 한산 해전에 이어 9월 부산포 해전에 정춘, 정린과 함께 참전하여 큰 공을 세웠다. 이순신이 삼도수군통제사에 임명되면서 정철은 초계군수를 제수받았다.

1595년 5월 절도사 이순신의 종사관으로, 장계를 가지고 서울에 올라가 좌의정 김응남, 영의정 류성룡을 만나 장계와 편지를 전달하고 회답을 받아 진에 돌아왔다. 또한 김응서가 함부로 강화에 대한 말을 하여 죄가 되었다는 보고를 했다.

선조가 선무원종훈일등공신하고, 철종이 증병조참판으로, 고종이 증자헌대부병조판서서충절정공의 시호를 내렸다.

충숙공 정린은 임진전쟁에서 이순신의 막하로 들어가 이순신으로부터 그의 의절(儀節)에 치하를 받았다. 이순신과 더불어 주책을 의논하기도 하고, 전쟁에 임하여 여러 차례 큰 전공을 세웠다. 1595년에 아들 정언

오충사(전남 여수시 웅천)

신(丁彦信)과 부산전투에서 같은 날 전사했다. 선무훈록에 책록되었으며, 여수 가곡사(佳谷祠)에 제향되었다.

충의공 정춘은 일찍이 무과에 급제했다. 1592년 임진전쟁 때 형 정철과 조카 정대수와 함께 한산도 전투에서 큰 공을 세우고, 그 공으로 성주 판관에 임명되었다. 1594년 거제·옥포 전투에서 전사했다. 뒤에 병조판서에 추증되고, 여수 가곡사에 제향되었다.

충정공 정대수는 10세 때 경전과 『사기』를 읽고 해석하여 신동이라 일컬어졌다. 15세 때 아버지를 여의자 문과 진출의 뜻을 포기하고, 1588년(선조 21) 무과에 급제하여 선전관이 되었다. 임진전쟁이 일어나자 의병을 모집하여 이순신 밑에서 순초장으로서 전공을 세웠다.

그 뒤 이순신의 건의로 당진 현감에 제수되었으나 전투 중에 입은 심한 상처로 부임하지 못했다. 1597년 정유재란이 일어나 원균의 군대가 패하고 나라가 도탄에 빠진 것을 보고 고금도로 이순신을 찾아가서 종군했다. 그때 이순신의 뜻을 따라, 순천에 있는 명나라 장수 유정에게 수륙이 호응하여 왜교의 고니시를 협공하기로 약속하는 심부름을 맡기도 했다.

이듬해 마지막 노량해전 때는 이순신과 함께 출전했다가 뒤늦게 이순신이 전사한 것을 알고 같이 죽지 못함을 한탄하다가 뒤에 순절했다. 선

오충사(전남 여수시 웅천)

무원종공신 1등에 책록되었고, 병조판서로 추증되었으며, 오충사에 제
향되었다.

사충사에서 오충사로, 정철 집안을 기억하다

이들 정철 형제를 제향하는 여수의 오충사를 찾았다. 오충사는 여수
에 근무했을 때 자주 답사하던 곳이다. 그때는 오충사가 별로 알려지지
않았고, 주변은 개발되지 않은 전형적인 어촌 마을이었다. 그런데 이게
웬일인가. 상전벽해. 아파트촌으로 변했고, 주변은 건물들이 즐비했다.
당시 여수와 여천 사이의 어촌 마을로 길이 막혀 있었는데 길이 개통되
고 새로운 주거지로 각광받으면서 웅천은 새로운 도시가 되어 있었다.

미리 연락해서 안내와 설명을 부탁한 창원 정씨 후손이 우리를 기다
리고 있었다. 길을 잘못 찾은 일행 때문에 약속시간보다 늦게 도착했다.
그러나 우리를 맞이하는 후손은 귀한 자료까지 제공해 주면서 오충사
를 안내해 주셨다.

앞서 설명한 것처럼 오충사는 임진전쟁 당시 충무공 이순신 휘하의
장수로 종군하면서 전공을 세워 선무원종공신록을 받은 창원 정씨 정
철·정린·정춘·정대수 등의 공적을 기리기 위해 건립됐던 사충사로부터 유
래했다.

1847년(헌종 13), 임진전쟁 때 이순신 장군을 따라 종군했다가 전사한

정철에게 충절공이라는 시호가 내려지자 후손 정재선의 주도하에 현 여수시 쌍봉동 가곡리에 사충사가 건립됐다. 이후 1868년(고종 5) 대원군의 서원철폐령에 의해 건물이 철거되었다. 1927년 창원 정씨 후손들과 이충무공 후손들이 현재의 여수시 웅천동 624번지에 오충사를 건립해 이충무공을 주향으로 정씨 일가의 사충을 좌·우향에 배치했다.

오충사는 1938년 일제에 의해 강제 철거되기도 했다. 1962년 창원 정씨 후손에 의해 복원됐다. 1976년 한 차례 중건이 이뤄졌으며, 이듬해 오충사의 역사 사실을 담기 위한 〈오충사지〉가 편찬되었다.

다시 순절의 의로움을 오충사에서 새롭게 새기다

시대는 변하고 인걸은 간데없다. 400여 년 전 여수는 전형적인 어촌마을로, 남해의 주요한 포구 역할을 했다. 사람들은 바다에서 잡은 생선을 팔아 생계를 유지했고, 중요한 어물을 진상했다. 그런 평화로운 바다에 왜구가 나타났다. 왜구가 침략하면 피신하기 위해 곳곳에 산성을 만들었다. 지금도 여수반도에는 수많은 산성이 있다.

이런 평화로운 포구는 수군의 중요한 전략기지로서의 역할을 다하고 있었다. 전라좌수영. 그리고 외적의 침입을 막아내기 위한 군사훈련은 물론이고 군량미를 제공하는 역할을 했다. 임진전쟁에서 전라좌수영의 역할은 지대했다. 여수반도 곳곳에 임진전쟁과 무관한 곳이 없다. 진남관, 고소대, 장군섬, 방답진 등등. 그리고 임진전쟁의 숨은 공로자 여수 연해민들. 우리는 그들을 해상의병이라 부른다.

오랜만에 찾은 여수는 친근하기보다 낯선 도시가 되어 있었다. 다행히도 오충사는 잘 관리되어 있고, 후손들이 정성을 다해 기록을 정리하고 있었다. 오충사 옆에 비석을 세워 기록을 잘 새겨 두었다. 그리고 뒤쪽에 집안 묘소를 잘 관리하고 있었다. 오충사 관리를 맡고 있는 후손은 흔쾌히 답사단 일행에게 자료를 제공해 주신다. 품위 있는 노신사가 우리에게 오충사를 잘 알려달라며 부탁하신다.

그렇게 전통은 이어지고, 임진전쟁에서 초개같이 목숨을 던져 순절한

정대수 의병장 묘소(전남 여수시 웅천)

정철 형제들의 의로움을 다시 새긴다. 그리고 역사에 영원히 이어지리라 굳게 믿는다.

26

해상의병으로 활약한
흥국사 의승수군

여수는 임진전쟁 당시 전라좌수영의 본영으로 전라좌수군이 운영되었고, 이순신 장군이 수사였다. 임진전쟁이 발발하고 육지에서 속수무책 패배당하고 있을 때, 남해의 중심지 여수에서는 수군들의 승리가 이어졌다.

앞서 해상에서 일본군의 침략을 저지하며 승리를 쟁취한 수군과 해상의병의 역할을 설명했다. 임진전쟁 7년 동안 부산 앞바다에서 해남 우수영까지 크고 작은 승리들이 있었다. 이순신의 기록에 의하면 23번의 해전에서 모두 승리했다. 세계해전사에 기록될 만큼 수군의 승리는 이순신 장군의 리더십과 수군의 전투력, 그리고 해상의병에 참여한 지역민의 협조가 있었기에 가능했다.

여수는 풍광이 아름다워 한려수도(閑麗水道)로 지정되어 있다. 선사시대 이래 사람들이 살았고, 해로가 중심이던 시대의 중요한 항구 역할을 한 곳이다. 경제와 교통의 중심지다 보니 자연스럽게 왜구의 침략의 거점이 되었다. 여수에 있는 산들은 대다수 산성의 흔적이 있고, 관방유적으로 손꼽힌다.

여수에는 진남관(鎭南館, 국보 제304호)이 있다. 임진전쟁 당시 전라좌수군의 5관 5포를 관할하는 전라좌수영의 본영으로, 수군의 집무와 훈련을 담당했다. 단일 건물로 최대 규모이며 조선 수군의 위용을 확인할 수 있는 건물로, 현재는 복원 수리 중이어서 출입을 통제하고 있다.

여수를 탐방하면 임진전쟁과 관련되지 않은 곳이 없다. 진남관에서 아래로 내려오면 이순신 광장이 조성되어 있고, 거북선 전시관이 있다. 이순신을 도운 장군과 의병들의 조형물이 곳곳에 전시되어 있다. 여수

홍국사 일주문(전남 여수시 중흥동)

의승수군 유물전시관(전남 여수시 중흥동)

전체에 임진전쟁의 흔적이 오롯이 남아 있다. 여수는 임진전쟁을 승리로 이끈 역사도시이자 민족정기가 가득 찬 지역이다.

무엇보다 임진전쟁 승리의 원동력인 해상의병들의 활동과 의미는 크다. 해상에서 죽음으로 승리를 쟁취한 해상의병 중에 의승수군(義僧水軍)이 있다. 의승수군은 참전하여 승리를 이끌어낸 승려들을 말한다. 여수 홍국사(興國寺)에는 의승수군 300여 명이 훈련을 하고 전투에 참가했다는 기록이 있다.

의승수군은 제대로 알려지지 않아 모르는 이가 많다. 해상의병에서 매우 중요한 역할을 했던 의승수군과 홍국사를 알아보자. 최근 의승수군에 대한 연구가 진척되어 관련 논문이 소개되고 책자가 발행되기도 했다.

호국불교의 성지 흥국사

흥국사는 1195년(고려 명종 25) 지눌이 창건한 절이다. '흥국(興國)'이라는 절 이름에 걸맞은 호국불교의 성지다. 흥국사에는 다른 절에는 없는 독특한 건물이 있다. 바로 '의승수군 유물전시관'이다. 의승수군이란 무엇이며, 어찌하여 흥국사에 의승수군 유물전시관이 있는 것일까?

그것은 이 사찰이 임진전쟁 당시 의승수군의 본영인 '주진사'였기 때문이다. 흥국사 의승수군 유물전시관에는 의승수군들이 일본군과 싸울 때 입었던 피 묻은 옷, 흥국사 승려들이 만든 전라좌수영 관련 건축용 기와 등 의승수군 관련한 유물이 많이 전한다.

'전라좌수영 산하 의승수군'의 활약

임진전쟁이 발발했을 때, 병역 의무와 상관없이 연안가의 사람들이 해전에 참가했다. 그중에는 전직 관료는 물론 무과 출신 유생도 있었고, 승려도 있었다. 이들은 자발적으로, 혹은 수군 지휘부의 독려에 의해 해상전투에 참전하거나 해안을 무대로 유격전을 했다.

이중 흥국사 승려들로 구성된 의승수군들은 해상의병 중 가장 눈부신 활약을 했다. 절 이름처럼 불법(佛法)만큼이나 호국을 중심으로 했던 흥국사의 면모가 엿보이는 대목이다. 구체적으로 의승수군에 관해서는 『이충무공전서』에 수록된 장계를 통해 파악할 수 있다.

8~9월 사이에 가까운 지역과 여러 절에서 가만히 있는 승려들에게 (영호남 경계지역 방어 계책을) 보냈더니 그달 안에 400여 명이 모였습니다. 그중에서 용맹과 지략이 있는 순천승(송광사) 삼혜를 표호별도장, 흥양승(흥국사) 의능을 유격별도장으로, 광양승(옥룡사) 성휘를 우돌격장, 광주승(화엄사) 신해를 좌돌격장, 곡성승(실상사) 지원을 양병 용격장으로 차등 있게 정했습니다. … (중략) … 성휘 등을 두치, 신해를 석주관, 지원을 운봉 팔양치에 파견하여 요해지를 지키게 했습니다. … (중략) … 승장 삼혜는 순천에 진을 쳐 머물게 하고,

승장 의능은 본영(전라좌수영)에 머물며 적을 지키게 하면서, 적군의 정도를
살펴 육군이 세면 육지에 가고 수군이 세면 바다에 가기로 약속했습니다.

_『이충무공전서』 1593년 1월 25일자

『이충무공전서』 기록을 토대로 정리한 이순신 막하 의승수군 현황

신분 및 성명	출신지역	임무 및 활동
의승 삼혜	순천	표호별도장, 순천 유군
의승 의능	흥양	유격별도장, 여수 본영 주둔
의승 성휘	광양	우돌격장, 두치 방어
의승 신해	광주	좌돌격장, 석주 방어
의승 지원	곡성	양병용격장, 운봉 팔양치

이에 따르면 전라좌수영 산하에 조직된 의승수군은 이순신의 규합에
호응하는 식으로 조직되었음을 알 수 있다. 이순신은 임진전쟁이 일어
나고 얼마 지나지 않은 1592년 8~9월에 이미 영호남 경계지역을 지키기
위해 가까운 곳의 사찰에 창의를 요청했고, 의승군을 몇 개의 부대로
나누어 곳곳의 요지에 배치했다.

또한 임진전쟁 초기 육지 의병들이 관군과 별도로 움직인 것과는 달
리 의승수군은 관군의 일원처럼 움직이며 이순신의 지시를 받아 전투에
참여했다. 이들 전라좌수영 산하에 조직된 의승수군은 선조의 요청에
의해 조직된 전국적인 규모의 의승군(휴정, 유정 등이 주도) 조직과는 다르
다. 이순신의 규합에 호응하기는 했지만 '자원'에 의해 의병활동을 하는
것이므로 군량미 등은 스스로 조달했다.

이들 의승수군은 이순신이 이끄는 전투에서 목숨을 걸고 싸워 전과
를 올렸다. 특히 1593년 웅천 상륙작전에서 그들의 활약이 돋보였는데,
"의승병들은 창검을 휘두르며 혹은 활로써, 혹은 화포로써 종일 역전하
여 무수한 적병을 사살했다."라고 한 이순신의 장계가 바로 그 사실을
뒷받침한다. 이순신은 1593년 3월 10일 조정에 장계를 보내 이와 같은

영화 〈명량〉의 한 장면 — 이순신의 수군에 참여한 의승수군 모습

의승수군의 활약을 보고한 뒤 다음과 같이 포상을 건의하기도 했다.

수군을 자진해서 모집하여 들어온 의병장 순천 교생 성응지와 승장 수인, 의능 등이 이런 전란에 자기 몸 편안히 할 것은 생각도 하지 않고, 정의와 기개를 발휘하여 군병을 모집하여 각각 300여 명씩 거느리고 나라의 수치를 씻으려 하니 이들은 참으로 가상합니다. 2년째 해상에 진을 치고서 스스로 군량을 준비하여 이곳저곳 나누어 공급하며 간신히 양식을 이어대는 그 고생스러운 정황은 관군보다 갑절이나 더한데 아직도 수고로움을 거리끼지 아니하고 더욱 더 부지런할 따름입니다. 일찍이 싸움터에서 적을 무찌를 적에도 현저한 공로가 많았으며, 나라를 위한 분발심은 처음부터 지금까지 변하지 않으니 더욱 칭찬할 만한 일입니다. (중략) 조정에서 특별히 표창하여 뒷사람을 격려해주시기 바랍니다.

이러한 활약 때문에 전라좌수영 산하 의승수군은 임진전쟁이 끝난 뒤에도 상설군으로 편제되어 흥국사에 주진하며 평시에는 축성과 수성, 제지, 제와(製瓦), 무기 제작 등에 종사했으며, 훗날 병자호란 때도 활약을 펼쳤다. 1894년 갑오개혁으로 전라좌수영이 폐영되면서 해체될 때까지 의승수군은 호국 승병으로서 역할을 다했다.

해상의병 의승수군 기억, 호국불교의 정신을 이어야

어찌 지난날의 모든 역사를 알 수 있고 기억할 수 있을까. 혹자는 그렇게 말하기도 하고, 또 앞으로 살아갈 미래가 중요하니 아픈 과거에 연연해하지 말자고 하기도 한다. 누구나 역사를 바라보는 생각과 관점이 있으니 그리 틀린 말은 아니다. 하지만 국난 앞에서 온몸으로 나라를 지킨 구국의 인물을 모르거나 외면하고 기억하지 못하는 것은 용납되는 것이 아니다.

어제 없는 오늘 없고, 오늘 없는 내일 없다. 과거를 기억하지 않으면 불행한 역사는 되풀이된다. 그것은 지난 역사가 보여준다. 그래서 임진전쟁에서 백척간두 풍전등화의 조선을 지켜낸 임진의병의 삶과 정신을 기억하려는 것이다. 의승수군, 살생을 금하는 승려들이 나라를 지키기 위해 군사처럼 훈련하고 전투에 나아가 적을 죽이고 승리를 도운 활동은 분명 의로운 일이다. 거듭 강조하지만 의승수군의 역할은 호국불교의 정신을 제대로 구현한 것이며, 응당 기억하고 계승되어야 한다.

아름다운 여수에 가면 꼭 흥국사를 들러보자. 그곳에 있는 의승수군 유물전시관에서 의로운 승려들의 흔적을 확인하자. 그리고 감사의 뜻을 전하자. 의롭고 당당한 의병정신은 우리에게 여전히 필요하다.

27

고흥반도에 서린 흥양의병의 넋,
송대립 형제

'충'의 지역 고흥. 임진전쟁에서 수많은 승리를 이끈 이순신을 가장 적극적으로 도운 지역이 고흥이다. 전라좌수군 관할 지역 5관 5포 중에서 1관 4포가 고흥반도에 있다. 그 1관 4포 지역인 여도진, 사도진, 발포진, 녹도진 그리고 흥양읍을 찾아 나선다.

임진전쟁에서 수군의 역할이 지대했다는 것은 널리 알려진 사실이다. 그러나 수군의 승리에 기여한 해상의병은 제대로 알려지지 않았다. 아니, 그 존재조차 모르고 있어 너무 안타깝고 아쉬운 일이다.

고흥반도에서 바다와 육지를 지키려 나섰던 해상의병들을 찾아 나서보자.

임진전쟁에 참여한 고흥 출신 인물들　　　발포역사체험전시관 내 고흥의병 전시

전라좌수군의 핵심, 흥양 수군

고흥반도 해안지역에 집중적으로 분포했던 흥양 수군은 전라 좌수군의 반을 차지한다 해도 과언이 아닐 정도로 전라도 수군의 핵심 전력이었다. 고흥 수군 지휘부와 현지 출신으로 선무원종 1등 공신에 책록되어

있는 인물로 흥양 현감 배흥립, 녹도만호 정운과 송여종, 사도 첨사 김완이 있다. 그리고 정유전쟁에서 활약한 흥양 현감 최희량, 송대립, 송희립, 진무성, 신여량, 송상보, 신제운, 신여탁, 박륜 등이 있다. 이것만 보아도 임진전쟁의 해전에서 고흥 지역의 역할이 어떠했는지를 엿볼 수 있다.

그 많은 활동에서 송대립과 그의 형제들과 아들의 활동을 먼저 소개한다.

첨산전투의 주역 송대립 의병장

첨산(尖山)은 고흥읍에서 보성, 벌교로 나가는 길목에 위치한 산이다. 높이 313m이며 삼각형 모양인 산의 꼭대기는 바위로 되어 있는데, 꼭대기가 뾰족하여 첨산이라고 불린다. 1598년 4월, 이곳에서 일본군과 치열한 전투가 벌어졌다. 고흥에 상륙한 일본군이 내륙으로 진격하는 것을 막기 위해 발생한 이 전투에서 주장으로 활약한 사람이 송대립(宋大立, 1550~1597)이다.

송대립은 송희립(宋希立), 송정립 등 3형제의 맏형으로, 1594년 무과에 합격하여 훈련부장이 되었다. 이순신 장군 휘하에서 수차례 일본군을 무찌르며 공을 세우는 등 활약했으며, 정유재란 때 백의종군하는 이순신 장군을 수행하여 수군 재건 사업을 돕고 육지에서는 의병을 일으켜 일본군과 맞서 싸웠다.

정유년에 일본군이 보성을 침범하자 최대성 등과 함께 보성의 예진을 점령한 일본군을 뒤쫓아가 무찔러 승리했다. 이어 일본군이 고흥 망저포(望諸浦, 현재 고흥 동강면 죽암)를 점령했다는 소식을 듣자 진(陣)을 망저포로 옮기고 첨산 밑에 목책을 쌓아 힘을 다해 일본군 다수를 무찔렀다. 그러나 적군을 홀로 추격하다가 일본군 복병을 만났고, 총에 맞아 전사했다.

송씨 쌍충 정려(고흥 동강면 소재). 임진전쟁에서 순국한 송대립과
그의 아들 송심의 충절을 기리는 사우다.

이순신 휘하에서 활약한 송대립의 동생들: 송희립과 송정립

송대립의 아우 송희립은 1583년 무과에 급제했으며, 1591년 이순신 장
군의 직속 군관이 되었다. 임진전쟁 전까지는 나대용, 정걸 등과 함께 거
북선 건조 교육과 감독을 맡다가 임진전쟁이 일어나자 형 송대립과 함께
이순신의 막하에서 군관으로 활약하며 핵심참모로서 용맹을 떨쳤다. 전
쟁이 발발하고 경상도가 차례로 함락되어 가는 가운데 다른 장군들이
경상도 해역 출정 반대의견을 내놓은데 비해 송희립은 "적을 토벌하는데
우리 도와 남의 도가 따로 없다. 적의 예봉을 먼저 꺾어 놓으면 본도(전라
도)도 보전할 수 있다."며 경상도로의 출전을 강력하게 주장했다.

1592년 거제도 옥포해전, 당포해전 승리에 기여했다. 1592년 2월에는
남해, 하동 쪽에 가서 군사를 점검하고, 6월에는 고흥, 낙안, 보성 등에
서 군량미를 조달했다.

1598년, 도요토미 히데요시가 갑작스럽게 병사한 후 고니시 유키나가
가 명나라 장수 진린(陳璘)에게 화친을 청하며 남해안의 퇴로를 열어줄
것을 제의했다. 그러나 송희립은 이순신과 더불어 이를 끝까지 거절했으
며, 적군의 해상 교통과 보급로를 차단할 것을 진언하기도 했다. 11월 노
량해전에 참전했는데, 이순신이 피격되자 이순신을 대신하여 북을 치며

재동서원에 있는 서동사(전남 고흥군 대서면). 송대립, 송희립 형제 등 11명의 위패를 모시고 있다.

독전했다. 이후 전라좌수사에 임명되었다.

송정립은 1592년 형 송대립, 송희립이 모두 이순신 휘하에 들어가자 모친을 봉양하다가 친족인 동복 현감 송두남에게 모친을 맡기고 형을 따라 전투에 참전했다. 노량해전에서 전사했다.

국난 앞에서 의연했던 송씨 일가의 절의 정신

이처럼 송대립은 군관으로서, 의병으로서 자기 역할을 다한다. 혹자는 난세에 영웅이 난다고 하지만 그 반대인 경우가 허다하다.

국난 앞에서 충절을 다해야 하는 것은 지극히 당연한 일이지만, 임진전쟁 당시 많은 지도자가 도망가거나 투항했다. 가장 가슴 아픈 일은 선조의 도망이다. 여러 이유로 변명을 하지만, 최고 지도자로서 태도와 자세는 아니다. 조정에서 전황을 파악하지 않고 갑론을박했던 지도자들도 마찬가지다.

풍전등화의 나라를 지키고자 치열하게 싸우다 죽음으로 본분을 다한 남도의 많은 의병장의 삶과 정신을 만나면 그저 고개를 숙이게 된다. 그리고 '노블레스 오블리주'의 의미를 되새기게 된다. 나라를 이끌어가는 지도자들은 의병들의 정신과 활동에서 답을 찾으며 선한 영향력을 받아야 하지 않을까. 송대립 형제들의 의병 정신은 하나의 지침이 될 것이다.

28

임진전쟁에 들불처럼 참여한
흥양(고흥) 의병장들

전쟁 반대, 평화 실현!

그 어느 때보다 중요한 의미로 다가오는 말이다. 늘 냉혹하기만 한 국제정세 속에 러시아가 우크라이나를 전격 침범하여 전쟁 중이다. 무고한 양민들이 죽어가는 것을 목도하고 있다. 이유야 어찌하든 전쟁은 힘없는 자들에게 가장 폭력적인 만행이다. 전쟁을 반대하고 평화를 외치는 이유가 여기에 있다.

외적이 침입하는 국난에 나라를 지키는 것은 당연한 일이다. 우리도 크고 작은 외침으로 고통을 받았다. 그중에서 임진전쟁은 가장 참혹했던 전쟁 중 하나다. 국난 앞에서 의연하게 일어섰던 남도 임진의병들의 정신과 의미를 기억하고 계승해야 민족정기가 바로 서고, 불행한 역사를 반복하지 않을 수 있다. 남도의병장들을 소개하는 이유이기도 하다. 근왕의병, 향보의병 등, 남도의 어느 지역에나 많은 의병장이 있다. 알려지지 않아 기억하지 못한 의병장들을 알리려고 시작한 여정의 마지막은 오관오포에서 4포가 있었던 흥양의병. 지금의 고흥 의병장들을 소개하고자 한다.

임진전쟁 해전에 참가한 고흥의 인물로는 송대립, 송희립, 김붕만, 박은춘, 신여량, 정걸, 진무성, 신군안, 송제, 송덕일 등이 있다.

선조 호송과 행주대첩에 참여한 신여량

신여량(申汝樑, 1564~1606) 장군은 본관은 고령, 자는 중임(重任), 호는 봉헌(鳳軒)이다. 판서 신덕린(申德隣)의 후손으로, 아버지는 증호조참판 신홍

신여량 장군 정려(전남기념물 제111호)

해(申弘海)다. 1583년(선조16년) 과거에 급제한 뒤 선전관 등 여러 벼슬을 거쳤으며, 임진전쟁이 일어나자 임금을 의주까지 호송했다.

그 뒤 권율 장군의 부장이 되어 행주산성전투에서 공을 세웠으며, 통영에서는 이순신을 도와 철정과 화전 등을 사용하여 적선을 격침시켰다.

1600년 7월 목포 해역의 토벌작전에서 수백 명의 일본군 무리를 소탕했으며, 1603년 목포 앞바다에 출몰한 일본군 잔적을 토벌할 때는 지원군을 파견했다. 전라우수사로 재임 중이던 1606년, 약탈행위를 계속하는 일본군 잔적을 섬멸하러 벽파진에 도착하여 작전을 하던 중, 그해 3월 7일 잔적 무리의 야간 기습공격을 받아 전사했다. 이후 병조판서에 추증되었고, 나주 충장사에 배향되었다.

1604년 당포해전에 참전하여 공을 세운 것을 기념하기 위해 「당포전양승첩지도」를 하사받았으며, 1605년 12월 전라우수사로 임명받았다.

신여량 장군이 남긴 유품으로는 「상가교서」(보물 제1937호), 「밀부유서보물」(보물 제1938호), 「주사선연지도」, 「당포전양승첩지도」가 국립광주박물관에 소장되어 있다.

쌍충일렬지려 송제와 호위장군 송덕일

송제(宋悌, 1547~1592)는 무관으로 고흥군 대서면 화산리에서 출생했다.

송씨쌍충일렬각(전남기념물 제74호)

본관은 남양이며, 자는 유칙, 호는 해와다.

선조 26년 강진군수로 재직할 때 호서로 격문을 보내 병사 200명을 인솔하고 절도사 황진의 막하로 들어가 성주전투에서 적을 대파했다. 이때 적의 기세로 미루어 반드시 적이 진주에 침공할 것을 예측하고 여러 창의사에게 건의하여 복수장 고종후, 해미현감 정명세와 함께 진주에 입성하여 수성했다. 중과부적으로 성이 함락되자 왜적에게 포박당한 그는 꿇어 앉으려는 적장에게 "내 목은 자를 수 있을지언정 내 무릎을 굽힐 수는 없다."라고 호령하며 항거하다 목숨을 잃었다. 그 기개에 왜적도 감탄하고, 그의 시신을 정중히 매장하고 '조선의사송제지시'라 쓴 나무 표식을 세웠다고 한다. 정조 때 호조참의를 추증하고 '쌍충일렬지려(雙忠一烈之閭)'라는 편액을 단 정문도 세웠다.

송덕일(宋德馹, 생몰 연대 미상)은 송제의 조카로 무관이다. 자는 치원(致遠), 호는 조은(釣隱)이다. 명종 때 숙부 송제와 같은 마을에서 태어났다. 무예에 뛰어나 선조 18년 무과에 장원하여 임진전쟁이 일어나자 훈련원 첨정으로 임금의 가마를 용만에 호종하니 호위장군의 호와 함께 은대를 하사받았다.

선조 30년 정유전쟁 때 진도군수에 임명된 즉시 이순신 막하로 달려가 장선사겸주사전부장으로 명량해전에서 대승을 거두어 부녕부사가 되었다. 부녕부사 재임 중 여진의 침입을 받자 정병 7백 명을 이끌고 이

무열사 진무성 장군상
(전남 고흥군 두원면)

를 격파하여 경상좌도 병마절도사에 올랐으나 부임 전에 여진의 잔당 고면을의 야습을 받아 전사했다. 후에 병조판서에 추증되었다.

적진을 오가며 수훈을 세운 맹장 진무성

진무성(陳武晟, 1566~1638) 장군은 임진전쟁에서 전라좌수군 진중의 해전에서 대공을 세운 무장이다. 부사 진인해(陳仁海)의 아들로, 호는 송계(松溪), 본관은 여양이다. 전쟁이 일어나자 이순신 휘하에 자원 출전하여 옥포, 적진포 등지의 해전에서 사도첨사 김완 등과 더불어 많은 왜병을 참획했다. 특히 당포해전에서 적선에 뛰어들어 왜병의 목을 베고 적선을 불태우는 등, 이순신이 장계에 기록할 만큼 큰 공을 세우기도 했다.

1593년 6월 제2차 진주성 싸움이 한창일 때 현장의 전세를 탐지하기 위해 단신으로 성안에 잠입한 일이 있었다. 이때 변복으로 왜장을 자칭한 후 적진을 뚫고 들어가 의병장 김천일 등을 상견한 뒤 돌아오는 길에 또 왜병 수명을 참살함으로써 이순신으로부터 맹장 칭언을 들었다. 1599년 무과에 급제하고 선무원종공신에 책록되었다.

1623년 경상도도호부사, 1627년 구성부사를 지낸 뒤 1638년 향리에 돌아와 73세의 나이로 세상을 떠났다. 사후 바로 호조참판에 추증되었다가 1647년 호조참판오위도총부총관 겸직이 더해졌다.

무열사는 임진전쟁과 정묘호란에 전공을 세운 무장 진무성 장군을 추모하기 위하여 호남유림의 발의와 영남 유림의 협찬으로 고종 19년, 이전에 있는 용강사를 계승하여 건립한 것이다. 용강사는 순조 26년 고흥군 대서면 상남리에 건립되어 진무성 장군을 비롯하여 3인이 제향되었으나 고종 5년 서원·사우 일제 철폐령에 의해 훼철된 후 복원되었다.

현재는 무열사에 진무성 장군만 제향되어 있고 영정이 있다.

정걸 장군 묘소(전남 고흥군 포두면)

이순신 장군 곁을 지킨 노장 정걸

정걸(丁傑, 1514~1597)은 전라도 고흥군 포두면 길두리 후동마을에서 태어났다. 1544년 무과에 급제하여 훈련원 봉사, 선전관, 서북면 병마만호를 역임했다. 을묘왜변 때 해남·강진 등지에 출몰한 왜구를 무찌른 공을 세워 남도포 만호가 되었다.

이후 부안현감, 온성부사, 종성부사, 경상우수사, 전라좌수사, 전라우수사, 장흥부사, 전라병사, 창원부사 등을 지냈다. 임진전쟁 때는 78세 노장으로 전라좌수군 조방장이 되어 전라좌수사 이순신을 도왔다. 행주대첩과 서울 탈환전에도 충청수사로서 수군을 이끌고 참전했다.

임진전쟁 당시 정걸의 활약은 대단했다. 이순신 장군의 첫 전투인 옥포해전(1592. 5. 7)부터 참전했다. 『호남절의록』에 "새벽 전투에서 정걸 장군이 또 와서 협력하고 싸워서 적을 막고 호위했다."라고 기록되어 있다. 같은 해 5월 29일 치른 사천 전투 당시 정걸은 이순신을 대신해서 본영(전라좌수영)을 지킨다. 7월 8일, 임진왜란 3대첩의 하나인 한산도대첩에서는 포탄에 맞아 부상당하기도 했다. 9월 2일 부산포해전에도 참전했다.

정걸 장군에 대해 『이충무공전서』에는 "남쪽 해안의 세 수군절도사(이순신, 이억기, 원균), 조방장 정걸 등은 연합작전을 펴서 왜적을 모두 물리치고 적의 북진을 완전히 차단한 전과를 올렸으나 이 작전에서 정걸 장군의 말을 듣지 않은 녹도만호 정운이 전사한 손실을 가져왔다."라고 기록되어 있다. 정걸의 경험에 의한 조언을 듣지 않아 정운이 왜군의 총탄에 맞았음을 아쉬워하는 대목이다.

정걸 장군은 다시 충청수사에 임명되었다. 1595년 관직에서 물러난 뒤 정유전쟁이 일어나던 해인 1597년 83세로 숨을 거두었다. 영광군수를 지낸 아들 정연(丁淵)과 손자 정홍록(丁弘祿)도 의병으로 일본군과 싸우다 순절했다고 한다.

1595년(선조 28) 정걸 장군이 모든 관직을 사임하게 되자 선조는 말년까지 장군과 함께 지낼 선비 6명(미상)을 포함한 7인정(七印亭)을 세웠는데, 조선 후기까지 남아 있었으나 잠시 없어진 것을 복원했으며, 그의 귀향을 기념하기 위해 심은 느티나무 7그루는 5그루만 살아 있다.

묘소는 추모비조차 없는 초라한 묘역이다. 태어난 곳 주변에 정걸 장군이 말을 타고 내릴 때 사용했다는 마석과 집에서 사용했던 연자방아 위쪽이 남아 있다. 도로변에는 유허비와 기적비가 후손들에 의해 세워져 있다. 또한 안동고분 옆에는 그를 기리는 사당 안동사가 있다.

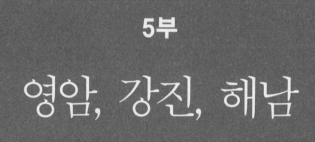

5부

영암, 강진, 해남

29

소나무의 절개를 닮은
전몽성

　정의로움과 당당함이 묻어나는 남도의 길을 걷는다. 남도 어느 곳을 가도 임진전쟁에서 의연하게 일어나 풍전등화의 나라를 지키고자 했던 의병들의 영혼들이 함께한다.

　이번에는 남도의 중심에 위치한 영암의 의병을 찾아 나선다. 신령스러운 월출산이 우뚝 솟아 있고, 그 정기를 받아 많은 인물이 배출된 곳이다. 왕인 박사, 도선 국사, 최지몽, 낭산 김준연 등 굵직한 역할을 한 인물들이 있지만, 국난 앞에서 이름 없이 나라를 지키고자 산화했던 의병들도 있다.

　영암 월출산 자락을 돌아 임진의병을 만나러 간다. 이번에는 전몽성(全夢星, 1561~1597) 의병장이다. 온 가족이 의병 활동에 나섰다. 그래서 더욱 값지고 중요하게 알려져야 한다.

장동사(영암군 서호면 엄길리)

엄길마을이 간직한 여러 이야기

영암군 서호면에 자리한 엄길마을은 오랜 역사를 간직하고 있다. 마을에 들어서면 아름다운 느티나무가 있다. 800여 년 전 한 여인이 아들의 과거 급제를 바라며 이 나무 밑에서 매일 기도를 했다고 한다. 하지만 아들이 과거에 낙방하자 나무가 말라 죽었는데, 이듬해 아들이 과거에 급제하자 나무가 다시 살아나서 아들을 축하했다고 한다. 엄길마을 사람들은 이 나무를 당산나무로 받들어 모시면서 매년 정월 14일에 당산제를 지낸다.

또한 엄길마을 일대는 청동기 시대부터 마을이 있었음을 알 수 있는 많은 지석묘가 마을의 오랜 역사를 말해준다.

엄길마을은 천안 전씨 집성촌이기도 하다. 조선 연산군 때 전승무·전승문 형제가 엄길마을에 자리 잡은 후, 과거 급제자들이 많이 배출되었다. 현재 영암에서는 '동문서전(동쪽의 장암 마을은 문씨, 서쪽의 엄길 마을은 전씨)'이라는 말이 있을 정도다. 천안 전씨의 인물들은 특히 무과에서 두각을 드러냈다. 이처럼 대대로 무예로 많은 공을 세운 가문에서 전봉준이 태어나 동학농민운동을 일으킨 것도 충분히 연관성이 있어 보인다.

이렇듯 오랜 역사를 간직하고 있는 엄길마을에는 임진전쟁 시기 의병을 일으켜 일본군과 싸운 전몽성 등을 모신 장동사(長洞祠)가 있다. 장동사 옆에는 월출산 자락이 한눈에 보이는 곳에 큰 소나무가 있다. 높이 20m에 이르고 수령은 족히 400년은 넘어 보인다.

소나무는 예부터 십장생 중 하나로 꼽힐 만큼 곧고 굳은 절개를 나타내는 상징물로 여겨진다. 이런 소나무의 모습과 전몽성 의병장의 행적이 닮아 보이는 것은 우연은 아닐 것이다.

영암 장동사 소나무

은적산 골짜기에 서린 전몽성 의병장의 행적

전몽성은 1561년(명종 16) 영암군 엄길마을에서 전방필의 둘째 아들로 태어났다. 전방필은 전몽일·전몽성·전몽진·전몽태 네 아들을 두었고, 4형제 모두 무과에 급제했다. 전몽성은 23세의 나이로 1583년에 무과에 급제하여 선전관과 군기시 주부 등을 역임하기도 했다.

전몽성은 임진전쟁이 일어나자 고경명 의병군의 막하에서 활동했다. 고경명과 금산 전투에서 일본군을 토벌하다 군대가 패하자 "헛된 죽음은 무익하다."라며 몸 여섯 군데에 상처를 입은 채 포위를 뚫고 나왔다. 이후 순찰사 이광의 밑에서 비장이 되어 진산 소림원을 수비하기도 했다. 이후 일본군이 물러난 뒤 함평 현감으로 재직했다.

정유전쟁 때 일본군이 전라도로 공격해 오자 전몽성은 아우 전몽진, 첨사 김덕흡, 김덕란 등과 함께 의병을 일으켰다. 김덕흡은 전몽성이 거병할 때 그 뜻에 공감하며 함께 싸우고자 했다. 이를 본 그의 어머니가 적극적으로 그를 지원하며 전몽성을 도와 싸우라고 하기도 했다.

이들은 율치에 진을 치고 수백 명의 일본군을 격파했고, 월출산으로 진을 옮겼다. 이후 월출산 해암포에서 일본군과 전투하던 중 아우 전몽진이 전사했다. 화살마저 떨어지자 전몽성은 "국가에 쳐들어온 적을 무찌르는 것은 신하의 도리다!"라고 크게 외치고 온 힘을 다해 싸우다 순절했다. 전쟁이 끝난 후 전몽성과 김덕흡은 조정으로부터 호조좌랑을 증직받았다.

전몽성의 의병 활동은 아들 전여홍에게 이어졌다. 전몽성이 고경명 막하에서 의병 활동을 할 때 전여홍은 스무 살이 채 되지 않은 나이였지만, 전몽성을 곁에서 도우며 여러 일을 잘 처리했다고 한다. 전여홍은 아버지의 권유를 따라 무과에 급제하여 제포만호에 제수되었으나, 얼마 되지 않아 전몽성이 해암포 전투에서 순절했다는 비보를 접하게 되었다.

전여홍은 통곡하며 "주상께서는 몽진해 계시고 아버지는 나랏일로 죽으니 신하 된 도리는 다했으나 맹세코 적과 하늘을 같이 할 수 없다. 그러므로 반드시 원수를 갚아야 한다."라며 상주의 몸으로 다시 일어나 의병을 이끌었다. 전여홍은 이순신의 진영 아래서 전투에 참가하면서 고성·한산·노량·묘도의 싸움에서 연전연승하기도 했다.

하지만 1598년 11월 이순신이 노량해전에서 순절했다는 소식에 전여홍은 목숨이 끊어질 만큼 통곡했다고 한다. 그는 이순신과 함께 죽지 못한 것을 평생의 한으로 여겼다. 고향에 돌아온 후 바깥세상과 교류를 끊고 아버지 전몽성의 3년상을 끝까지 치렀다.

장동사와 전씨 충효문을 아는 이는 별로 없다. 앞마을에는 당산나무가 외롭게 서 있고, 촌로들은 구부러진 허리로 탐방객을 낯설게 바라본다. 무심하듯 사우를 알려준다. 천안 전씨 집성촌이어서인지 사우 관리는 잘되고 있었다. 허나 아무도 기억해 주지 않고, 찾아오는 사람 없으니 쓸쓸하기만 하다.

남도의병의 자취를 따라 남도 곳곳을 탐방하는 소회는 죄송함과 안타까움이다. 자료를 검색하니 전몽성 의병장에 대한 기록은 많다. 우리가 제대로 관심을 두지 않았고, 알려고 하지 않았을 뿐이다.

국난 앞에서 의연하게 일어선 의병들의 활동에는 높낮이가 없다. 신분과 직위 고하로 평가되어서는 더더욱 안 된다. 개인이 아니라 형제와 가족이 모두 참여하여 의병 활동을 전개한 것은 현대인에게도 귀감이 된다. 이름 없이 산화해간 수많은 의병의 삶과 활동을 다시 기록하고 기억해야 한다.

전몽성·전몽진·전몽태 3형제의 전씨 충효문(전남 영암군 서호면)

30

나라를 구하라, 지역을 지켜라!
영암의 임진의병들

연말이 다가온다. 한 해를 정리하는 시간이다. 코로나로 시작해서 코로나로 끝나는 것 같다. 백신 접종과 방역지침이 생활화되어 코로나가 종식되리라 예상했다. '위드 코로나'라는 생소한 용어까지 등장하면서 어느 정도 안정되어 가는 듯했다. 그러나 확진자가 속출되고 방역 패스라는 것이 등장하여 다시 일상생활을 제한하게 되었다.

역사를 되새겨보면 역병은 대단히 무서운 존재였다. 역병은 전쟁과 같다는 말도 있다. 지금 우리는 바이러스 전쟁을 하고 있다. 선조들은 혼란과 국난에 현명하게 대처해온 지혜와 의지가 있었다. 임진전쟁에서 나라를 구하고 지역을 지키기 위해 의연하게 일어선 남도 의병들의 정신과 그 의미를 기억하는 것은 난세를 헤쳐가는 디딤돌이 된다.

이번에도 남도의 중심에 위치한 영암의 의병장들을 찾아 나선다.

임진전쟁은 7년이라는 긴 시간 동안 진행된 전쟁이다. 특히 정유재란은 호남지역을 장악하기 위한 전략으로, 일본군은 곧바로 남해를 거쳐 전라도 연안으로 침략했다. 저마다 지역을 지키기 위해 의연하게 일어선 향보의병들의 활동은 매우 감동적이다. 가족과 집안 그리고 지역민들과 혼연일체가 되어 죽음으로 지역을 지켜냈다.

월출산 정기를 받은 영암은 '영산강 지중해'의 중심 지역으로, 교류와 개방이 활발했던 지역이다. 거기에 박대기, 박흡, 박형준 의병장들이 있다.

고경명 부자와 함께한 박대기 의병장

영암 구림(鳩林)마을에는 조선 중기에 만들어져 450여 년을 이어 온 구

구림마을 대동계 연혁비

림대동계와 관련된 유적이 많다. 대동계의 모임 장소인 회사정(會社亭)과 구림대동계 문서 등이 대표적이다. 구림마을의 복리증진과 상호부조를 위해 생겨난 자치조직인 구림대동계는 박대기(朴大器, 1537~1601) 등 함양 박씨 문중이 중심이 되어 기존 조직을 계승·발전시킨 것이다.

박대기는 구림마을에서 태어났으며, 호는 녹야다. 임진전쟁이 일어나자 처음에는 김천일과 함께 의병을 일으켰다. 이후 고경명의 충정에 감복하여 그의 막하에서 활동했다. 금산 전투에서 강진 현감 신충일·해남 현감 변응정에게 지원을 요청하기 위해 격문을 가지고 공주에 갔을 때, 이미 고경명은 전사한 뒤였다. 박대기는 크게 슬퍼하며 제문을 짓고 제사를 올려 고경명을 추모했다.

이후 고경명의 아들 고종후가 '복수의병장'이라는 기치를 달고 의병을 일으키자, 박대기는 그를 따르며 계원장으로서 여러 고을에서 의병을 모집하러 다녔다. 하지만 모병 활동을 하던 중 고종후가 제2차 진주성 전투에서 순절했다는 소식을 들었다. 박대기는 고경명 및 고종후와 함께 죽지 못한 것을 큰 한으로 생각했다. 이후 조정에서 직장(直長) 벼슬을 제수했지만 나아가지 않고 은거하며 여생을 보냈다.

박대기는 두 아들 박장원(1560~1592)·박승원(1562~?)과 의병에 참여했다. 3부자가 의병 활동을 한 흔치 않은 사례다. 큰아들 박장원은 고경명을 돕기 위해 군사를 거느리고 금산으로 가다가 길에서 병으로 죽었다. 둘째 아들 박승원은 아버지를 따라 고경명·고종후 부자와 함께 활동했으며, 정유전쟁 때도 나주의 임환과 의병을 일으켜 순천, 벌교 일대에서

영암 구림마을 육우당

일본군을 격파했다. 박승원은 이순신 밑에서 계원도유사(繼援都有司)가 되어 전투를 지원했으며, 이괄의 난 때도 인조를 지키기 위해 근왕병을 모집했다.

병자호란 때는 75세의 고령으로 고향의 지사 조행립과 의병을 모집하며 군량미 수송에 힘쓰기도 했다. 하지만 청과의 화친으로 어쩔 수 없이 의병을 해산하여 영암으로 돌아왔다. 그 후 아버지 박대기가 일군 구림대동계 활동을 통해 향인을 교화하며 만년에도 부지런하게 살았다고 전해진다.

칼로 하인의 팔을 내리친 박흡 의병장

호남 3대 명촌으로 손꼽히는 구림마을에는 육우당(六友堂) 건물이 있다. 함양 박씨 박흡(?~1593) 장군 6형제가 자란 곳이어서 붙여진 이름으로, 현판은 명필 한석봉의 글씨로 알려져 있다. 일각에서는 영암군 덕진면이 한석봉의 외가라고 하는데, 한석봉은 어린 시절을 영암에서 보냈을 것으로 추측한다.

박흡은 구림마을에서 태어났으나, 출생 연대는 확실하지 않다. 박흡은 자신이 태어난 곳인 육우당을 그대로 호로 사용했다. 그는 어렸을 때부터 기골이 장대하고 의기충천하다는 말을 많이 들었다고 한다.

박흡은 임진전쟁 때 선조가 의주로 몽진했다는 소식을 듣고 격분하여 김천일과 함께 의병을 일으켰고, 여러 전투에 참여했다. 1593년 김천일이 진주성에 가자고 하니 박흡은 바로 가겠다고 나섰다. 하지만 박흡의 종이었던 노락금이 일본군의 기세가 매우 강한 것을 듣고, 박흡이 타고 있는 말의 재갈을 붙들어 잡고 가지 못하게 했다.

이를 본 박흡이 화가 나서 "적을 보고 도망치는 것은 열사가 아니다!" 라며 노락금의 왼쪽 팔을 칼로 쳤다. 하지만 그럼에도 노락금이 오른손 으로 재갈을 잡자 박흡이 칼로 남아있는 오른팔을 친 후 진주성으로 향 했다. 이후 진주성을 끝까지 지키다가 김천일과 순절했다. 박흡의 시신 은 끝내 찾지 못해 결국 초혼장으로 장례를 치렀다고 한다.

죽음으로 명량 바다를 지킨 박형준 의병장 3부자

1597년에 벌어진 명량해전은 임진전쟁사에서 길이 남을 전투로 꼽힌 다. 명량해전에서 이순신은 13척의 전선으로 133척의 일본군 함대를 물 리쳤다. 이순신의 탁월한 전술과 울돌목의 지리석 특성을 이용하여 일 궈낸 이 전투는 임진전쟁 이순신 해전 '3대첩'의 하나로 평가된다. 하지 만 명량해전의 승리는 이순신만이 이루어 낸 것이 아니다. 물론 이순신 의 업적은 당연히 중요하게 언급되어야 하지만, 영화 <명량>에도 다루 어진 것처럼 명량해전의 승리는 그를 따르는 여러 의병과 지역민이 힘을 합하여 얻어진 결과다.

이런 관점에서 다뤄야 할 인물이 박형준(1548~1597) 의병장 3부자다. 박 형준의 호는 구무제이며, 과거 급제 후 예안현감으로 재직할 때 향곡을

박형준 의병장 예안 현감 추증 교지

박형준 의병장 3부자의 삼충각

제대로 거두지 못했다는 이유로 영암에 유배되었다가 다음 해에 풀려났다. 하지만 그는 계속 영암에서 은거하면서 왜적의 침입이 잦아지는 것을 보고 두 아들 박효남(1567~1597)과 박호남(1570~1597)에게 무예를 익히게 하며 후일을 대비했다.

임진전쟁이 일어나자 박형준 3부자는 이순신 막하에 들어가 여러 활동을 하며 전투를 승리로 이끄는 데 기여했다. 하지만 정유재란 때 명량해전에서 일본군을 맞아 싸우다가 모두 순절했다.

전쟁이 끝난 후 조정에서는 3부자의 충절을 기려 모두 선무원종공신을 내려 주었다. 또한 후세에 영암 유림들이 박형준 3부자의 행적을 조정에 알렸고, 이에 1860년 삼충각이 건립되어 오늘에 이른다.

정의롭고 당당한 의병 이야기, 계속되어야 한다

남도의 임진의병에 관한 학습자료를 만들기 위해 기회 있을 때마다 답사와 탐방을 하고 여기저기 흩어진 자료를 수집, 정리했다. 그리고 '전남의 임진의병'이라는 책자를 발간하게 되었다. 그 과정에서 미처 몰랐던 이름 없는 수많은 의병들… 남도 어느 곳을 가도 나라와 지역을 지키기 위해 의연하게 일어선 의병들이 계셨다.

그런데 우리는 그분들을 알지 못했고, 가르치지 않았고, 외면해 왔다. 백척간두(百尺竿頭)에 몰린 조선을 지킨 의병들은 얼마나 외롭고 속상했을까. 그나마 일부는 후손들이 사우와 사당이 세워져 이들을 중심으로

기억되고 있었다. 그러나 제대로 관심과 지원이 없으니 관리도 한계에
부딪혀 쇠락해가고 있다.

　아무도 찾지 않는 의병장들의 사우를 찾아가는 길은 쉽지 않다. 찾지
않고 오지 않으니 문은 잠겨있고, 안내판은 지워진 채로 외롭게 서 있
다. 다시 강조하지만, 이제라도 지자체의 지원과 학교에서의 지역사 교육
이 절대적으로 필요하다. 정의롭고 당당한 남도의 의병 이야기는 계속되
어야 한다.

31

고향을 지키고 나라를 세운 향보의병장
염걸

1번 국도를 따라 남행하다 광주에서 13번 국도를 따라가면 영암과 강진 가는 길이다. 유홍준 교수가 '남도 답사 1번지'라 하며 소개한 후 1990년대 중반부터 많은 관광객이 몰려든 길이며, 지금도 그 명성과 관심 여전하다.

지금까지 영산강을 둘러싼 의병장을 살펴보았다. 이번에는 13번 국도를 따라 강진만을 중심으로 향보의병을 전개한 강진의병을 찾아가 보자.

허수아비를 만들어 일본군을 유인하여 격퇴하다

임진전쟁에서 정유전쟁까지 강진에서는 고향을 지키고 나라를 세우겠다는 일념으로 의병활동에 적극 참여한 사람들이 있다. 이들을 향보의병(鄕保義兵)이라 한다.

강진의병을 대표하는 염걸(廉傑, 1545~1598) 장군은 임진전쟁이 발발하자 두 동생과 아들을 불러 나라의 위급을 구하는 길은 의병을 일으켜 왜적과 싸우는 길뿐이라고 역설하고, 각 고을에 격문을 보내 3백여 명의 의병을 모집했다. 그는 의병 창의부대를 편성한 후 구십포 해안에 상륙하는 일본군을 공격했으며, 후퇴하면서 적군을 정수사 앞 들판과 계곡으로 유인하여 적을 무찌르고 많은 무기를 노획했다.

염걸 장군 창의(사충 순의비)

강진 등지의 바닷가 여러 고을 백성은 염걸의 지략과 저항에 힘입어 오랜 기간 전화(戰禍)를 입지 않고 무사할 수 있었다. 충무공 이순신은 그의 공로를 장하게 여겨 1597년 4월 그를 의병장으로 임명했다.

염걸은 부산 몰운대 전투에서 일본 수군을 격파했으며, 1598년 노량해전 때 도주하는 적선을 쫓아가다 거제도 앞바다에서 54세의 나이에 순절했다. 염걸은 1605년 4월 16일 선무원종공신 2등에 녹훈되었다.

염걸 장군의 흔적과 격전지를 찾아 나서다

염걸은 이순신에게 인정받아 의병장으로 임명되었고, 임진전쟁의 마지막 전투인 노량해전에서 끝까지 왜적을 추격하다 순절했다. 이에 전쟁 후 선무원종공신에 녹훈된 것은 그만큼 그의 활동과 전과가 인정받은 것이다.

염걸 장군의 전적지와 흔적을 찾아 나섰다. 다행히 강진 지역에서는 뜻있는 향토사학자들과 지역 언론에서 염걸 장군의 활동을 정리하고 있었다. 격전지 또한 표지판을 세우고 관리하고 있었다.

강진읍에서 마량면으로 가는 23번 국도는 교통량이 많다. 강진만을 끼고 마량까지 가는 길은 경치가 아름다워 드라이브 코스로도 유명하다. 깊숙이 들어와 있는 곳은 남포만이고, 강진 끝자락의 마량은 마도진이 있던 곳이다. 제주와 남도의 섬에서 오는 배들이 머무는 항구가 지금의 마량항이다. 제주도에서 기른 말을 마량항까지 배로 운송하여 한양까지 실어 갔다 해서 마량항이라 했다는 설명은 맞다. 당연히 바다와 육지를 연결하는 교통의 중심지다.

23번 국도를 따라 염걸 장군의 격전지를 찾아가는 길은 고향을 지키고자 했던 강진 향보의병들이 걷던 길이다. 그래서인지 가볍지 않은 의기를 느끼게 한다.

충효사(염걸 3부자 사당)

먼저 강진만의 구십포다. 구십포 전투에서 염걸 장군은 소수 병력으로 왜군을 공격하기 쉽지 않음을 알고 적 선단이 머무르고 있는 포구를 저녁에 급습하여 대승했다. 적의 선단과 일정한 거리를 둔 지점에 볏짚으로 엮은 초인(草人)들을 곳곳에 설치, 적을 혼란에 빠뜨리는 위장술을 겸행한 가운데 강궁으로 무장한 30여 명의 궁사단을 동원하여 집중적인 화살 공격을 퍼부었다. 구십포 연안 전투에서 대승의 기세를 올린 뒤 며칠 후 염걸은 적이 천개산

염걸 장군 전승 기적비

정수사에 쳐들어갈 것이라는 정보를 입수했다.

정수사는 대구면 사당리 해안에서 동북쪽으로 약 6km 떨어진 천태산에 있는 고찰이다. 해발 500m가 넘는 천태산 골짜기는 산 밑에 정수사를 두고 동서 방향인 협곡의 외길이 있을 뿐이다. 사찰에서 300m쯤 떨어진 동구밖에 이르면 좌우 협곡이 매우 좁고 가파른 산세를 이루어 매복작전이 용이한 지역이다.

염걸은 환히 내려다보이는 산곡간의 길을 바라보며 적이 나타나길 기다리고 있었다. 예견한 대로 왜적들이 사찰 동구 진입로를 통과하니 일방의 궁사단이 적진 후미를 향해 집중 공격을 했다.

정수사 승첩 후에도 염걸의 의병활동은 계속되었다. 정유년 10월말 이후 일본군이 장흥 보성 지역으로 철수해 감에 따라 작전지역이 장흥 방면으로 옮겨졌을 것이다. 겨울이 닥치면서 전쟁이 소강상태에 접어들긴 했지만, 그해 11월 18일 수군통제사 이순신으로부터 의병장의 직첩을 내려받음으로써 그의 의병활동은 이듬해 종전까지 계속되었다.

이후 이순신에게 의병장으로 임명되고 노량해전에서 54세의 나이로 순절했음을 기록을 통해 확인할 수 있다.

염걸 의병장, 정유전쟁의 대표적인 향보의병으로 평가되다

염걸과 의병들은 강진만과 천태산의 지형을 이용하여 전라도의 침범을 노리던 왜군을 막아낸 것이다. 염걸의 문집『퇴은당실기(退隱堂實記)』에도 정수사 승첩 이후 염걸의 형제 부자에게 몇 가지 전적과 전공들이 있었음을 기술하고 있다.

1597년 11월 이후의 활동과 관계없이 염걸 일가의 활약은 정유전쟁 중 향보의병이 보여준 대표적인 전승 사례로 평가된다. 따라서 전쟁 후 부자 형제 3인이 모두 선무원종 2등공신에 책록된 것 역시 정유년 11월 이전의 전공 평가에 의한 것이었음을 의미한다.

염걸의 승전 기록은 정수사와 고금면 승전비에 있으며, 이들 네 명의 충신 부자형제의 묘소는 강진군 칠량면 단월리 산 61에 있다. 염걸 장군 묘소를 찾기란 쉽지 않았다. 검색하여 찾아간 곳은 다른 집안 묘소였다. 주민들께 물어 겨우 찾았더니 동네 입구 노송이 지켜보는 곳에 표지석이 서 있다. 지나가는 주민은 그 표지석이 무엇을 의미하는지 모르는 듯했다. 주변이 어수선하고 관리가 제대로 이루어지지 않고 있다.

이후 정수사에 위치한 충효사와 전승 기적비를 찾았다. 마침 봄꽃 피어오르는 4월이어서인지 초록 새싹이 가득하다. 진입로에는 만개한 벚꽃이 우리를 맞이한다. 정수사 입구 오른쪽에 전승 기적비와 충효사가 있다. 염걸 3부자 이야기를 비로소 자세히 알 수 있었다. 아쉽게도 주변 정리가 되어있지 않고, 공사하다 남은 자재들이 널브러져 있었다. 사적

염걸 장군의 임진전쟁 전적지 안내판

이나 문화재가 관리되지 않고 있음을 확인하니 씁쓸하다.

　왜적의 침입에 의연하게 맞서며 지역을 지키고 나라를 세우고자 했던 의병들을 찾아 나서는 것은 응당 해야 할 일이라는 책무감이 더해진다. 3부자가 죽음까지 각오하고 지역과 나라를 지킨 일은 마땅히 후세들이 기억하고 전해야 한다. 그래서 염걸 장군을 위시한 일가의 의병활동을 다시 기록하고 알리고자 한다.

강진만 구십포(전남 강진군 대구면)

32

충효를 위해 다리를 바친
황대중

광주에서 남도를 간다. 지금은 광주가 남도의 중심지다. 그러나 역사적으로 보면, 늘 역사는 변하고 행정구역 또한 변한다. 그럼에도 많은 사람은 현재의 행정구역 중심으로 역사를 바라보려 한다.

강진만을 둘러싸고 많은 의병이 있었음을 부각했다. 세월의 흐름에 따라 지형은 늘 변한다. 더구나 수로 중심에서 육로 중심으로 변화한 현재의 지형과 길을 연계하여 바라보면 쉽게 받아들여지지 않을 수 있다. 늘 길은 새롭게 만들어지고, 그 길과 관련하여 마을 환경이 달라진다.

강진만을 둘러싸고 이름 없이 싸운 임진의병들을 찾아 나서 보자.

'금릉창의(金陵倡義)'. 금릉은 지금의 강진을 가리킨다. 강진에서 향보의 병들은 왜란에 대항하여 의병을 일으켜 지역을 지키려 했다. 일본이 전라도를 점령하기 위해 남해를 거쳐 강진만 깊숙이 쳐들어온다. 강진만이 무너지면 전라도 남부는 물론 전라도 전체가 위험해진다.

강진 향보의병의 핵심 '금릉창의'를 이해하다

임란 초기부터 강진 출신의 인물들을 중심으로 스스로 향리를 보호하기 위한 지역방위체 결성에 나섰다는 사실이다. 임진전쟁 7년 전쟁 이후 강진 지역에 널리 알려진 '금릉창의' 조직이 바로 그것이다.

황대중(黃大中, 1551~1597)의 「임진창의 격왜일기」는 그 대체적인 경위를 밝히고 있다. 금릉창의는 순창군수를 지낸 김억추의 발의에 의해 시작되었다고 했다. 왜란의 변보가 있은 뒤 김억추가 같은 고향의 황대중과 윤현, 이준 등에게 글을 보내 이르기를 "강진은 곧 해로로 통하는 인후

김억추 사우 금강사(전남 강진군 강진읍)

지지(咽喉之地)이니 급히 의병을 일으켜 성산에 결진, 적의 침입로를 막아
야 한다."라고 했다.

그리고 전라병사 선거이가 수교를 나주의 유희달에게 파견해서 창의
기병을 권장했으며, 황대중 등이 곧바로 강진현 객사에 의병청을 설치해
서 의병을 규합하는 한편 인근 읍에도 격문을 띄웠다. 그래서 각 지역
의사들이 봉기하는 사례가 많았는데, 그 개략적인 내용은 다음과 같다.

감찰 이언빈의 경우 군량 200석에 궁시, 창검 등과 인부 100여 명을 인솔해
왔을 만큼 적극적이었다. 염결과 그 아우, 사진 김만령과 그의 아들인 판관
몽룡, 윤현과 그 아우 윤검이 60여 명의 의병을 인솔해 왔다.

김덕란, 전몽성, 서회서가 군기와 마필 외에 10여 명 장사들을 인솔해 왔다.
해남 현령 변응정이 고을의 일부 군사를 인솔해 왔고, 이남, 박명현, 홍계남,
구황 등이 정예군사 100여명을 뽑아 보내왔다.

격문을 돌린 10일 사이에 1천여 명의 병력이 집결함으로써 담양 의병장 고
경명, 전주 소모사 이정란, 나주 의곡장 기효중에게 금릉창의 사실을 통보했
다.(황대중. 『양건당집(兩蹇堂集)』 3권, 「임진창의 격왜일기」 참조)

이순신이 감탄한 '양건당 황대중'을 불러내다

"과거의 다리는 효건, 지금의 다리는 충건, 두 다리를 함께 저니 양건이로다." 이순신이 황대중의 행적을 두고 감탄하며 한 말이다. 여기서 '건(蹇)'이란 '절름발이'를 가리키는 한자다. 이순신을 감탄하게 한 황대중은 과연 어떤 인물일까?

황대중은 1551년(명종 6) 서울에서 태어났다. 조선 초 명재상으로 유명한 황희가 그의 조상이다. 서울에서 태어났지만, 영암군수로 부임한 조부를 따라 강진군 작천면 구상리로 떠나면서 이후 강진에서 살게 되었다.

황대중이 한쪽 다리를 절게 된 것은 그의 지극한 효성 때문이다. 천성이 인자하고 효심이 지극한 황대중은 청년 시절 어머니가 병환 중일 때 자기 왼쪽 허벅다리 살을 잘라내어 약재로 썼고, 신기하게도 허벅지 살약을 달여 먹은 어머니는 병세가 호전되었다. 황대중 또한 아픈 다리로 인한 열이 내려가고, 며칠 후에는 기력이 호전되었다. 이를 본 사람들은 그를 '효건'이라고 부르며 감격했다. 황대중의 아버지가 세상을 떠났을 때도 그의 효심이 알려져 십 리 밖까지 조문객 행렬이 늘어서 있었다.

이러한 황대중의 일화가 조정에 알려지자 선조는 당시 이조참판 이후백에게 황대중이 어떤 인물인지 물었다. 이후백의 이야기를 들은 선조는 황대중에게 정릉 참봉 벼슬을 내렸으나, 황대중은 사양하고 관직에 나아가지 않았다.

황대중은 활쏘기나 말타기 등 무예가 뛰어났다. 그는 자신이 지닌 장애에 굴하지 않고 꾸준히 무예를 닦았다.

임진전쟁이 발발하자 조선 조정은 별초군을 모집하게 되었다. 별초군은 위기에 빠진 국가를 지키는 특별 군대로, 조선 팔도에서 무예가 뛰어난 용맹한 자들만 선발했다. 별초군을 뽑는다는 소식에 사람들은 "황대중이 아니면 누가 별초군이 될 수 있겠는가?"라고 했다. 이에 황대중은 전라도 지역에서 뽑힌 80여 명 별초군의 일원으로 전쟁에 참여했다. 특히 활쏘기에 능했던 그는 임진전쟁에서 선조가 의주로 몽진을 떠날 때 호위무사로 활약하기도 했다. 또한 황대중은 원병을 데리고 조선으로

양건당 황대중 충효정려각(전남 강진군 작천면)

온 이여송의 휘하에 들어가 명군을 따라 1593년 6월 제2차 진주성 전투에 참여하여 7차례나 일본군과 싸워 승리했다.

하지만 죽을 고비를 겨우 넘기고 간신히 탈출하여 이순신의 휘하에 들어가 해상전투에 참여하게 되었다. 이때 황대중은 한산도 전투에서 적의 총탄을 맞아 한쪽 다리마저 중상을 입어 양쪽 다리를 절게 되었다. 오래전부터 황대중의 성품과 효심 그리고 뛰어난 무예 실력을 알고 있던 이순신은 그를 '양건'이라며 칭송했다.

주인의 시신을 싣고 고향으로 달려온 애마

황대중의 삶은 1597년 발발한 정유전쟁에서 마지막을 맞게 되었다. 당시 원균이 칠천량 전투에서 대패한 후, 8월 12일 남원성 전투가 벌어졌다. 고니시 유키나가, 우키다 히데이에(宇喜多秀家), 구로다 나가마사 등의 장수들이 이끄는 58,000여 대군이 남원성을 포위했다.

당시 전라도 병마절도사 이복남은 황대중이 이끄는 의병군과 남원성 전투에서 일본군과 격전을 펼치고 있었다. 그러나 일본군의 공격은 거세졌고, 결국 황대중은 날아오는 총탄을 가슴에 맞고 이복남 등과 순절하고 말았다.

황대중이 죽자 일본군은 "조선 백성들아, 너희 나라 충신인 절름발이가 세상을 떠났다. 이제 그만 포기하라."라고 외쳤고, 이에 성안에서 싸

양건당 황대중 애마지총(전남 강진군 작천면)

우고 있는 조선군은 전의를 상실하고 남원성 전투에서 패배하고 말았다.

황대중의 죽음과 관련된 유명한 일화가 있다. 황대중에게는 늘 전쟁을 누비며 함께했던 애마가 있었다. 다리가 불편한 황대중은 전쟁터에서 말 타고 활 쏘거나 장검을 휘두르며 일본군을 쓰러뜨렸는데, 이 애마가 황대중의 다리처럼 움직여 주어 큰 공을 세울 수 있었던 것이다.

남원성 전투에서 일본군의 총탄을 맞아 숨이 멎기 전, 황대중은 달려온 김완 장군에게 "내 칼을 가지고 가서 적을 베어 주게. 그리고 내 시신과 유품을 내 말에 실어 주게. 그리하면 이 말이 내 고향으로 갈 걸세."라는 말을 남겼다.

이에 황대중의 시신을 말 등 위에 얹어 주자, 애마는 주인을 태우고 300리 길을 밤낮으로 달려 가족들이 있는 강진까지 달렸다. 그리고 황대중의 장례식을 치르는 사흘 동안 마구간에서 식음을 전폐하다 결국 주인을 따라 세상을 떠나고 말았다.

황대중의 가족들은 말의 충심에 감동하여 주인이 묻힌 묘 옆에 무덤을 만들어 '양건당 애마지총(兩蹇堂愛馬之塚)'이라고 새긴 비석을 세워 주었다. 만든 지 400여 년이 지났지만 후손들은 명절이 되면 잊지 않고 조상의 무덤과 함께 이 말무덤을 돌본다.

충절의 의미를 뛰어넘어 장애를 극복하고 나라 사랑을 실천한 의병장, 그리고 주인을 끝까지 모시고 죽음으로 자기 역할을 다한 애마를 생각하면 감동 그 자체다. 이 시대정신에 부합하는 양건당과 애마를 꼭 기억해야 할 일이다.

33

명량대첩을 승리로 이끈 여성 의병
'어란'

위기의 시대, 위험은 대비하고 기회는 살리는 것이 현명한 일이다. 여러 사회적 담론 중에서도 '페미니즘' 관련 논란이 여전하다. 진작 실현되었어야 할 양성평등 사회에서 남성과 여성은 어떤 형태로든 차별받아서는 안 되지만 현실은 그렇지 않다.

여성의 권리가 더 향상되고 존중되어야 하지만, 너무 극단적인 대립과 갈등은 금물이다.

임진전쟁에서 활약한 남도 의병장들을 소개해왔다. 조선사회에서 의병장들을 이야기하다 보면 거의 남성 중심이다. 전근대 사회는 남성 중심 사회고, 중요한 역할을 남성들이 주도했기 때문이다.

그러나 국난의 전쟁 앞에서 남녀는 따로 없었다. 전쟁에서 수많은 승리에는 남성과 여성이 따로 없었다. 남녀노소가 모두 주인공이었다. 그래서 지금까지 명망가 중심의 의병 이야기에서 이름 없이 목숨을 바친 사람들의 이야기를 드러내고 기억하려는 것이다. 그중에서도 해남의 여성 의병이자 호국 여인 '어란'의 삶을 찾아가 본다.

해남의 호국 여인 '어란'을 아시나요?

명량대첩 이튿날인 1597년 9월 17일, 해남의 어란마을 앞바다에 한 여인의 시신이 발견된다. 이를 본 한 어부가 여인의 시신을 근처 소나무 밑에 묻어 주었다.

이후 마을 사람들이 그 여인의 무덤 앞에 석등을 세우고 불을 밝히고 넋을 위로했다. 지금도 매년 정월 초하루가 되면 동네 주민 모두가 정성

해남 어란마을 전경(전남 해남군 송지면)

스럽게 제사를 지낸다.

명량대첩은 이순신도 "하늘이 내린 승리였다"라고 할 정도로 세계해전사에서 전무후무한 기적의 승리였다. 하지만 이러한 승리는 단순히 운이 따라서가 아니었다. 이순신의 지략과 전술, 그리고 첩보에 의한 사전 준비로 얻은 승리인 것이다.

이순신은 군인들에게는 매우 엄격한 잣대를 요구했지만, 백성이나 의병들에게는 따뜻하고 각별했다. 덕망이 높았기에 군영 인근 백성들로부터 존경받았고, 백성들도 자발적으로 이순신을 따르게 되었다. 이런 이유로 백성들은 우리 수군의 승리에 도움이 될 만한 정보들을 자발적으로 수집하여 제공했다.

이순신은 특히 명량해전을 앞두고 날씨는 물론 지형까지 세밀하게 점검했다. 울돌목이라는 특수한 해저지형을 파악하여 전쟁에 어떻게 활용할지 미리 구상해 놓았고, 밀물과 썰물의 시간대까지 해남과 진도의 바닷가 백성들로부터 수집해 놓았다. 그렇지만 이런 준비에도 불구하고 우리 수군의 전력이 매우 열악하다는 사실에는 변함이 없었다.

이런 와중에 뜻하지 않는 결정적인 제보가 들어왔다.

이순신의 『난중일기』를 보면, 명량해전을 이틀 앞둔 1597년 9월 14일, 육지를 정탐하고 온 임준영이 보고하기를 "김해인이라는 여성이 포로 김중걸에게 '9월 16일 왜적의 대규모 출전' 기밀을 알려주었다."고 기록되어 있다.

어란마을 입구에 있는 '명량해전과 어란 여인 이야기' 안내판

바로 이 '김해인'이 해남의 호국 여인 어란이다. 어란은 일본군 장수 칸 마사가게(菅正蔭)에게 일본군 배에 갇혀 있는 김중걸이라는 포로를 풀어 주라고 간청하고, 자신이 입수한 기밀을 김중걸을 통해 이순신에게 전달 했다. 그 기밀은 일본군이 이순신을 공격하려는 시간과 일본군 함대가 어떤 경로로 이동하는지에 대한 것이었다.

김중걸을 통해 정탐한 정보를 임준영이 이순신에게 전달하자, 이순신 은 "모두 믿기는 어려우나 그럴 수 없는 것도 아니어서 백성들에게 모두 육지로 올라가 있으라" 하고 선제공격을 감행했다.

이순신은 이 첩보를 바탕으로 울돌목의 특수한 지형과 바닷물의 조 수 흐름을 현지 백성과 자원하여 싸운 그 지역 의병들로부터 수집한 정 보를 치밀하게 분석하여 전략과 전술을 세웠다. 전력상 형편없이 열세 인 상황에서 어란이 전해준 일본군 군사정보와 출전 정보를 몰랐더라면 명량대첩은 불가능했을지 모른다. 포로로 잡힌 김중걸에게 어란이 전한 일본군의 군사력과 출전기밀은 그만큼 매우 정확하고 세밀한 정보였다.

명량대첩이 끝난 다음 날인 1597년 9월 17일 어란은 바다에 투신하여 생을 마감했다. 그녀의 삶은 자신의 희생으로 나라를 살릴 수 있다면 기 꺼이 목숨을 던진 의병의 삶 그 자체였다. 해남 지역민으로서, 조선 백성 으로서 마땅히 해야 할 임무를 충실하게 완수했다고 생각했을 것이다.

어란이 왜 절벽에서 투신하여 목숨을 끊었는지에 대한 기록은 아쉽 게도 남아있지 않다. 하지만 부모와 형제들이 전란 중에 다 죽임을 당해

어란마을 앞바다에 있는 석등롱

돌아갈 곳도 없었을 것이다. 자신의 의로운 행동이 작게는 가족이 당한 것에 대한 복수이기도 하지만, 나라와 백성을 위해 목숨 걸고 해냈으니 더 이상 바라는 것이 없다는 생각에 목숨을 던져 충절을 다한 것이다.

해남에 새겨진 어란의 자취를 찾다

어란이 실존 인물인가에 대해서는 의견이 분분하다. 하지만 해남 곳곳에는 호국 여성 '어란'의 실체를 알 수 있는 여러 가지 증거물이 있다.

어란은 마을에서 약 1.5km 떨어져 있는 바위 절벽에서 뛰어내려 목숨을 끊었다. 그곳은 명량바다가 한눈에 보이는 곳으로, 마을 사람들은 이곳을 여자가 떨어져 죽은 곳이라 하여 '여낭터'라고 하고, '여낭치'라고 부른다. 여낭터에는 일제강점기에 해남에서 거주한 일본인 후손들의 모임인 해남회에서 2013년에 어란 상과 비석을 세웠다. 또한 어란이 투신한 다음 날 한 어부가 그녀의 시신을 수습하여 소나무 밑에 그 영혼을 달래기 위해 묘를 썼다고 한다.

불과 40여 년 전만 해도 이름 없는 무덤이 여낭터 근처에 있어 명절 때마다 마을 사람들이 벌초를 해왔지만, 이후 군부대가 마을로 들어온 후 무연고 묘로 처리된 후 지금은 흔적을 찾을 수 없다고 한다.

이 지역 어민들은 여낭터 근처에 석등롱을 세워 놓았다. 석등롱은 나라를 지켜 낸 어란의 혼령을 위로함과 동시에, 바닷길을 오가는 선박을 지켜달라는 염원이 담겨 있다. 배의 안전에 필수적인 등댓불을 밝혀 어두운 밤바다를 지키게 한 것이다. 하지만 현재 석등롱은 훼손되어 없어졌고, 받침대인 헌 등대 형태로 흔적만 남아 있다.

이렇듯 호국 여성 어란은 나라가 풍전등화의 위기에 처하자 이순신에게 귀중한 정보를 제공하여 공을 세웠고, 죽어서는 어둠 속의 빛으로 다시 살아나 후세 사람들에게도 도움을 제공하고 있었던 것이다. 이런 사연이 깃든 석등롱 아래에 국립목포대학교 도서문화연구원에서는 호국 여성 어란을 기리기 위해 2012년 "어란' 여인 이야기'라는 비석을 세워 놓았다.

'어란'이 주는 현재의 무엇인가를 생각하다

나라가 어려움에 처했을 때 남성들이 의병으로 나서 나라를 구하는 일에 앞장선 사례는 많다. 하지만 여성이라 해서 나라가 어려울 때 의병에 참여하지 않았던 적은 없다. 다만 당시 상황에서 여성이 참전하여 싸우는 것이 현실적으로 쉽지 않았다. 그럼에도 호국 여성 어란은 질곡 같은 사회구조와 참혹한 전쟁이라는 최악의 상황을 뛰어넘은 자랑스러운 여성 의병의 면모를 보여주었다.

그런데 어란의 의병활동과 관련하여 사실 여부에 관한 논란이 있다. 사료와 근거가 부족하여 어란 자체를 부정하기도 한다. 그러나 어란 이야기는 잘 알려진 대로 일본인 사와무라 하치만타로(澤村八幡太郎, 1898~1988)의 유고집을 근거로 한다. '문록(文祿) 경장(慶長)의 역(役)'이라는 부제가 붙은 유고집이다.

그리고 최근 연구 성과에 따르면 '어란'이라는 지명과 일치하는 근거들이 밝혀졌다고 할 수 있다. 이러한 논의가 더 활발하게 이루어지길 기대한다.

해남 여성의병 '어란'은 '어란' 마을과 이름이 같다.

어란은 난초를 뜻한다. 사군자 중 하나인 난초는 겉은 부드럽지만 속내는 강한 외유내강의 덕목을 상징한다. 난초를 뜻하는 어란이란 이름은 그녀의 행적과 가장 잘 부합된 이름이라 할 수 있다. 적의 일급비밀을 알아내어 이순신에게 전한 여성 의병 어란은 그 이름처럼 외유내강의 모습을 지닌 여성이다. 전쟁 앞에서 여성도 호국의병으로 나선 어란을 기억하는 것은 오늘날 여성운동에도 시사점을 준다.

34

한 고을 한 가문의 일곱 충신
해남 윤씨 의병장들

흑호(黑虎)의 기운으로 시작한 임인년 봄은 어지럽다. 대선으로 요란했고, 역사 이래 가장 근소한 차이로 새 대통령이 선출되었다. 어느 때보다 국제정세가 불안하고 국내 정치가 분열되어 있으니, 화합과 번영을 기대한다. 무엇보다 지역별, 세대별 갈라치기로 갈등과 대립이 심한 대한민국을 통합과 협력의 나라가 되도록 솔선수범하는 대통령이 되었으면 한다.

허허로운 마음 달래며 나라를 위해 목숨 바친 충절의 의병장을 만나러 다시 떠난다. 한 고을 한 집안의 일곱 충신, 칠충사를 아시나?

윤신의 생애를 통해 본 해남 윤씨 일가의 창의 활동

명량해전 후 일본군의 만행이 극도에 이른 상황에서 자기 지역을 지키려는 향보의병의 항전이 치열하게 전개되었다. 병력 동원이 거의 불가능한 가운데 소규모 의병 집단이 대부분이었지만, 이들은 태어나고 자란 고향을 지키기 위해 치열하게 싸웠다. 그중에서 해남 윤씨 일가의 의병 활동은 오늘날에도 귀감이 된다.

이들의 활동은 실록 등 공식 기록에는 거의 나타나지 않아, 해남 윤씨 문중 자료에 남아 있는 기록인 『화암사지(華巖祠誌)』를 해석해서 설명해야 한다. 윤씨 일가의 다른 사람들에 비해 조금 더 기록이 많이 남아 있는 윤신(尹紳, ?~1597)의 생애를 중심으로 이들의 행적을 밝혀 보려 한다.

윤신은 지금의 강진군 도암면 지석리 부근에서 태어났다. 이곳은 대대로 해남 윤씨가 번성해 왔으며, 수많은 명사도 배출한 마을이다. 그는

만의총(전남 해남군 옥천면 성산리)

윤강, 윤약, 윤현, 윤륜과 함께 5형제 중 막내였다. 1592년 임진전쟁이 발발하여 선조가 의주로 파천했다는 소식이 전해지자, 그의 형 윤륜은 선조의 몽진을 수행했다.

　윤신은 지역에 격문을 띄워 의병을 모집했다. 그리고 가문의 재산을 털어 병기를 만들고 군량을 마련했다. 하인 수십 명과 의병 수백 명을 거느리고 일본군의 침입에 대비하기 위해 군사 훈련을 했다. 또한 윤신이 이끄는 의병들은 병치고개(지금의 해남 옥천과 강진 사이에 있는 고개)에 진지를 쌓기도 했다. 마침 1593년 선조가 한양으로 돌아오자 윤신의 형 윤륜도 고향 강진으로 돌아왔다. 병치고개의 의병들은 다시 전열을 가다듬고 의병을 보강하니 그 수가 1,000명이 넘었다.

　1597년 정유전쟁이 발발하고, 일본군은 해남 방면에서 병치고개로 진격했다. 윤신과 그의 아들 윤동철, 형 윤륜, 조카 윤치경(윤강의 아들), 군수를 지낸 윤용의 아들 윤이경과 윤익경, 윤익경의 아들 윤동로 등은 병치고개에서 이들을 맞아 선전했다. 패주하는 일본군을 맞아 해남군 옥천면 성산리에 이르렀을 때 일본군은 거의 전멸 상태였다. 하지만 뜻밖에 적의 원군이 도착했고, 의병군 또한 화살 등 무기가 바닥나 돌멩이를 던지며 싸우다가 결국 중과부적으로 거의 대부분 순절하고 말았다.

　순절한 해남 윤씨 일가의 시신을 수습한 것은 윤동철의 아내 장흥 위씨 부인이다. 위씨 부인은 결혼한 지 수개월 만에 일본군에 의해 남편과 시가 친척들을 잃어버린 것이다. 그녀는 밤을 틈타 전쟁터로 몰래 향하여, 남편과 시가 친척들의 시신을 발견했다. 하지만 여자 혼자서는 온전하게 이 시신들을 옮기는 것이 불가능했다. 일본군이 다시 올 수도 있는 상황에서 결국 어쩔 수 없이 남편과 시아버지 등 네 명의 목을 베어 머리만을 치마로 거둘 수밖에 없었다. 윤신, 윤륜, 윤치경, 윤동철의 머리는 그렇게 병치 동편으로 옮겨져 장례를 치르게 되었다.

1579년에 태어난 윤동로는 스무 살도 되지 않은 나이에 일본군과 맞서 싸웠고, 겨우 피신하여 고향으로 돌아갔다. 큰아버지 윤이경과 아버지 윤익경 등이 모두 성산 전투에서 순절한 상황이었다. 그 뒤로 윤동로는 과거 공부를 접고 무예를 닦는 데 전념했다. 이후 1636년 병자호란이 일어나 인조가 남한산성으로 파천하자, 의병을 규합하고 군량미를 조달하여 북상했다. 하지만 도중에 화의가 성립되었다는 소식에 통곡하며 북쪽을 향하여 절을 한 후 고향으로 돌아갔다.

성산 전투 후 해남 윤씨 일가의 시신과 수많은 의병의 시신을 한데 모아 큰 무덤에 합장했다. 이를 만의총(萬義塚)이라고 한다. 규모가 큰 무덤으로, 무덤 1기당 200~300명의 시신이 묻혀 있을 것으로 추정한다. 당시에는 6기가 있었는데, 농지개량 등으로 현재는 3기만 남아 있다.

칠충사로 불리는 화암사

강진군 군동면 화산리에는 화암사라는 사당이 있다. 화암사 창건은 해남 윤씨 일가의 후손 및 유림들이 정유전쟁 때 성산 전투에서 장렬하게 순절한 선조들의 업적을 기리기 위해 이루어졌다. 1811년, 후손 및 유림들은 윤신, 윤동철, 윤치경, 윤이경, 윤익경 등 5명의 충신을 기리기 위해 동네에 붉은 문을 세워 충신·효자·열녀 등을 표창하는 '정려'를 내려 달라고 요청했다.

이후 1823년에 유림이 통문을 돌려 사당 건립을 거듭 요청하여 태학에서 조정에 건의하여 화암사를 건립한 것이다.

하지만 화암사는 1871년 흥선대원군의 서원 철폐령으로 사라지고 말았다. 지역 유림들은 묻힐 위기에 있는 역사적 사실을 기록으로나마 남

해남 윤씨 칠충비와 장흥 위씨 행적비

기기 위해, 1926년 『화암사기』를 펴내 해남 윤씨 일가 충신들의 업적을 알렸다. 이후 후손들은 1975년에 화암사를 재건하고, 1987년부터는 윤륜과 윤동로의 위(位)를 추가하여 현재 모습을 갖추었다.

원래 이름은 지역명을 따 화암사지만, 일곱 명의 충신이 배향됐다고 해서 칠충사라는 이름으로 더 많이 불린다. 대개 문중에서 한 사람의 충신만 나와도 이름난 가문으로 추앙받는데, 한 가문에서 일곱 명의 충신이 나온 것은 해남 윤씨 일가에는 분명 자랑스러운 일이다. 이렇듯 해남 윤씨의 의병 활동은 오늘날까지 기억되고 있다.

일문칠충. 화산재와 화암사. 그래서 칠충사라 불린다. 허나, 현대인들은 모르고 지나친다. 허허로운 마음에 괜한 안타까움까지 더한다. 이름 없는 의병장들이 아니라 그들을 추모하는 사당과 기록이 남아 있음에도 관심을 두지 않은 우리 잘못이 크다. 역사교육과 지역사교육이 제대로 이루어져야 하는 이유다.

35

임진전쟁에 종지부를 찍은
최강

남도 임진의병들을 찾아 나서는 길은 어느 때보다 의미와 가치를 찾는 활동이다. 남도 의병들은 나라의 위기에 목숨을 초개같이 여기며 전쟁에 참여하거나 군량미를 제공하는 등 다양한 형태로 의병활동을 했다. 특히 가족의 참여는 현대인에게 많은 시사점을 준다. 부부, 형제, 집안사람들이 기꺼이 국난 앞에서 정의롭고 당당하게 의병활동을 전개하는 모습을 보면서 다시금 민족정기를 되새긴다.

조선 수군의 상징, 완도 가리포진

완도 가리포진(加里浦鎭)은 1521년 완도읍 군내리에 설치된 수군진이다. 이곳은 임진전쟁 때 전라우수영의 6개 만호진(회령포, 마도, 이진, 어란, 금갑, 남도포)을 관장하기도 했다. 정걸, 이억기, 이순신, 이영남, 최강 등 임진전쟁 당시 목숨 걸고 조선의 바다를 지킨 수군 장수들이 모두 가리포 첨사를 거쳐 갔다. 그만큼 가리포는 조선 수군의 혼이 담긴 역사적인 공간이다.

완도읍 가리포진성 터 바로 뒤의 남망산 봉수대는 임진전쟁 당시 남해안을 순시 중이던 이순신 장군이 다녀간 곳이다. 그때 장군은 남망산 봉수대에 올라 드넓게 펼쳐진 앞바다를 가리키며 "참으로 이곳은 한 도의 요충지이다."라고 했는데 이 말이 『난중일기』에 남겨져 있다.

가리포진 객사는 지금도 온전하게 보존되어 완도에서 가장 오래된 건축물로 남아 있다. 이중처마를 지닌 전형적인 한국의 단층 건물로, 수군진 유적 객사로는 유일하게 현존하는 건물로 꼽힌다. 가리포진 객사는

완도 객사(전남 완도군 완도읍)

일명 '청해관'으로도 불리는데, 객사 현판인 '청해관(淸海館)'은 당시 완도 신지도에 유배 온 원교 이광사의 글씨다.

이곳 가리포에는 임진전쟁에 종지부를 찍었다고 평가받는 최강(崔堈, 1559~1614) 의병장의 행적이 남아 있다. 그는 어떤 인물일까?

의병 활동의 공을 인정받아 가리포 첨사가 되다

최강은 1559년(명종 14) 고성에서 태어났다. 1584년 무과에 급제한 뒤, 임진전쟁이 일어나자 형 최균과 고성에서 의병을 일으켰다. 이후 김시민과 제1차 진주성 전투에서 공을 세웠고, 1593년에는 김해에서 웅천에 침입하려는 일본군을 길목인 고개에서 격퇴하기도 했다. 특히 이 전투는 최강 의병장을 필두로 우측에는 고성의 의병장 이달, 좌측에는 함안의 안신갑이 많은 의병과 함께 싸워 대승을 거두었다. 이후 전투가 벌어졌던 고개는 백성들을 편안하게 지낼 수 있게 했다 하여 '안민(安民)'이라는 지명이 내려졌다. 이 전투는 후에 임진전쟁 육전(陸戰) 승리사에서 유명한 안민령 전투로 명명되었다고 한다. 1594년에도 김덕령 의병장의 별장으로 고성에서 일본군과 싸우는 등, 여러 활약을 했다.

최강은 임진전쟁 후 공을 인정받아 59대 가리포 첨사로 임명받았다. 왜란 직후 전과 같은 큰 전쟁은 대부분 마무리되었지만, 당시 완도 등 한반도 연안 지역에서는 왜구들이 출몰하여 해안을 침탈하는 일이 빈번

의숙공 최강 장군 가리포 해전 대첩비

최강 의병장의 행적을 새긴 비문(전남 완도군 완도읍)

했다.

1605년 6월 남망산 봉수대에서, 여서도 쪽에서 가리포로 30여 척의 왜적선이 오고 있다는 연락이 왔다. 최강 첨사는 군사를 매복시키고 석장포로 유인하여 지형적 이점을 살려 화공법으로 적을 격멸했다. 30여 척의 배 중 겨우 3척만 탈출하여 도망갔지만, 최강 첨사는 이 3척마저 석장리에서 추자도까지 추격하여 한 척도 남기지 않고 전멸시켰다. 이 전투에서 우리 측 병력은 한 사람도 희생되지 않았다고 한다.

가리포 해전 승리 소식이 알려지면서, 조정에서는 크게 상을 내려 최강 첨사를 경상 수사로 임명하기도 했다. 그 후 최강 첨사는 충청 수사를 거쳐 포도대장까지 추천되었으나, 본인이 사양하고 고향 고성에서 생을 마감했다. 고성에서 최강 첨사가 사망했다는 전갈을 받은 가리포 유지들은 은혜를 갚기 위해 고성까지 찾아가 3년 상을 치르고 돌아왔다고 전해진다.

최강 첨사가 가리포에서 왜구를 물리친 후 왜구의 침탈이 없었던 것으로 보아, 이 전투로 왜란이 최종 마무리됐다고 역사학자들은 평가한다.

청정 바다를 끼고 완도읍에서 화홍포항(보길도 가는 배 타는 곳)으로 가다 보면 가리포항에 최강 의병장 대첩비가 서 있다. 많은 관광객이 지나가는 길이지만 최강 의병장의 대첩비를 무심히 지나간다. 모르니 기억하지 않고, 아무런 느낌 없이 세월은 흘러간다.

6부

함평, 영광, 장성

36

『화차도설』을 쓴 국방과학의 선구자
변이중

추운 날씨가 풀려 봄기운을 느낄 정도의 겨울이다. 하늘은 청명하고 불어오는 바람이 봄을 재촉하는 날, 장성의 의병을 만나러 간다. 국도 1호선이 지나가는 장성은 새로운 도로들이 들어서서 찾아가는 길이 쉽지 않다. 추수가 끝난 남도 들녘을 지나 장성을 찾아가는 길은 마음이 단단해진다. 남도의 학자들을 많이 배출한 지역이기에 더욱 그렇다.

흔히 장성을 이야기할 때 '문불여 장성(文不如 長城)'이라는 말이 나온다. "문장으로는 장성만 한 곳이 없다."라는 뜻이다. "장성에 가서 글 자랑하지 말라!"라는 말과 일맥상통한다. 이 때문인지 장성은 흔히 문인의 고장, '문향(文鄕)'이라고 불리기도 한다. 문향이라는 이름에 걸맞게 장성에는 여러 서원과 사당이 남아 있다. 우선 필암서원이 유명하다. 하서 김인후 선생을 모신 곳으로, 유네스코 세계문화유산이다. 또한 조선의 마지막 유학자로 평가받는 노사 기정진 선생을 모신 고산서원도 있다. 이 외에도 가산서원, 모암서원, 만곡사 등이 있다.

국방과학의 선구자, 화차를 개발하여 임진전쟁에 기여한 변이중 의병장을 만나러 가보자.

장성 봉암서원의 변이중 행적

장성 봉암서원(鳳巖書院)은 변이중(邊以中, 1546~1611)의 학행과 덕행을 기리고 후진을 양성하기 위해 1697년에 세워졌다. 하지만 흥선대원군의 서원철폐령으로 폐쇄된 후, 1984년에 복원했다. 봉암서원은 변이중 외에

봉암서원(전남 장성군 장성읍)

도 변경윤·윤진·변휴·변윤중을 추가하여 현재 다섯 사람의 위패를 배향
하고 있다. 몇백 년간 서원에 배향되었을 정도의 인물 변이중은 어떤 행
적이 있었을까?

'화차'로 행주대첩 승리 이끈 조선의 '선비 과학자'

　변이중은 장성군 장암마을에서 태어났다. 호는 망암(望庵). 우계 성혼
과 율곡 이이 문하에서 글을 배웠다. 특히 변이중이 이이를 찾아 배움을
청할 때 몇 마디 말을 주고받은 이이는 그를 극구 칭찬하면서 "요즈음
망암을 따를 만한 선비가 없겠다."라고도 했다. 변이중은 1573년 문과에
급제했고, 이후 사헌부 감찰, 공조좌랑, 성균관 전적, 황해도 도사, 풍기
군수, 함안군수 등을 역임했다.
　변이중이 풍기군수로 있을 때의 일화가 있다. 송사를 일으킨 사람이
권세가와 결탁하여 수십 년 동안 판결하지 못하고 있던 일이 있었다. 하
지만 변이중이 부임하던 날 바로 법에 따라 결정을 내려버렸다. 이를 알
게 된 관찰사가 수차례 부탁했지만 변이중은 끝까지 온정에 휩쓸리지 않
고 판결을 관철시켰다는 이야기가 전한다.
　1592년에 임진전쟁이 발발하자 변이중은 선조를 의주까지 호종했고,
200필의 말을 마련해 선조의 파천을 도왔다. 또한 그는 선조에게 세 차
례에 걸쳐 임진전쟁 평정 계책을 상소하기도 했다. 이런 모습을 지켜본
선조는 특명으로 변이중을 전라도 소모어사(召募御使)로 임명하여 군량미

복원한 변이중 화차

와 의병을 모집하는 역할을 하게 했다.

특히 변이중은 전라도에 소모사로 내려와 있던 4개월이 채 안 되는 짧은 기간에 300량의 화차를 제작했는데, 이중 40량을 바닷길을 이용하여 행주산성의 권율 장군에게 보내기도 했다. 변이중 화차의 특징은 문종화차(文宗火車, 1451년 문종이 창안)를 개량하여 신기전이나 사전총통 대신 승자총통을 장착해 화력과 살상력을 높이고 군사를 보호하기 위한 방호벽을 설치한 것이다. 또 문종화차는 한 방향으로만 발사할 수 있는데 비해 전면과 좌·우 3면에 승자총통을 장착했는데, 이는 실전에서 승리를 거두게 한 중요한 요인이다. 그가 『총통화전도설』과 『화차도설』에 의거하여 화차를 제조한 공로는 우리나라 과학사에서 커다란 업적이다.

변이중의 사촌 동생 변윤중의 의병 활동

변이중이 임진전쟁 당시 300량의 화차를 제작할 수 있었던 것은 장성의 만석꾼이었던 사촌 동생 변윤중(邊允中, ?~1597)의 전폭적인 지원 덕분이다. 변윤중 또한 의병 활동을 하며 일본군에 대항했다.

정유전쟁이 일어나자 변윤중은 하인들과 장정 200여 명과 함께 장성현 장안리에서 일본군에 맞서 싸웠다. 며칠 간의 전투에서 일본군 수십 명을 사살했지만, 1만 명의 일본군을 감당하기에는 역부족이었다.

장정들을 잃은 변윤중이 피를 흘리며 돌아오자 마을 노인들은 빨리 몸을 피하라고 했다. 그러나 그는 도망가는 것을 수치로 여기고 마지막

황주 변씨 삼강정려각

싸움터였던 부엉이바위로 올라가 "나만 홀로 사는 것은 도리가 아니다."
라며 황룡강에 몸을 던져 순절했다. 그의 아내 함풍 성씨도 "남편도 죽
었는데 나 혼자 살아서 무엇하랴."라며 남편이 몸을 던진 바로 그 자리
에서 강물로 뛰어들어 죽었다.

이 소식을 듣고 변윤중의 아들 변형윤과 며느리 장성 서씨가 부엉이
바위로 가니 부모의 시신이 나란히 떠 있었다. 이에 변형윤도 부모 뒤를
따르려 하자, 장성 서씨는 "당신은 이 집안의 외아들인데 당신이 죽으면
후손이 끊어질 것이니 내가 당신 대신 목숨을 바치겠소."라며 말리고는
자신도 시부모를 따라 강물에 몸을 던졌다.

이후 1892년, 고종은 임진전쟁 때 순절한 충신·열사들을 찾아내어 표
창하도록 했다. 당시 전라감사 조종필이 변윤중을 충신으로, 부인 함풍
성씨를 열녀로, 며느리 장성 서씨를 효부로 포상을 올렸다. 이에 조정에
서는 변윤중을 이조참의로 증직하고 그의 부인과 며느리에게도 정려를
내렸다. 지금도 봉암서원 근처에 이들을 기리는 삼강정려각이 있다.

장성 장암마을에 들어서면 아늑하고 편안함을 느끼게 된다. 뒷산이
병풍처럼 바람을 막고 앞쪽은 논들이 있어 일찍이 사람이 살기 좋은 곳
임을 풍수를 모르더라도 알 수 있는 곳이다. 입구에 변이중유물기념관
인 시징당(是懲堂)이 있고, 봉암서원은 누구나 안아줄 수 있는 단아함과
여유로움이 묻어난다. 다행히 후손들이 관리를 잘하고 있어 다른 서원보
다는 안정감이 느껴진다.

변이중과 그 집안 사람들은 정묘호란에도 의병으로 나선다. 그들의 의로운 죽음을 종앙사에 배향하고 그들의 정신을 기리고 있다. 삼강정려각의 내력에서 전쟁에 패한 후 황룡강에 목숨을 던진 변윤중 부부와 며느리의 이야기를 접하면 옷깃을 여미게 된다.

정말 잊지 말아야 할 것들이다. 저 유유히 흐르는 황룡강은 우리에게 무엇을 말할까. 나라 사랑과 의병정신을 다시 새겨볼 일이다.

34

호랑이 정신의 기치로 정예의병 양성한 심우신

흰 소를 의미하는 신축년의 12월 끝자락, 한 해 내내 코로나로 어수선하며 끝을 알 수 없는 위기의 시대. 젠더 갈등과 세대 갈등마저 더욱 심해지고 있다. 환경오염으로 말미암은 온난화의 여러 징후는 기후위기의 심각성을 경고한다. 그 사이 바이러스는 변이를 거듭하며 인간을 공격하고 있다. 힘과 지혜를 모을 때다.

풍전등화. 기울어진 나라를 구하기 위해 의연하게 나선 임진의병의 삶에서 현재의 혼란을 바로잡을 수 있는 실마리를 되새겨 볼 일이다. 흑호랑이 해 임인년을 맞이하는 세밑에 표의장 심우신 의병장을 만나러 간다.

호남의병의 얼이 자리하고 있는 상무대

전남 장성군 삼서면에는 육군 관련 최대 군사 교육 시설인 상무대가 있다. 보병학교 중에서는 규모가 가장 큰 시설로, 육군 외에도 여러 부대의 교육을 담당하는 전투장병 양성의 요람이다. 하지만 이 장소가 400여 년 전 의병 수천 명이 일본군과 싸우기 위해 땀 흘리며 훈련했던 곳임을 기억하는 사람은 거의 없다.

이러한 의병들을 모아 훈련시킨 인물이 심우신(沈友信, 1544~1593) 의병장이다. 그는 의병을 모집하면서 '표의(彪義, 호랑이 정신)'라는 기치를 높이 들며 일본군과 싸웠다. 이 이름에 걸맞게 심우신이 이끄는 의병부대는 용맹함으로 유명했다.

의병장 심우신은 어느 지역과 깊은 연관이 있을까? 그의 행적을 보는

표의사(전남 장성군 삼서면)

관점에 따라 다를 것이다. 심우신은 경기도 김포에서 태어났지만 의병은 영광에서 일으켰다. 무관으로서 여러 지역에서 근무했고, 생애는 진주 성에서 마감했다. 그를 모시는 사당과 묘는 장성에 있다. 이처럼 여러 지역에서 심우신의 활동이 드러나지만, 이 글에서는 '영광' 의병장 심우신을 조명하려 한다. 호남 의병들의 행적을 기록한 『호남절의록』에서 심우신을 영광 의병으로 분류하며, 심우신이 처음 의병을 모집하고 일으킨 지역이 영광이기 때문이다.

무관 경험으로 정예 의병을 양성하다

심우신은 1544년(중종 39) 김포에서 태어났다. 어렸을 때는 과거시험 준비를 위해 독서에 몰두했는데, 이 때문에 운동 부족으로 건강을 해쳐 소화불량과 소갈증이 생겼다. 의원은 운동 처방으로 활쏘기를 권했다. 탁월한 소질을 보여 마을 활쏘기 대회에 참가할 때마다 백발백중의 솜씨를 발휘했다. 이러한 모습을 본 한성부판윤 신립은 심우신에게 "그대의 지병인 소화불량을 지니고는 학문에 정진하기 어렵고, 학문을 닦은들 허사가 될 수 있다. 오히려 그대의 숨은 재주인 무예를 닦으면 건강에도 좋고 국가로서는 인재를 얻게 되는 것이다."라고 했다. 그 결과 심우신은 24세 되던 1567년 무과에 급제했다. 이후 선전관과 옹진 현령 등을 거쳐 군기시첨정 등의 관직을 맡으며 무관으로 근무했다.

표의사묘정비

1591년 어머니가 사망하자 심우신은 관직을 사임했고, 상을 치르며 고향에 은거해 있던 중 임진전쟁을 맞게 되었다. 명장 신립이 '충주 탄금대에서 패배했고, 한양 사수를 위해 도원수로 임명된 김명원은 선조에게 장계를 올렸다. "심우신은 무관으로서 경험이 뛰어나니, 모친상 중이라도 군 종사관으로 임명하기를 청한다."는 것이었다. 심우신은 여러 차례 사양했지만 어쩔 수 없이 어머니 영전에 고별인사를 올리고 군복 차림으로 부임했다.

심우신은 이렇게 선조를 도왔지만, 선조가 의주로 파천하게 되어 어쩔 수 없이 식솔들과 함께 서해의 해로를 이용하여 처가가 있는 영광에 정착했다. 심우신은 당시 부호였던 장인 임제의 도움을 받아 영광에서 의병을 일으키기 위해 동지를 규합했다. 그는 의병을 일으키는 자리에서 "세상에 태어나 무과에 급제하던 날, 이미 목숨을 나라에 바치기로 결심했다. 하물며 모친상 중에도 기용된 바에 어찌 농촌에 엎드려 안일하게 내 몸이나 처자만 돌볼 수 있겠는가."라며 여러 사람에게 합류할 것을 권했다.

이로 인해 수천 명의 의병부대가 만들어졌고, 심우신은 '호랑이 정신'을 뜻하는 '표의'라는 군기를 만들고 의병장이 되었다. 처남 임두춘도 부장으로 참전했고, 최인·박언준과 김보원 등도 뜻을 함께했다. 심우신은 지금의 상무대 자리인 장성군 삼서면 학성리 장천마을 앞 광장을 연병장으로 하여 몸소 지휘관이 되어 군율에 따라 의병들을 엄격하게 훈련시켰다.

심우신은 이렇게 훈련시킨 정예 의병을 거느리고 한양 수복을 위해 북상했다. 도중에 청주와 황간 등지에서 일본군을 만나 전투를 벌여 승리했다. 12월에는 수원 독성산성에 들어가 연합전선을 펴고 수비했는데, 한양에 주둔하던 일본군이 몇 차례나 공격해 왔다. 이때 심우신은 기습작전으로 일본군을 제압했는데, 정예 의병부대로 인해 두려움에 빠진 일본군은 독성산성에서 물러났다.

창의사 김천일과 진주성에서 순절하다

심우신이 이끄는 의병부대는 북상하여 한양 탈환을 위해 한강 하류 양화진에서 창의사 김천일 의병장을 만났다. 김천일은 심우신의 의병부대가 정예 군사 못지않게 군율이 있고, 그의 위국충정에 감격하여 생사를 같이할 것을 맹세했다. 심우신과 김천일, 그리고 행주를 수비하는 권율은 힘을 합쳐 일본군을 압박해 갔다. 이를 견디다 못한 일본군은 결국 한양을 포기하고 퇴각했다.

이후 김천일은 의병을 이끌고 남쪽으로 내려가 진주성 수비에 나섰다. 일본군은 1차 진주성 전투에서의 패배를 설욕하기 위해 대규모 병력을 동원했다. 심우신은 김천일과의 의리를 생각하며 진주성으로 내려갔다. 이러한 행동이 무모하다고 반대하는 사람도 있었다. 그러나 심우신은 "이미 김천일 장군과 더불어 같이 죽기로 약속했으니, 어찌 구차스럽게 위기를 면하고자 도망할 것인가?"라고 했다.

본군 10만 대군이 진주성을 겹겹이 포위하여 공격함에 따라 심우신은 진주성 동문 수비를 담당하며 결사항전을 벌였다. 하지만 지원군의 보급이 끊기고 중과부적으로 진주성은 고립되고 말았다. 동문에서 혈전을 벌이던 심우신은 대세가 기울어졌음을 느끼고 촉석루 본영으로 달려가 김천일·최경회 등과 "죽어 원귀가 되어서라도 적을 섬멸하자."라고 말했다. 그러면서 "나는 무인이니 헛되이 죽을 수 없다. 끝까지 싸우다 죽겠노라."라며 다시 동문으로 뛰어가 끝까지 항전했다. 하지만 화살이 떨어지고 활이 끊어지자 남강에 투신하여 50세의 나이로 순절했다.

심우신이 영광에서 의병을 모집할 때부터 함께했던 여러 사람들도 그와 함께 진주성에서 순절했다. 심우신의 처남이자 부장을 맡은 임두춘, 모병관 역할을 한 최인, 무예가 출중하다고 전해지는 박언준과 김보원 등도 진주성에서 장렬하게 전사했다.

임진전쟁 후 의병장 심우신의 충절과 의열정신은 높이 평가되어 장례

심우신을 배향한 표의사(전남 장성군 삼서면)

원 판결사에 추증되었다가 병조참판이 가증(加贈)되었다. 고경명, 김천일, 곽재우 등의 의병장들과 나란히 선무원종 1등 공신에 책록되었다.

심우신의 행적을 기리는 표의사가 1990년 9월 21일 장성군 삼서면 유평리 부귀동 마을에 건립되었다. 원래 학성리 장천마을에 있다가 훼철된 장천사를 다시 세운 것이다.

표의사 찾아가는 길은 쉽지 않다. 안내판이 제대로 되어있지 않아 농로를 따라 들어가니 겨우 승용차가 지나갈 정도다. 겨울이라 마을 주민이 보이지 않았고, 내비게이션도 제대로 안내하지 않아 주변을 헤매기도 했다. 표의사는 문이 굳게 닫혀 있고, 녹슨 자물쇠가 외롭고 쓸쓸함을 느끼게 한다. 탐방객이 많아 문이 활짝 열려 있고, 안내자료들이 배치되어 목숨 바쳐 지킨 의병장들을 기억했으면 싶다.

돌아오는 길에 입구가 북쪽에 있는 것을 알았다. 답사객이 잘 찾을 수 있도록 표지판이 잘 보이게 세워야 한다. 지역 문화재, 사우 등 역사 관련 건물들을 잘 정비하고 관리하는 일이 중요함을 강조한다. 상세한 지역 안내도도 잘 만들어 탐방객들에게 제공했으면 싶다.

임인년 새해. 표의장 심우신 의병장의 정신을 기억하고 계승하여 호랑이 정신으로 민족정기 정립에 용맹정진했으면 한다. 호시호행(虎視虎行). 대전환 시대에 새겨야 할 말이다.

38

남문 창의를 주도한
김경수

장성은 호남의 여러 고장 중에서도 유독 '의향'이라는 수식어가 많이 붙는다. 의향은 '의로운 고장'이라는 뜻이 있다. 이는 하서 김인후를 비롯한 여러 유학자의 행적, 한말 항일의병 전쟁에서 보여주는 모습 등에서 찾을 수 있지만, 임진전쟁에서 최대 규모로 의병이 일어난 남문 창의를 빼놓을 수 없다.

남문 창의는 세 차례에 걸쳐 일어난 체계적이고 조직적인 의병 활동이었다. 이러한 활동은 임진의병사에서 매우 드문 일이다. 그만큼 장성은 의향이라는 것을 알게 하는 반증이라 할 수 있다.

이러한 남문 창의를 이끈 김경수 의병장은 어떤 인물일까?

세 차례에 걸친 남문 창의를 이끌다

김경수(金景壽, 1543~1621)는 장성 북일면에서 태어났다. 호는 오천(鰲川). 하서 김인후 밑에서 학문을 배웠다. 나이가 들고 학문이 깊어지면서 기효간(奇孝諫)·정운룡(鄭雲龍)·변이중(邊以中)과 함께 '오산 4강단'이라 불리기도 했다. 이후 정철의 천거로 예조좌랑에 임명되었으나, 정철이 세자 건저(建儲, 왕의 자리를 계승할 왕세자를 정하던 일) 사건으로 유배되자 조정에 나가지 않고 세상과 인연을 끊으며 강학에만 전념했다.

임진전쟁이 일어나자 고경명의 의병 창의 소식을 듣고 전투에 필요한 여러 물자를 보내 협조했다. 하지만 고경명의 연합 의병이 금산에서 패했다는 소식을 접하고, 김경수는 분개하여 1592년 7월 18일에 사촌 동생 김신남(金信男), 두 아들 김극후(金克厚)·김극순(金克純)과 기효간, 윤진(尹

오산창의사(전남 장성군 북이면)

參) 등과 함께 장성 남문에 의병청을 설치했다. 이것이 제1차 남문 창의이다.

김경수는 의병을 모으는 격문을 썼는데, 이 격문은 지금도 여러 사람의 심금을 울리는 명문으로 꼽힌다.

아! 이 못난 늙은이가 삼가 뜻있는 선비들에게 고하노라. 지팡이를 의지하여 북녘 하늘을 우러르니 슬프도다. 거리마다 격양가 드높은 태평성대를 200년이나 누렸음은 모두가 성조의 덕화일지니 천만세가 지난들 어찌 국운을 잊을손가. 불행히도 나라의 운수가 기울어 섬나라 오랑캐들이 조선을 침노하니 강산은 초토화되고 백성은 짓밟히고 있어 참으로 통탄할 일이로다. 삼군(三軍)은 눈물을 흘리며 죽음을 무릅쓰고 충절을 다하고 있거니와 천리 밖 의주의 조정에서는 우리의 혈기를 간절히 바라고 있도다. 아아, 호남의 오십 주군(州郡)에 어찌 의기 있는 남아가 없으리오? 지사들이여, 모두 일어나 의로운 칼을 들어 나라를 구하고 임금의 은혜에 보답할지어다. 내 비록 몸은 늙었으나 말에 오르니 힘이 솟고 분한 마음에 적개심이 불타오른다. 각 고을의 선비 호걸들이여, 장성현 남문 의병청에 모이시라. 우리와 우리 장정들이 구국의 기치를 높이 들고 진격하면 뒤따르는 자 구름같이 모일 것이요, 군량은 산더미처럼 거두어지리라. 우리 모두 통분의 눈물을 뿌리며 죽음으로서 나아갈진대 반드시 대첩을 거두리라.

남도 임진의병의 기억을 걷다

왜적을 섬멸하여 창해에 칼을 씻고 한성을 수복하는 공을 세워 국은에 보답하고 청사에 길이 공훈을 새길진저!

이러한 격문의 효과로 4개월 만에 1,650여 명의 의병과 496석의 군량미를 모았다. 김경수는 남문 창의의 맹주가 되어 전투에 참전해 직산과 진성, 용인 등지에서 일본군을 사살하는 전과를 올렸다.

2차 남문 창의는 임진전쟁이 발발한 이듬해인 1593년 5월에 일어났다. 김경수가 다시 장성 남문에 의병청을 열어 의병과 군량미를 모집했다. 4일 만에 의병 830여 명과 군량미 692석이 모아졌다. 장성 현감을 맡고 있는 이귀도 관군 40명을 선발하고 읍병 300명을 조련하는 등, 의병을 직접 지원하기도 했다.

김경수는 자신이 늙고 병들어 싸움에 나갈 수 없게 되자 아들 김극후와 김극순을 불러 의병을 이끌고 경상도에 가서 일본군과 싸우라고 했다. 이에 아들들은 고경명의 아들인 복수 의병장 고종후의 의병과 합류하여 제2차 진주성 전투에서 장렬하게 순절했다.

진주성이 함락되고 두 아들이 전사했다는 소식을 들은 김경수는 "내 비록 너희들이 살아오기를 바랐으나, 할 일을 다 하고 떳떳이 죽었으니 젊음이 아깝지 않도다. 외롭지 않게 순절했으니 반드시 뜻을 같이할 사람이 있으리라."라고 했다.

3차 남문 창의는 정유전쟁 때 일어났다. 1597년 남원성이 함락되자 김경수는 사촌동생 김신남과 의병 200여 명을 모아 전주와 여산을 거쳐 경기도 안성까지 진격하며 일본군과 싸웠다. 많은 백성을 구해내는 전과를 올렸다. 하지만 아군의 피해도 상당해서 전력이 약해진 장성 의병은 다시 장성으로 돌아와 의병을 해산했다.

임진전쟁과 정유전쟁이 끝나자 조정에서는 김경수에게 군자감정, 의금부사 등을 제수했으나 노령을 이유로 거절했다. 또한 조정에서 여러 차례 쌀과 고기 그리고 솜 등을 하사했으나 어려운 친족이나 이웃에게 나누어 주었다. 만년에는 오산 송천리에 큰 집을 짓고, 논밭을 일구어 어려운 친척과 벗 가운데 곤궁하여 의지할 곳이 없는 사람들을 돌보다

남문창의비(전남 장성군 북이면)

가 78세에 세상을 떠났다.

오산창의사에서 사민평등의 정신을 새기다

오산창의사(鰲山倡義祠)는 임진전쟁과 정유전쟁 때 장성 남문에서 의병청을 세우고 오천 김경수를 맹주로 의병과 군량을 모집해 세 차례나 의병활동을 폈던 선열들을 추모하기 위해 1794년 창건된 사우다. 대원군의 전국적인 서원철폐로 1868년 문을 닫았으나 1934년에 다시 세워져 현재에 이른다. 오산창의사의 역사적 의미와 학술적 가치는 매우 높다. 이곳에는 당시 의병활동에 나섰던 선비, 관군, 승려뿐 아니라 노비까지 총 72명이 배향돼 있어 사농공상의 신분 제도가 엄연히 존재하던 당시 사민평등의 이상을 실현한 신성한 장소로서 귀중한 가치를 지닌다. 비록 계급사회였지만 국난 앞에서 선비와 관군이 아닌 노비까지 죽음을 다해 충절을 지킨 것은 민족정기의 토대다. 이처럼 계급과 차별이 없어진 민주주의의 원류를 이들의 정신에서 찾을 수 있다 하겠다.

그리고 이름 없이 죽어간 의병들을 추모하기 위해 사우와 비문을 세우고 기억하는 것에서 의향(義鄕) 남도의 기백을 확인할 수 있다. 남도의 병들의 정신과 삶의 태도는 이 시대를 살아가는 우리에게 등불이자 내비게이션이다.

39

불타버린 함평향교를 재건한
노경덕

남도가 자랑하는 소리꾼 임방울이 판소리를 시작하기 전에 자주 불렀다는 단가 「호남가」는 '함평천지 늙은 몸이'로 시작한다. 18세기 후반 전라도 관찰사를 지낸 이서구가 호남 각 고을 이름을 넣어 지었다는 이 노래에서 함평을 굳이 첫머리에 올린 이유는 '두루 미쳐 충만함'을 뜻하는 '함(咸)'과 고르고 화평한 상태를 뜻하는 평(平)'이 노래 첫머리로 올리기에 적당했기 때문이었을 것이다.

「호남가」를 꺼낸 것은 함평을 설명하기 위해서다. 실제로 함평은 갯벌이 많은 바다를 끼고 있으면서도 땅이 넓고 기름지기에 지명에 담긴 뜻처럼 예부터 모든 것이 부족함이 없고 두루 화평했던 땅이었다. 그러나 풍요롭고 기름진 들판을 지니고 있던 대부분의 지역이 그랬듯이 지배층의 수탈 또한 집요했기에 불타오르는 저항정신이 강했던 곳이다. 조선 말기 세도정치 시기에는 민란이 크게 발생했고, 동학농민혁명에는 많은 함평 사람이 농민군에 참여했다.

이러한 저항정신은 현대에까지 면면히 이어져, 한국전쟁 때는 '함평 양민 학살사건'이라는 큰 불행을 겪어야 했다. 근대화 과정에서는 '함평 고구마 사건'을 일으켜 민심을 무시하는 권력에 경종을 울리기도 했다.

이처럼 함평은 저항정신과 자주정신이 강했던 곳으로 설명할 수 있다. 그러면 함평정신은 어떻게 이어져 내려왔을까.

임진전쟁에서 관군이 일방적인 패배를 면치 못하고 있을 때 의병은 왜군과 처절한 항전을 전개함으로써 매우 불리한 전황을 극복하는 계기를 만들었다. 임진의병의 전통은 이후 정유전쟁, 병자호란 그리고 을사늑약과 대한제국 군대 해산 후에는 처절한 독립전쟁을 수행하는 원동력이

함평향교(전남 함평군 대동면)

되었다.

이번에는 함평의 임진의병을 찾아 나서보자.

현재 남도의 역사와 문화를 이해하고 남도의 정신을 구현하기 위한 '남도민주평화길'의 연수를 운영하고 있다. 함평의 의병과 독립인물을 찾아 답사와 탐방을 하면서 만난 인물이 노경덕 의병장이다.

함평향교의 내력에서 기구한 역사를 보다

함평군 대동면에는 함평향교가 있다. 1985년 전라남도 유형문화재로 지정된 함평향교는 조선시대에 함평 지방민의 유학 교육과 교화를 담당했던 중요한 공간이다. 일반적으로 향교의 건물배치는 평지일 경우 제사 공간이 배움의 공간 앞에 오는 전묘후학 형식을 따르며, 경사지일 경우 배움의 공간이 앞에 오는 전학후묘 형식을 따른다. 함평향교는 전묘후학의 흔치 않은 예다.

함평향교가 지어진 연대는 기록에 나와 있지 않아 확실히는 알 수 없다. 하지만 여러 기록에 정유재란으로 불타 없어진 것을 당시 유림이자 의병장 노경덕이 재건했다고 나온다.

불타버린 향교는 1599년 초가로 다시 세워졌다. 하지만 자리도 불편하고 규모도 보잘것없었다. 1625년에는 현감 박정청이 중건하려 했으나, 얼마 되지 않아 정묘호란이 발발하여 이루지 못했다. 이후 1631년 현감 박일성이 함평의 유림과 협의하여 대성전과 명륜당을 완공하여 향교의 규모를 갖추는데, 이것이 오늘날 남아있는 함평향교다. 안타깝게도 1816년 화재로 대성전 일부와 명륜당이 불에 타 다시 지었고, 현재의 건물은 1967년에 세운 것이다.

이렇듯 함평향교는 여러 차례 불에 타고 장소도 옮겨지는 등 다사다난한 역사가 있다. 이러한 함평향교를 처음 재건한 노경덕 의병장은 과연 어떤 인물일까?

노경덕, 수성장으로 함평을 지키다

노경덕(盧憬德, 1562~1612)의 호는 영보(潁甫)다. 할아버지는 동래부사였던 노사종(盧嗣宗)이고, 아버지는 참봉을 지낸 노언명(盧彦明)이다. 어렸을 때부터 문장이 뛰어나고 충효 정신이 투철하기로 소문이 자자했다고 한다.

1597년 정유재란이 일어나자 노경덕은 "국가가 무사할 때 벼슬을 탐내어 부모를 잊는 것은 옳은 일이 아니며, 사직이 위태로울 때 삶을 탐내어 임금을 버림 또한 옳은 일이 아니다."라며 의병을 모아 함평성으로 들어갔다.

당시 함평현감 이극성(李克誠)은 이러한 노경덕의 모습을 감명 깊게 보았다. 이후 이극성은 수천 명의 의병을 이끌고 경상도로 떠나면서 노경덕의 충정을 인정하여 그에게 함평성을 지키는 수성장을 맡겼다.

노경덕은 함평성에 속해 있는 기산산성을 지키며 무기와 군량을 모으고 성을 방비하는 데 힘을 기울이던 중, 팔양치(八良峙)의 관군과 의병들이 식량이 끊겨 매우 위급한 상태에 있다는 소식을 접했다. 이에 노경덕은 한 치의 망설임도 없이 수성장을 김전재에게 맡기고 아들 노원명, 노원치, 노원발과 집안의 종 수십 명과 함께 팔양치로 군량을 운반했다. 또한 그들 군사와 합세하여 여러 차례 전투에서 이겨 곤경에서 벗어나게 했다.

하지만 전투가 끝나고 노경덕이 함평으로 돌아와 보니 함평성 전체가 적에게 함락되어 처참한 모습이었다. 수성장 김전재도 사망했고, 기산산성은 폐허가 된 것이다. 노경덕은 고향 함평을 재건하기 위해 많은 노력

함평 기산초등학교를 휘감고 있는 기산

을 기울였다. 특히 그는 일본군에 의해 불타고 노비들이 모두 도망친 함평향교를 다시 세우기도 했다. 영건 도유사(營建都有司)를 맡아 자비로 제향을 받들고 자기 집 노비들에게 향교를 돌보게 하는 등, 온 힘을 다해 재건했던 것이다.

노경덕 행장에는 '왜적의 손에 의해 함평의 향교가 불타버려 부리던 종들이 모두 달아나 버리자, 자신의 돈으로 향교에서 지내는 제사를 지냈으며, 집의 종들로 하여금 향교에서 필요한 일을 하게 했다.'라 하여 당시 향교가 불탄 경위를 소상히 밝히고 있다.

이러한 공을 세운 노경덕은 후에 병조판서 겸 오위도총부도총관으로 증직되기도 했다.

함평 임진의병에서 충의를 다시 새기다

흔히들 역사에서 교훈을 얻으라고 한다. 지난 난 풍전등화의 위기에서 의연하게 죽음으로 나라를 지키고자 했던 임진의병들의 활동에서 배워야 할 것들이 많다. 충의 정신! 다시금 새겨야 할 일이다.

함평 임진의병을 찾다 보니 미처 몰랐던 인물들이 대거 등장한다. 그동안 교과서에 나오지 않는다는 이유로 너무 모르고 있었다. 이제라도 그들의 이름을 기억하는 것은 후대를 살아가는 우리 몫이다.

〈함평군사〉에 수록된 임진전쟁 당시 의병들을 소개하면 다음과 같다.

팔열부정각(전남 함평군 월야면)

◇ 강귀지: 선무원종 2등공신에 책록.

◇ 김의생: 전사

◇ 노성니: 전사

◇ 박광조: 무과에 급제하여 주부를 지냈으며, 임진전쟁이 일어나자 아우 박
  광종과 더불어 의병을 모아 고경명 휘하에 가담하여 전공을 세우고 전사.
  둘 다 선무원종공신에 책록.

◇ 박응주: 전사

◇ 이방필: 전사

◇ 이원, 이령, 이가 3형제: 의병과 노복 10여 명을 거느리고 고경명 휘하에
  들어가 많은 무공을 세웠으며, 금산전투에서 모두 순국.

◇ 정유: 무과 급제. 고경명 휘하에서 싸우다 금산전투에서 전사.

◇ 정인세: 정유와 금산전투에서 전사.

◇ 정회. 정민수: 의병 105명을 모집하여 의주로 가려다 조헌이 공주에서 의
  기를 내걸고 영호남 의사들에게 격문을 띄웠다는 소식을 듣고 가묘에 나
  아가 나라를 위해 의롭게 죽기를 맹세하고 조헌의 막하로 달려갔다. 금산
  전투에서 장렬한 최후를 마쳤다. 모두 선무원종 3등훈에 책록되고 오산사
  에 배향.

◇ 홍희준: 고경명 휘하 별장으로 참전하여 순절.

함평 임진의병에서 남성들의 역할은 크고 높다. 그러나 정유전쟁 당시
부군들이 왜군들의 흉탄에 맞아 전사했다는 비보를 듣고 정절을 지키

기 위해 투신자살한 8열녀가 있다. 이들을 기리기 위해 세운 '팔열부정 각'이 있다.

함평 임진의병을 살피다 보면 함평의 저항정신과 자주정신을 확인할 수 있다. 그 정신이 현재까지 면면히 이어져 오고 있음을 알 수 있다. '함 평천지'로 시작하는 「호남가」의 구절은 함평의 위상과 역할을 여전히 말 해준다.

40

더불어 함께 향토방위로 영광을 지킨
이응종

영광은 우산에 모든 유적을 안고 있다. 우산근린공원 입구에 임진수 성사가 자리잡고 있다. 영광군에는 임진전쟁의 상황을 전하는 문헌과 유적지가 잘 남아있다. 영광 임진의병장들의 활동을 「임진수성록」을 통 해 따라가 보자.

『영광 임진수성록』을 통해 임진전쟁 당시 영광의 상황을 알다

우선 영조 때 간행된『영광 임진수성록』이 있다. 이 책에는 임진전쟁 시기 영광을 지켰던 사람들의 활약상과 수성법, 수성 방위 사례 등이 자 세하게 기록되어 있다. 당시 지방에서 이루어진 향토방위의 사례를 구체 적으로 전해줄 뿐 아니라, 작성 주체와 간행 연대, 장소 등이 확실하여 임진전쟁 의병사 연구자료로서 매우 중요한 가치를 지닌다.

임진전쟁 시기 영광 지역 상황을 알 수 있는 장소로 임진수성사라는 사당을 들 수 있다. 임진수성사의 외삼문인 숭의문에는 충의를 숭상하 는 영광 선비들의 마음이 담겨 있다. 수성사 안으로 들어가면 오른편에 있는 수성사 묘정비가 당시 활동상을 증언한다. 임진수성사에는 임진전 쟁 당시 영광을 지키기 위해 모인 55인의 위패가 봉안되어 있다. 사당 중 앙에는 수성 도별장 이응종(1522~1605)의 위패가 모셔져 있다.

임진전쟁 때 영광에는 어떤 일이 있었고, 이응종과 55인의 의사들은 어떤 사람들일까?

『영광 임진수성록』

영광은 호남의 요충지, 자발적으로 향토를 방위하다

임진전쟁 당시 영광의 수성 상황을 알려면 이응종의 행적을 함께 살펴봐야 한다. 사매당(四梅堂) 이응종은 1522년(중종 17) 영광에서 태어났다. 어렸을 때부터 외삼촌 윤구(尹衢)에게 공부를 배우고 덕망을 쌓은 선비였다.

이응종이 71세였던 1592년 임진전쟁이 일어났다. 일본군이 영광까지 쳐들어오지는 않았지만, 온통 비관적인 소식만 들려왔다. 마침 이응종은 장성에서 의병이 일어났다는 소식을 접하게 된다. 김경수를 찾아가 함께 창의할 것을 맹세하고 의병 50명과 곡식 40여 섬, 말 17마리와 소 4마리를 모으는 등, 궐기할 준비를 했다.

하지만 10월 2일 영광 군수 남궁현이 부모상을 당해 사직하자, 영광 백성의 불안이 커져 갔다. 체찰사가 이방주를 직무대리로 임명했지만 민심을 가라앉히기에는 역부족이었다.

이런 상황에서 영광의 지도층이 자발적으로 향토방위에 나섰다. 10월 18일 오성관에서 55명의 사림이 모였다. 그들은 "영광은 호남의 요충지이니 이곳을 지키지 못하면 우리 군사의 양식을 운반하는 길은 끊어지고 만다. 죽음으로 우리 성을 지켜내자."라고 결의했다. 그리고 삽혈동맹, 즉 산 짐승을 잡아 서로 피를 나눠 마시며 맹세하며 "무릇 우리 동맹한 사람들은 맹세한 뒤 약속을 이행하지 않으면 목을 벨 것이다."라고 했다. 이 모임에서 이응종을 수성도별장으로 추대하고 성의 방위 체제를 24개 부서로 편성하여 55명의 책임자를 임명했다. 참여한 의사 55명

임진수성사(전남 영광군 영광읍)

의 명단은 다음과 같다.

도별장 이응종, 부장 강태, 종사관 이홍종, 이해, 신장길, 이용중, 임수춘, 정
희열, 군정 이굉중, 정희맹, 참모관 이헌, 이안현, 이옥, 노석령, 류익겸, 김재
택, 정희열, 봉단의, 임수춘, 장문서 김태복, 이분, 이극부, 강항, 폐막관 이용
중, 이극부, 수성장 오귀영, 종사관 김남수, 정여기, 김경, 도청 서기 김구용,
정응벽, 오윤, 정구, 대장 군관 정경, 류영해, 이효안, 이극양, 이극수, 부장 군
관 김운, 류집, 강윤, 남수문장 이희익, 강극효, 북수문장 김대성, 이거, 중위
장 최희윤, 중부장 이희룡, 유군장 김찬원, 서외진장 이효민, 남외진장 김춘
수, 동외진장 한여경, 남종사관 이유인, 동종사관 김광선, 군관 김정식, 송약
선, 정여덕, 정념, 수성군관 강락, 김봉천.

직책으로는 59명이지만, 4명이 겸직하여 실제 참여 인원은 55명이다.
특히 정유전쟁 때 일본에 포로로 끌려간 수은 강항도 수성 활동에 참여
했다.

이응종이 이끄는 영광 의병들은 자체적으로 수성법을 만들어 성을 지
켰다. 수성법은 성을 지키기 위한 전투수칙이다. 여기에는 "수성군이 먼
저 공격하는 일이 없어야 하며 적이 성 밑까지 육박해 온다 할지라도 그
들이 공격하지 않는 한 침묵을 지키다가 적이 공격할 때 대응한다."라는
기본 원칙을 두었다. 그리고 "적이 와서 성을 핍박하더라도 조용하게 말
없이 기다릴 것이요, 함부로 나서서 막을 것이 아니며, 적의 실수를 기다

렸다가 꾀로 격파해야 한다."라고 구체적인 전술까지 언급했다. 수성 활동 외에, 당시 의병을 이끌던 고경명과 곽재우에게 곡식과 무기 등을 보내 간접적으로 전투를 지원하기도 했다.

이후 분조를 맡고 있던 세자 광해군이 "관청에 있는 무신들은 비록 부모상을 당했을지라도 관직을 그만두고 자리를 뜰 수 없다."라고 지시함에 따라 전직 영광군수 남궁현이 복직하게 되었다. 또한 명나라 장수 이여송이 평양성을 탈환하여 전쟁이 유리한 국면에 접어들고, 일본군이 경상도로 후퇴했다. 이로써 1592년 10월 18일부터 영광을 지킨 의병들은 5개월 동안 향토방위에 전념하다 1593년 2월에 해산했다.

일본군과의 전투는 없었지만 영광 의병들은 수성 조직을 치밀하게 구성했고, 수성법에 의거하여 경비를 맡아 만일의 사태에 철저히 대비한 점이 크게 돋보인다.

정유전쟁, 영광에서 일본의 참상을 확인하다

이렇듯 임진전쟁 당시 영광은 일본군의 침략이 없었지만, 정유전쟁 때는 엄청난 참극을 겪었다. 명량해전에서 대패한 일본군은 이를 설욕하기 위해 이순신의 조선군 선단을 추격하는 한편, 우수영으로부터 영광법성포 앞바다에 이르는 해역을 쓸고 다니며 서남해 연해 지역 일대를 분탕질한 것이다.

당시 일본군은 조선인이라면 닥치는 대로 죽인 다음 코를 베어 도요토미 히데요시에게 바쳤는데, 이렇게 바친 코의 과다에 따라 전공의 높고 낮음이 결정되었다. 그래서 일본군은 부녀자로부터 어린아이에 이르기까지 무차별하게 코를 베는 만행을 저질렀다.

그중에서도 전라도 지역이나 영광에서는 더욱 악랄하게 전개되었다. 기록에 의하면 1597년 9월 21일에는 영광에 인접한 진원에서 870개의 코를 취했고, 9월 26일에는 영광과 진원 일대에서 취한 코가 무려 1만 40개에 이르렀다. 그만큼 정유전쟁 때 전라도와 영광 지역의 전쟁 피해가 매우 극심했음을 알 수 있다.

영광 모열사에 모셔진, 순절한 열부들의 위패

　영광 백수해안도로 근처에는 '정유전쟁 열부 순절지'가 있다. 정유전쟁 때 여러 문중의 부인들이 침입해오는 일본군을 피해 영광군 백수읍 대신리 묵방포까지 피신했는데, 1597년 9월 26일 일본군을 만나게 되자 굴욕을 당하기보다는 의롭게 죽을 것을 결심하고 바다에 몸을 던져 순절한 곳이다. 이러한 열두 부인을 기려 모열사라는 사당과 열부 순절소를 건립해 지금까지 기리고 있다.

　이처럼 영광의 임진의병 활동은 남녀를 가리지 않고 충절을 다했음을 말해준다. 호남 침략을 목적으로 재침(再侵)한 정유재란에는 전라도의 피해가 매우 컸다. 이응종이 향토방위를 위해 노구의 몸으로 지역 유림들과 수성법을 갖추고 체계적인 의병활동을 전개한 것은 높이 평가해야 한다. 그가 『영광 임진수성록』을 남겨 후세에게 계승하게 한 것은 의미가 크다.

　일일이 의병들의 이름을 기억하지 못한다 할지라도 '임진수성사'에 모시고 매년 제향을 하는 것은 후세인들이 꼭 해야 할 일이다. 우산에서 바라본 영광읍은 편안하고 평화로운 마을이다. 이러한 평안과 평화가 계속 유지되도록 지난 임진전쟁에서 교훈을 얻고, 유비무환의 정신을 새겨야 한다.

　'영광은 호남의 요충지이니 죽음으로 우리 성을 지키자.'고 했던 영광 의병의 힘찬 함성이 가을하늘에 가득하다.

41

포로문학의 백미『간양록』을 남긴
강항

정의로움과 당당함. 남도정신의 핵심이자 가치다. 어지럽고 혼란한 세상일수록 남도정신은 빛을 발한다. 그러한 남도정신을 지킨 의병들을 찾아 나서는 길은 무더위에도 계속되었다. 영광 불갑산 자락을 따라 강항 의병장을 만나러 간다.

『간양록(看羊錄)』을 남긴 강항은 지역에서 많이 알려진 의병장이다. 그러나 정작 임진전쟁에서 강항의 의병활동은 잘 모른다. 일본에 포로로 끌려가 당시 일본 상황을 자세히 묘사한 기록을 남긴 인물로만 알려져 있다. 400여 년이 지난 오늘날 임진전쟁의 상황을 제대로 이해하는 것은 강항의 기록이 있었기에 가능하다. 그만큼 역사에서 기록은 중요하다. 제대로 기록하지 않으면 기억이 사라지고 역사가 되지 않는다.

성리학 정신으로 의병을 일으키다

이국 땅 삼경이면 밤마다 찬 서리고
어버이 한숨 짓는 새벽달일세
마음은 바람 따라 고향으로 가는데
선영 뒷산에 잡초는 누가 뜯으리
피눈물로 한 줄 한 줄 간양록을 적으니
임 그린 뜻 바람 되어 하늘에 닿을세라

'가왕' 조용필이 부른 〈간양록〉이라는 노래 가사의 일부다. 간양록의 저자는 영광 태생의 강항(姜沆, 1567~1618)이다. 강항은 누구이며, 어째서

이렇게 피맺힌 심정으로 『간양록』이라는
책을 써내려간 것일까?

강항은 영광군 불갑면 유동마을에서
태어났다. 호는 수은(睡隱)이며, 조선 세조
대의 명신 강희맹의 5세손이다.

강항은 어려서부터 매우 영특했다. 특
히 기억력이 뛰어나 글을 읽으면 곧바로
외워 주변에서 신동이라는 소문이 자자

수은 강항 동상(전남 영광군 불갑면)

했다고 한다. 이러한 총명함을 보여주는 몇 가지 일화가 있다.

강항은 다섯 살에 벌써 글을 지을 줄 알았다고 한다. 당시 전라감사
신응시가 이 소식을 듣고 찾아와 강항에게 '다리 각(脚)' 자로 명제를 주
어 글을 써보라고 했다. 강항은 바로 '각도만리심교각'(脚到萬里心教脚, 다리
가 만 리를 가지만, 그것은 마음이 다리를 시킨 것이다.)이라고 써서 전라감사를 놀
라게 했다.

강항이 일곱 살 때 일화도 있다. 중국 고서를 파는 책장수가 불갑면
안맹마을을 지나가자 강항이 『맹자』에 관심을 보여 책장수를 찾아갔다.
책장수는 맹랑하게 느껴 놀려 줄 마음으로 『맹자』를 읽은 후 암송 여부
에 따라 책을 공짜로 주겠다며 내기를 걸었다. 강항은 한나절 사이에 책
을 전부 암송하고, "이 책은 이미 내 머릿속에 다 들어 있으니 사지 않겠
다."라고 하고는 유봉마을로 가버렸다. 책장수가 기특하게 여겨 강항에
게 『맹자』를 건넸으나 받지 않아 마을 어귀 당산나무에 매달아 놓고 갔
다고 한다. 이후 그 자리에 맹자정이라는 정자를 지어 강항의 천재성을
기려왔다. 지금도 안맹마을 부근에 '맹자정' 비가 있다.

1592년 4월 임진전쟁이 일어나자 6월에 강항은 이굉중·이용중·송약선
등과 창의하여 식량과 무기를 고경명이 이끄는 의병에게 보냈다. 이때
이응종 등 영광 선비 55명이 일본군의 침입을 막기 위해 자발적으로 지
역 향토방위에 나섰다. 강항은 집안 강태, 강락 등과 함께 참여했다.

그리고 1593년 12월 27일 세자 광해군은 전주에서 과거를 실시하여
문신 11명, 무신 1,600명을 뽑았다. 이때 강항은 27세 나이로 병과 5번

째로 문과에 급제했다. 이후 강항은 박사·전적을 거쳐 1596년 가을에 공조좌랑, 겨울에는 형조좌랑이 되었다. 1597년 2월에는 휴가차 영광에 내려왔다.

하지만 그해 정유전쟁이 일어나자 5월 말에 강항은 호조참판 이광정의 보좌역으로 남원성 군량미 운반을 담당했으나 남원성이 일본군에게 함락되자 다시 고향으로 돌아왔다. 강항은 여러 읍에 격문을 보내 의병 수백 명을 모집했지만 일본군이 전라도를 침탈하자 모두 흩어지고 말았다.

1597년 9월 14일 일본군이 영광에 쳐들어와 불을 지르고 닥치는 대로 사람을 죽였다. 이러한 참상에 대해 강항은 이렇게 표현한다.

"무수한 적선들이 항구에 가득 차 있어 홍백기가 햇빛에 번쩍거리는데 우리나라 남녀들이 서로 뒤섞여 해변 양쪽에 쌓인 시체들로 산을 이루는 듯한 가운데 울부짖는 곡성이 하늘에 사무치고 바닷물도 오열하는 듯했다."

강항은 둘째 형 강준, 셋째 형 강환 등과 배를 타고 피신했다. 9월 20일에는 이순신 휘하에서 싸우기로 했는데, 뱃사공이 9월 21일 밤에 신안 어의도로 뱃머리를 돌려 결국 아버지가 탄 배와 헤어지고 말았다. 9월 23일 아침에 강항 일행은 아버지를 찾아 영광군 염산면 논잠포로 향했다. 그런데 갑자기 일본 수군이 나타나 결국 강항 일가는 포로가 되고 말았다.

전쟁포로에서 일본 성리학의 원조가 되다

강항은 일본으로 끌려가며 가족의 죽음을 무력하게 지켜봐야만 했다. 그는 아들과 딸을 잃었고, 일본군이 어린 조카를 바닷속에 던져 살해할 때도 아무것도 할 수 없었다. 그렇게 쓰시마를 거쳐 오쓰(大津) 성에 도착한 강항은 오사카를 거쳐 후시미(伏見) 성으로 이송되었다. 강항은 몇 차례 탈출을 시도했으나 실패하기도 했다. 하지만 강항은 가족을 잃은 슬픈 상황에서도 역사적으로 중요한 족적을 남겼다.

내산서원(전남 영광군 불갑면)

포로 시절 강항은 일본 유학자 후지와라 세이카(藤原惺窩)와 교류했다. 본래 승려였던 후지와라 세이카는 강항에게 성리학의 해석을 배우며 일본 주자학의 기틀을 마련했다. 당시 강항은 후지와라 세이카에게 조선의 과거 절차와 유교 경전을 알려주었다.

강항을 통해 일본에 전해진 성리학은 일본 사상사에 큰 영향을 미쳐 훗날 메이지유신의 사상적 토대가 되었다. 강항의 가르침에 깊은 감명을 얻은 후지와라 세이카는 그 보답으로 강항이 조선으로 돌아가도록 도왔으며, 은전을 보조하여 생활비까지 지원했다.

포로문학의 백미 『간양록』을 쓰다

강항은 포로 신분에 좌절하지 않고 오히려 적국을 탐사하며 일본의 사정을 상세히 기록했다. 이를 바탕으로 귀국 후 『간양록』을 저술했다. 『간양록』에는 강항 자신이 포로로 잡힌 과정과 일본의 역사, 지리, 군사 정보, 문화를 망라한 것은 물론, 도요토미 히데요시의 개인적인 정보까지 담겨 있다.

『간양록』은 네 가지 내용으로 나뉜다.

우선 각각 포로로 잡힌 과정과 일본의 현황을 임금에게 상소를 올린 방식으로 적은 「적중봉소(賊中封疎)」가 있다. 「적중견문록(賊中見聞錄)」은 조선으로 돌아와 작성한 글로, 일본의 관직과 제도에 대해 설명한 〈왜국

수은 강항의 『간양록(건거록)』

백관도〉, 일본 8도 66주를 자세히 묘사한 〈왜국팔도육십육주도〉, 임진
전쟁 때 참전한 장수에 대한 자세한 기록과 일본의 전쟁 준비과정이 담
긴 〈임진정유입구제장왜수〉 등 세 가지 세부 목차로 나뉜다.

또한 포로들을 아우르며 국가와 임금에 대한 충성을 잃지 않기를 권
한 「고부인격(告俘人檄)」, 일본 사정에 대해 문답한 「예승정원계사(詣承政院
啓辭)」, 자신의 일기로 포로 생활 당시의 비참함과 선비의 절개가 잘 묘사
된 「섭란사적(涉亂事迹)」도 있다.

이처럼 강항은 일본의 정보를 철저히 수집하여 포로 생활 속에서도
관료로서 절개와 충성을 잊지 않고 일본을 경계하며 비극이 되풀이되지
않게 하려고 기록해간 것이다. 귀국 후 강항은 선조를 만나 그때까지 살
핀 일본 사정을 밝히고 고향으로 돌아왔다. 잠시 대구와 순천에서 교수
벼슬을 지냈을 뿐, 고향에서 후학을 양성하다 1618년 사망했다.

간양록은 『건거록(巾車錄)』이라고도 불렸다. '건거'는 죄인이 타는 수레
를 의미한다. 이 제목에는 관료로서 국가와 가족을 지키지 못하고 책임
을 다하지 못한 스스로를 죄인으로 여기며 책을 저술한 강항의 마음이
담겨 있는 것이다.

그러나 효종 때 강항의 제자들이 책 제목을 간양록으로 명명했다. '간
양(看羊)'은 양을 돌본다는 뜻이다. 중국 한나라 무제 때 강항처럼 흉노에
게 붙잡혀 19년 만에 귀국한 소무(蘇武)의 충절처럼 강항의 충성도 올곧
았음을 뜻한다. 그때 소무는 양을 기르는 노역을 했기에 강항의 제자들
은 책 제목을 '간양록'이라고 지은 것이다.

이처럼 포로 생활 속에서도 국가에 대한 책임감을 잃지 않고 적국 사정을 모두 기록한 강항의 자세는 오늘날에도 귀감이 되는 소중한 유산이자 정신이다. 강항의 고향 영광군과 그가 포로로 머물렀던 일본 오쓰 시는 2001년부터 자매결연을 맺어 교류하고 있다. 강항은 일본 주자학의 아버지로 알려져 있으며, 오쓰 시 역시 홍유 강항 현창비를 세워 강항을 기념하고 있다.

　'기록하지 않으면 기억 계승할 수 없다. 기록해야 역사가 된다'는 것을 강조하고 싶다. '건거'와 '간양'의 의미를 되새기는 일은 우리에게 귀한 교훈이자 채찍이다. 유유히 이어져오는 남도정신의 의로움과 당당함의 원동력이다.

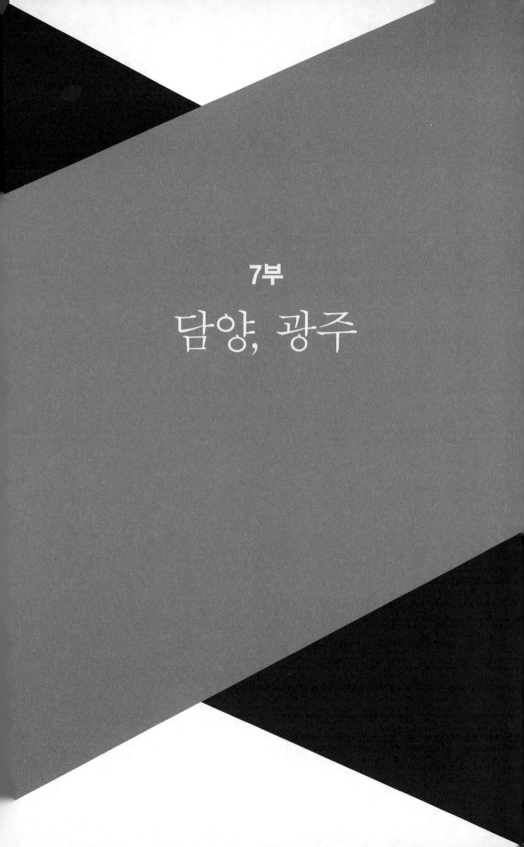

7부

담양, 광주

42

두 아들과 의병을 일으켜 충성과 의리를 다한
고경명

임진전쟁 호남의병에는 아버지와 아들이 의병에 참가하여 순절한 의
병장들이 많다. 국난 앞에서 기꺼이 목숨을 바친 것도 대단한 일이지만,
아들과 함께 순절한 의병장들을 만나면 저절로 고개가 숙여진다. 어느
누가 목숨이 아깝지 않으랴, 아들과 같이 목숨을 바치는 것이 어찌 쉬운
결정이었으랴. 감동하며 감탄할 수밖에 없다. 우리 역사의 진정한 영웅
들이다.

이번에는 벼슬에서 물러나 낙향하여 전라도 광주에서 학문과 제자를
가르치던 고경명 의병장을 만나러 간다.

추성창의기념관 전경(전남 담양군 죽록원 안)

6천여 의병을 결집하여 호남연합의병을 결성하다

고경명(高敬命, 1533~1592)은 왜적이 침입하자 아들 고종후, 고인후와 함께 의병을 일으켰다. 고경명은 의병을 일으킬 당시 의로움을 가지고 의병으로 나설 것을 독려하기도 했다.

"최근 나라의 운세가 불행하여 섬 오랑캐가 불의에 침입했다. … (중략) … 그런데 우리 장군들은 갈림길에서 헤매고 있고 수령들은 도주하여 산속으로 들어가 숨어버렸다. 적들의 포위 속에 부모를 버려둠이 이 어찌 차마 할 노릇이며, 임금에게 나라를 근심케 함이 너희들 마음에 편안하냐? 어찌 수백 년간 교화된 백성들로서 단 한 사람도 의기 있는 사나이가 없단 말이냐? … (후략) …

나 고경명은 비록 늙은 선비지만 나라에 바치려는 일편단심만은 그대로 남아있어 … (중략) … 자기 힘이 너무나 보잘것없음을 모르는 바 아니지만 이에 의병을 규합하여 곧추 서울로 진군하려 한다. …(중략) … 백성 된 자로서 충성과 의리를 지키는 것은 사람의 당연한 도리니, 나라의 존망이 위급한 이때 어떻게 감히 하찮은 제 몸만을 아끼려 하겠느냐!"

고경명이 의병부대를 일으키자 순식간에 6천 명이 모였다. 고경명 부대가 대부대를 이룰 수 있었던 것은 전라도 각지 유력인사들이 모집한 의병부대들을 하나로 결집했기 때문이다.

1592년 6월 담양에 결집한 의병부대들은 고경명을 대장으로 추대하고 유팽로(柳彭老)를 좌부장, 양대박(梁大樸)을 우부장으로 하고 이대윤, 최상중, 양사형, 양희적 등은 군량미를 조달하는 직책을 맡아 지휘체계를 정비했다. 또 제주 목사 양대수에게 격문을 보내 말을 보내줄 것을 요청하고 자신들의 창의 사실을 조정에 보고했다.

"전라도 의병장 절충장군 행 부호군 고경명은 삼가 제주 절제사 양공 휘하에 급히 통고한다. 섬 오랑캐가 불의에 침입하여 서울에 함락되니 온 나라가 전란에 휩싸여 … (중략) … 다만 한스러운 것은 모두가 보병뿐이요, 말 타고 달리는 기마병이 없는 점이다. 생각건대 제주도는 말의 산지로서 중국 기북 지방과 마찬가지다. 제주도 말은 산골짜기를 넘나들면서 사냥하는 데 능란할 뿐 아니라 싸움마당에서도 잘 싸워 승리를 가져오게 할 것이다. 배에 가득 실어 보낸다면 우리 군사들의 사기는 하늘을 찌를 듯할 것이다."

금산전투 패배, 하지만 의병 결집의 경험은 계속되다!

고경명 부대는 여산으로 북상했고, 고경명의 두 아들 고종후, 고인후는 남원, 김제, 임피 등에서 군량과 군사를 모아 여산으로 집결했다. 이후 고경명 부대는 은진까지 진격했다가 일본군이 금산을 공격한다는 첩보를 받고 군사를 돌려 진산으로 돌아와 이곳에서 방어사 곽영의 부대와 연합하여 부대를 정비하고 금산성으로 출전했지만 일본군과 전면전에서 크게 패하여 둘째 아들 고인후, 유팽로, 안영과 함께 전사했다.(1592. 7.)

비록 금산 전투에서 패했지만 고경명 휘하에서 활동하던 의병장들은 줄을 이어 의병을 일으키며 전라도 의병의 맥을 이어나갔다. 금산전투에서 살아남은 고종후는 복수의병장을 칭하며 광주에서 1,000명의 군사를 모집했다. 능주에서는 문홍헌, 최경회 등이 주도로 고경명 부대의 흩어진 군사들을 규합하여 전라우의병을 일으켰다. 보성에서는 임계영을 중심으로 전라좌의병 1,000여 명이 일어났다.

이밖에 광양의 강희열과 강희보, 영광의 정충순, 태인의 민여운, 이계련 등 고경명 휘하에서 활동하던 이들이 계속 의병을 일으켜 활동했다.

아버지와 함께 의병이 된 아들, 복수를 부르짖다!

고경명의 아들 고종후(高從厚, 1554~1593)는 임진전쟁이 일어나자 아버지 고경명의 의병군에 합류했다. 고경명이 금산에서 방어사 곽영과 일본군

포충사(광주 남구 대촌. 고경명, 고종후, 고인후, 유팽로,
안영 배향)

을 막고자 했으나 패했으며, 이때 아버지와 아우 고인후(高因厚)가 전사했
다. 고종후는 금산성 전투에서 의병진이 무너져 잠시 퇴각한 사이 부친
이 전사했음을 알게 되었다. 부친의 시신을 수습하고 고향에서 상을 치
른 후 스스로를 '복수 의병장'이라 하며 복수의병을 결성했다.

"내 비록 사람은 변변치 못하나 아버지의 장례도 이미 끝나서 이 몸 또한 유
감스러움이 없으니 슬픔을 참고 병을 이겨가며 여러분과 같이 군사를 모으
고 병기를 마련하여 나라를 위해 왜적과 결사전을 하고자 하니, 여러분 역시
기꺼이 호응하리라 생각한다 … (중략) … 부모의 원수와는 하늘을 같이 이
고 살지 않고, 형제의 원수와는 한 나라에 같이 살지 않으며, 친구의 원수와
는 싸움에서 군사를 돌이키지 않는다는 옛말도 있다. 돌아가신 아버님께서
추성에서 의병을 일으켰을 때 남쪽 땅의 여러 선열이 나라를 위해 함께 목숨
바칠 것을 약속하고 향불을 피우고 하늘에 맹세하며 아버님을 대장으로 추
대했으니, 우리는 애초부터 형제 같은 의미로 맺어져 있는 것이다. 불행히도
아버님은 대사를 성공하지 못하고 돌아갔으나 … (중략) … 나를 어리석다 여
기지 말고 추성에서 피로 맹세하던 옛일을 회고하여 국가의 대사를 함께 도
모함이 어떠한가?"

복수의병장, 진주성의 별이 되다

1593년 고종후는 관군과 함께 진주성을 사수했으나 성이 함락되자 북쪽을 향해 네 번 절을 한 뒤 김천일, 최경회와 남강에 투신했다(1593. 6. 29.)

고경명 부자의 희생은 호남지역에서 의병 활동을 촉발하는 계기가 되었고, 나라에서도 이들을 높이 평가했다. 이에 광주 사람들이 주축이 되어 고경명 삼부자의 순절을 기리는 '포충사(褒忠祠)'를 설립했다.

포충사에서 충절의 의미를 되새기다

지난날의 역사를 돌아보면 많고 많은 외침이 있었고, 그것을 잘 극복해 왔다. 임진전쟁에서 많은 의병장의 헌신적인 활약에서 배움을 얻지 못하고, 일제 식민지로 전락하여 기억하고 싶지 않은 차별과 억압과 굴종의 삶을 살았다. 고경명의 의병장 활동에서 아들은 물론 가노(집안 하인)들이 적극 참여했다. 특히 '봉이와 귀인'은 고경명의 금산 전투에 참여했고, 이후 진주성 전투에 고인후를 따라 참가하여 순절했다. 국난 앞에서 계급과 지위가 따로 있지 않았음을 보여준다. 우리는 의병장들만이 아니라 주인을 따라 의병에 참가했던 하인들의 의병활동에도 주목해야 한다. 이름 없이 죽어간 이들이 진정한 영웅임을 기억해야 한다.

우리 역사는 외침의 고난과 역경에서도 폐허와 아픔을 잘 이겨왔다. 많은 어려움을 극복하며 오늘에 이르러 오천 년 역사에서 가장 번영하고 있다. 다만, 아직 분단을 극복하지 못하고 통일을 이루지 못한 안타까움이 여전하다.

충노비(포충사 안, 봉이와 귀인)

이런 시대 상황에서 지난 의병들의 활동과 정신을 다시 기억하는 것은 의롭고 당당한 역사를 위한 최소한의 책무가 아닐까. 알고 있던 내용도 다시 기억하고 알리고, 삼부자와 충노가 국난에 목숨을 초개처럼 던진 충절 정신을 꼭 계승하자.

고경명, 고종후, 고인후. 그리고 봉이와 귀인. 포충의 의미를 널리 알리자.

이 어지러운 세상에.

43

전국에서 처음으로 의병 참가를 호소했던
유팽로

앞서 소개한 고경명 의병장을 설명하면 늘 따라다니는 의병장이 있다. 고경명 의병장을 도와 의병 참가를 호소했던 월파(月坡) 유팽로(柳彭老, 1554~1592) 의병장이다. 전남 곡성군 옥과에서 태어난 유팽로는 호남 최초로 의병을 일으킨 사람이자, 의병에 참가할 것을 적극적으로 호소했던 사람이다.

그럼에도 유팽로를 아는 사람은 거의 없다. 고경명과 김천일 의병장에 가려진 측면이 없지 않다. 여러 기록을 살펴보면 유팽로는 스스로 죽음으로 일본군에 저항한 인물이다.

또한 유팽로의 부인 원주 김씨는 남편의 시신을 거두고 자결하여 충절과 정절을 지켰다. 유팽로의 충절과 부인의 정절의 정신을 기리기 위

정렬각(곡성 옥과면 합강마을 소재)

해 정렬각을 세워 추모하고 있다.

유팽로는 1579년(선조 12) 진사시에 합격했다. 1588년 식년문과에 을과로 급제했고, 임진전쟁 당시에는 성균관 학유(종9품)로 있었다. 1592년 임진전쟁이 일어나자 고향 곡성으로 내려와 양대박·안영 등과 함께 궐기했으며, 피난민 500명과 가동 100여 명을 이끌고 담양에서 고경명의 군사와 합세했다. 여기서 고경명이 의병대장으로 추대되었는데, 유팽로는 고경명 휘하의 종사가 되었다.

당시 기호지방에 돌린 격문을 지었는데, 그 격문이 『정기록(正氣錄)』에 실려 있다. 호남의병들은 처음에 근왕(勤王)을 목적으로 북상하려 했으나, 일본군이 전주를 침입하려 하자 금산에서 적을 맞아 싸우게 되었다.

부랑자들을 모아 의병으로 탈바꿈시키다

> "임진 5월 2일, 유팽로는 도내 열읍의 수령과 사민에게 알린다. … (중략) … 아버지는 아들을, 형은 동생에게 권하여 의군을 결성하여 선비는 의병장이 되고 백성은 병졸이 되어 더욱 예기를 떨쳐야 한다."

임진전쟁 발발 직후 의병을 일으킬 것을 결심하고 한양에서 고향 곡성으로 내려가던 유팽로는 순창 대동산 부근에서 부랑자들이 일본군의 침략으로 나라가 어지러운 것을 틈타 반란을 모의하는 것을 목격하고, 이들을 설득하여 의병으로 변화시켰다. 그리하여 순창에서 회유한 부랑배 500여 명을 거느리고 고향 옥과에 내려왔다.

그러나 유팽로의 의병은 무장도 갖추지 못했고 훈련도 되지 않았기 때문에 본격적인 의병 활동은 하지 못했다. 이에 유팽로는 옥과에서 추가로 의병을 모집하며 훈련을 하는 한편 지역민들의 민심을 수습하는 활동을 전개했다.

의병 모집을 제안하다

한편 근방의 유력인사들에게 의병을 일으킬 것을 제의했다. 각 도에 의병 봉기를 촉구하는 격문을 띄우고, 본인도 담양, 창평, 화순, 장성, 정읍, 순창, 남원을 두루 돌아다니며 적극적인 모병 활동을 했다.

동복에서 정암수를 만나 후일을 기약했고, 화순에서 최경회를 만나 의병 봉기를 의논하고자 했지만 마침 최경회가 자리에 없어 논의가 이루어지지 못했다. 광주로 달려가 김덕령을 만났지만 김덕령은 나이든 어머니 봉양을 이유로 사양했기에 뜻을 이루지 못했다.

창평 서봉사 승려 영규를 찾았지만 헛걸음했고, 정종명(전 부사), 조효원(전 현감) 등과 의논하기도 했으나 즉시 의병을 일으키는 데는 동의를 얻지 못했다.

호남연합의병 결성에 힘을 보태다

그렇다고 유팽로의 이러한 활동이 결실하지 못한 것은 아니었다. 1592년 5월 이후 김천일, 고경명, 양대박 등이 중심이 되어 본격적으로 호남 의병이 일어나기 시작했다. 6월 초순에 이르러서는 유팽로, 고경명, 양대박 등의 의병군이 담양에 모여 호남연합의병군을 결성했다.

1592년 6월 8일, 담양 추성관에서 고경명이 의병장으로 추대되고 유팽로는 좌부장으로, 양대박은 우부장으로 추대되었다. 곡성 출신 유팽로와 남원 출신 양대박은 이종사촌 간으로, 유팽로가 옥과에서 의병을 모집하며 훈련시킬 때 남원에서 양대박 역시 의병소를 설치하고 의병을 모집했다. 이 두 사람의 만남이 담양에서 호남연합의병군 성립의 출발점이 되었다.

고경명 휘하 호남 의병 연합 부대는 군량을 확보하고 전열을 정비하여 6월 11일 전주로 출발했고, 6월 15일경 전주에, 6월 22일 충청도 여산에 도착했다. 7월 1일에는 운산현과 진산을 거쳐 금산성 서쪽에 진을 치고 9일~10일 금산성을 공격했다. 유팽로는 이때 선봉장으로 참여했다가 전

도산사(곡성군 옥과면 합강리)

투에 패하자 적진을 탈출하는 데 성공했다. 그러나 고경명이 아직 적진
에 있다는 말에 다시 적진으로 뛰어들어 고경명을 구출하고 전사했다.

고경명의 그늘에 가려져 있어 우리에게 잘 알려져 있지 않은 유팽로
의병장은 임란으로 혼란스럽던 지역 민심을 수습하고, 각 지역 유력인사
들을 만나 의병을 일으킬 것을 주장했고, 실질적으로 전라도 연합 의병
을 이끌어 낸 중심인물의 한 사람이다. 그래서 유팽로를 고경명, 양대박
과 함께 '호남삼창의'라 칭했다.

주인과 함께한 의로운 말은 의마총으로 기억되다

아울러 감동을 주는 아름다운 일화가 있다. 유팽로가 금산전투에서
순절하자 유팽로의 말은 순절한 유팽로 장군의 머리를 물고 3백 리 밤
길을 달려 유팽로의 생가인 합강리에 나타나 부인에게 건네주고 울부짖
다 죽었다고 한다.

이에 마을 사람들이 말의 갸륵한 뜻을 기리고자 말 무덤을 만들어 의
마총이라 불렀다.

의마총을 찾은 날은 아직 추위가 가지 않았다. 불어오는 바람이 이마
를 스치고 지나간다. 불의와 불공정의 시대에 사는 당대인들은 충절과
의리의 정신을 잃고 산다. 저마다 공정을 외치고 불의를 지적하지만 정
작 '내로남불'이다. 나는 옳고 남은 틀리다는 '아시타불(我是他不)'이 횡행하
고 있다. 이런 시기에 '의마총'을 답사하고, 말 무덤을 한 바퀴 돌면서 삶

의마총(곡성군 옥과면 합강리)

의 이치와 지혜를 깨닫는 시간을 가져보기를 권한다.

44

익호장과 충용장을 하사받은
청년 의병장 김덕령

흑호 임인년, 검은 호랑이가 날개를 달고 힘차게 시작되었다. 코로나 역병이 여전하지만, 혼란과 국난 앞에 의연하게 일어선 의병정신으로 새해 벽두에 희망과 비전을 다시 새긴다.

익호장(翼虎將), 충용장(忠勇將) 김덕령(金德齡, 1568~1596) 의병장을 만나는 이유는 대전환기를 헤쳐가는 당대인에게 여러 시사점을 줄 수 있기 때문이다. 남도의 중심 광주의 상징인 충장로의 주인공 김덕령 청년의병장에게서 호랑이 기운을 받아보자.

광주에서 태어난 김덕령은 1592년 임진전쟁이 일어나자 의병을 모집하여 전투에 참전했다. 그러나 김덕령이 참전한 후 조정과 명나라는 일본과 화의를 도모하는 방향으로 정책을 전환했다. 이는 김덕령의 강경한 전투 의지를 제약했고, 그에게는 전공을 세울 기회가 주어지지 않게 되었다.

장기간 전투가 전개되지 않고 정국이 화의 분위기로 바뀌면서 병사들은 태만해졌고 군율과 기강은 해이해졌다. 이때 김덕령의 부대에서도 탈영자가 속출했고, 김덕령이 이를 엄하게 다스리는 과정에서 역졸이 사망하는 사건이 발생했다. 더욱이 충청도에서 발생한 이몽학의 난을 진압하기 위해 출병하는 과정에서 역도들과 관련이 있다는 모함으로 김덕령은 1596년 8월 고문을 받고 죽임을 당하게 된다.

위급한 국난에 처한 나라를 구하겠다는 큰 뜻을 품고 의병을 일으킨 김덕령은 제대로 전공도 세우지 못한 채 역적으로 몰려 29세 나이로 처형된 것이다. 소년 시절부터 뛰어난 용력으로 지역민의 기대를 모았던 김덕령이 억울하게 처형되자 전라도 사람들이 애통해한 것은 당연한 일

남도 임진의병의 기억을 걷다

이다.

충장공(忠壯公) 김덕령의 억울한 죽음과 그 의병정신을 어떻게 받아들여야 할까. 김덕령의 삶과 활동을 통해 충절을 다한 남도의병의 가치와 의미를 재평가하는 기회가 되었으면 한다.

청년 의병장, 상중에 의병을 일으키다

김덕령은 14세에 부친을 여의었다. 가세가 어려워지자 어린 3형제가 모친을 봉양하게 되었다. 임진전쟁이 일어나던 1592년, 김덕령은 25세였다. 유팽로가 광주 집으로 찾아와 왜적을 칠 방법과 책략을 묻고 함께 군사를 일으키자고 제의했지만, 당시 김덕령은 모친 봉양을 이유로 사양한다.

1592년 6월 광주와 나주 지역을 중심으로 김천일, 고경명 등이 의병을 일으키자, 김덕령은 큰형과 의병 수백 명을 모집하여 전주까지 갔다. 그런데 큰형이 김덕령에게 "늙으신 어머님이 집에 계시는데 막냇동생만 혼자 있으니 우리 형제가 모두 전쟁터에 나가면 어머님을 보살필 사람이 없게 된다. 나는 임금을 위해 죽을 터이니, 너는 돌아가서 어머님을 봉양하거라."라고 하자 왜적 토벌 기회를 미루고 고향으로 내려왔다. 김덕령의 형 김덕홍은 고경명과 함께 금산에서 왜적과 싸우다가 7월 10일 순절했다.

금산전투 이후 호남의병은 한양에서 남하한 김천일군, 영남지방에 주둔해있던 임계영 휘하의 전라좌의병, 최경회 휘하의 전라우의병, 장성남문의병 등이 주력으로 활동했다. 이들은 1593년 6월 2차 진주성 전투에서 수성군을 자처하며 최후까지 항전을 계속하다 성이 함락되면서 대부분 의병지도층이 순절했다. 이런 상황에서 의병 봉기의 의지가 꺾일 법했음에도 의병은 잇달아 일어났다.

2차 진주성 전투가 끝난 후인 1593년 8월 김덕령은 모친상을 당한 후 아우와 함께 시묘살이를 시작했다. 이때 해광 송제민이 찾아와 김덕령에게 기병할 것을 권유하며 협조했고, 처남 이인경이 협력했다. 마침내 김

충장사(광주광역시 북구 금곡동)

덕령은 11월 13일 아우에게 시묘살이를 맡기고 상복에 먹물을 들여 입고 처남 이인경과 담양에서 호남 지역에 격문을 띄워 의병을 일으켰다.

조정으로부터 익호장, 충용장 군호를 하사받다

장성현감 이귀, 담양부사 이경린 등은 김덕령의 재능을 높이 평가하여 전라도 관찰사 이정암에게 김덕령을 추천했다. 이정암은 김덕령을 만나서 권유한 뒤, 다시 장계를 조정에 올려 국가가 공인하는 장수로 예우할 것을 요청했다. 이 같은 파격적인 조치와 지지 속에 등장한 김덕령은 거병 직후 전주의 세자분조(광해군 분조)로부터 익호장이라는 칭호를, 조정으로부터 충용장이라는 군호를 하사받았다.

제2차 진주성 전투 패배 이후 믿을 만한 의병부대가 없고 영남지방에 주둔하고 있던 명나라 군사마저 철수하는 상황에서 조정이 이제 막 군사를 일으킨 김덕령 군대에게 기대가 컸음을 알 수 있다.

김덕령이 출신지 수령의 추천과 관찰사의 천거에 이어 위로부터 익호장, 충용장 칭호를 받은 점, 조정에서 군사의 명령 깃발까지 제작하여 하사하려 했던 점 등을 고려하면 김덕령의 거병 과정은 임란 초기 의병장과는 큰 차이가 있다. 김덕령의 의병군은 사실상 관군화한 것이다.

이는 김덕령군의 지휘부 인물들을 살펴봐도 알 수 있다. 김덕령의 지휘부 인물 중 한 그룹은 향촌에서 군사를 모을 때부터 참여한 전직 관료 및 유생층 인사들로, 대개 자발적으로 의병활동에 뛰어든 경우였다.

김덕령 장군 묘

다른 한 그룹은 군사조직이 갖추어지는 과정에 참여한 현직 관인 신분의 인사들, 무과 출신의 관군 측 인사로, 실전 경험이 있는 경우가 많았다. 김덕령 의병군의 지휘부는 민관이 결합되어 있는 반민반관의 성격을 띠는 의병이었다.

육상·해상에서 종횡무진 활약하다

김덕령의 의병활동이 전개된 1594~1595년은 전쟁이 소강상태에 빠져 있던 시기로, 특별한 전투가 없었다. 따라서 눈에 띄는 전과나 전공이 보이지 않는다. 그럼에도 당시 일본군 근거지였던 경상도 해안 지역에서는 김덕령의 몇 가지 전과를 확인할 수 있다.

1593년 11월 거병한 김덕령은 1594년 1월 6일 의병 5천여 명을 이끌고 담양에 도착하여 사촌동생 김덕휴와 최담령을 부장으로 삼아 군대를 정비하고 22일 담양을 출발하여 남원에 도착했다. 그곳에서 장수 최담령을 별장으로 삼았으며, 당시 의령에 주둔 중이던 의병장 곽재우에게 글을 보내 상호 협조체제를 구축했다. 그리고 경상도로 진군한 후에는 도원수 권율의 지휘체계에 들어가 주변 일대를 방어했다.

1594년 2월 고성 전투에는 별장을 시켜 적병 90여 명을 사살했다. 이후 창원 전투에서 20여 명을 참살했다. 9월 초에는 고성 지방에 일본군 2백여 명이 쳐들어와 노략질하자, 김덕령은 군사 2백 명을 선발하고 복병을 두어 적이 사로잡은 조선 측 포로 50여 명을 모두 구출했다.

한편, 이 무렵 영남 해안에 주둔한 일본군은 주로 거제도에 근거해 있으면서 좀처럼 움직이지 않았다. 이때 조정에서는 김덕령, 곽재우, 이순신, 원균 등 육해상의 여러 장군에게 명하여 수륙 연합작전을 시도했다. 두 차례에 걸쳐 계획된 거제 장문포 해전이다. 처음부터 싸울 뜻이 없었던 일본군과는 끝내 접전이 이루어지지 않았다. 그러나 거의 같은 시기에 의령에서 곽재우군과 합동작전으로 통쾌한 승리를 거두었다. 야음을 틈타 적이 기습해올 것을 예측한 후 복병을 두었다가 급습하여 소탕한 것이다.

이몽학의 난에 연루되어 억울하게 죽다

의병을 일으킨 후 3년이 지났지만 전쟁이 소강상태에 접어들어 큰 전투 기회가 없어 전공을 세울 수 없었던 김덕령에게 여러 가지 위기가 찾아왔다.

우선 김덕령은 일본군에게 적극적으로 공세를 취하게 해줄 것을 조정에 요청했지만 번번이 화의 교섭 중이라는 이유로 전투가 허락되지 않았다.

설상가상으로 김덕령의 활동을 저해하는 무리들까지 생겨났다. 평소 군율을 엄격하게 적용하던 김덕령이 군율을 집행하는 과정에서 예하 역졸이 곤장을 맞고 죽은 사건이 벌어졌다. 도망간 군졸을 잡아들이기 위해 그의 아버지를 잡아 가뒀다가 죽인 일이 발생했다. 평소 김덕령을 시기하던 자들은 이를 문제 삼아 김덕령의 처벌을 주장했다. 체포되어 심문을 받은 김덕령은 결국 사면받아 풀려났지만, 또 다른 사건에 연루되었다.

1596년 7월 이몽학의 난이 일어났을 때 김덕령은 난을 진압하기 위해 진주에서 운봉까지 진군했다가 이미 난이 진압되었다는 소식에 광주로 돌아가려 했으나 허락을 받지 못해 진주로 돌아왔다. 그런데 이 때문에 김덕령이 "반군과 내통했다"는 유언비어가 돌았다. 무고에 빠진 김덕령은 서울로 압송되었고, 혹독한 고문을 당한 끝에 29세에 억울하게 옥사

충장공 김덕령 의복(중요민속문화재 111호)

하고 말았다.

김덕령은 체구가 작지만 날래고 민첩하며 용기가 대단했다. 1661년(현
종 2) 신원되어 관직이 복구되고, 1668년 병조참의에 추증되었다. 1681년
(숙종 7)에 다시 병조판서로 추증되었다. 1788년(정조 12) 의정부 좌참찬에
추증되고 국가에 공훈이 있는 인물의 신주를 영구히 사당에 제사 지내
게 하던 부조특명이 내려졌다.

그가 죽기 전에 지었다는 시조 〈춘산곡〉 한 수가 전한다. 1678년(숙
종 4) 광주 벽진서원에 제향되었으며, 이듬해 의열사로 사액되었다.

남도의 상징 광주의 충장로를 걸어 보라. 남도인을 품은 무등산을 올
라 보라.

불의와 억압과 굴곡진 역사 앞에서 의로움과 당당함으로 의연하게 일
어선 남도의병. 그들이 겪어야 했던 차별과 수모가 지역민들의 한으로
승화되면서 청년의병장 김덕령은 더욱 빛나고 있다.

45

'백성을 구하라', 복수 의리 주장한 송제민

경세제민(經世濟民).

'세상을 경영하여 백성을 구한다'는 의미다. 임인년 새해, 바야흐로 정치의 시간이자 시대 대전환기에 갖가지 정책과 구호들이 난무하고 있다. 국가 발전을 위해 지도자가 갖추어야 할 덕목은 경세제민의 철학과 정신이다.

새해 벽두에 남도의 진산 무등산을 오른다. '차별과 등급이 없는' 산 무등에서 새해를 맞이하는 마음가짐은 남다르다. 충장공 김덕령 의병장의 충절에 이어 백성을 구하기 위해 노심초사하며 의병활동을 전개하다 비운의 죽음을 맞이한 해광 송제민 의병장을 만난다. 교유했던 의병장들의 죽음을 보고 무등산으로 들어와서 백성과 같이 살고자 했던 송제민 의병장. 가족의 죽음으로 미친 바다가 되어버린 해광. 그 쓸쓸한 죽음을 통해 혼란과 난국의 시대에 어떤 삶을 살아야 할 것인지 생각해 본다.

양산룡·산숙 형제와 창의하여 김천일 부대에 합류하다

해광(海狂) 송제민(宋齊民, 1549~1602)은 담양 대곡리에서 태어나 부모를 따라 광주로 옮겨와 살았다. 광주에서 정개청, 정철, 유희춘, 이지함, 고경명 등 동인과 서인 양쪽을 넘나들며 폭넓게 교류하는 가운데 많은 지인과 제자를 두었다. 여러 문하를 오가며 폭넓은 수학 과정에서 그는 의리 정신을 주장했는데, 임진전쟁이 일어났을 때 앞장서 창의하고 구국 활동을 펴는 등으로 실천에 옮겼다.

운암서원(광주광역시 북구 화암동)

송제민은 임진전쟁이 발발하자 임금이 피란 갔다는 소식을 듣고 인척 간이던 양산룡·산숙 형제와 함께 발 빠르게 창의했다. 마침 담양 부사 임기를 마치고 고향에 내려와 있던 김천일이 의병을 일으켰다는 소식에 김천일을 찾아가 함께 일본군을 칠 계책을 논의했다. 김천일을 대장으로 추대하고 자신은 종사관이 되었다. 이때 의병들이 양곡, 우마, 가동을 거느리고 모여서 수일 안에 병력이 3백 명에 이르렀다.

충청도로 가서 의병을 모집하다

김천일 의병진은 6월 3일 군사들과 맹세하고 군대를 지휘하여 북상했고, 충청도에 이를 무렵 수천 병력을 확보했다. 송제민은 김천일과 1592년 6월 24일 수원 산성에 도착하여 5일 동안 머물렀다. 이때 서울, 청주, 진천 등지에서 일본군이 날뛰고 있는지라, 깊이 진격했을 경우 군량을 수송하지 못할 우려가 있었다.

이때 양산룡이 김천일에게 "지금 우리도 송제민을 호서로 보내 그곳에서 의병을 모집하여 길을 가로막고 있는 적들을 몰아치우고 한편으로는 응원군의 길을 트게 하는 것이 좋지 않겠습니까?"라고 건의했다. 그리하여 송제민은 수원에서 김천일과 헤어져 충청도로 내려왔다.

송제민은 도내에 격문을 돌려 의병을 모집했다. 이지함의 문인으로 송제민이 일찍부터 교류하고 있던 조헌, 박춘무 등과 더불어 의병을 모집하여 20일 사이에 2천여 명을 모집했다. 조헌을 좌의대장으로 삼아 황

숭의문(광주광역시 북구 화암동)

간, 영동 이남의 적을 방어하게 하고, 박춘무를 우의대장으로 삼아 금강 이북의 적을 방어하게 했다.

그리하여 박춘무는 7월 4일 군사를 일으켜 청주로 향했다. 조헌도 옥천에서 기병하여 청주로 진군하여 함께 청주를 수복했다. 이후 조헌은 금산으로, 박춘무는 진천으로 향했는데 고경명 부대가 금산에서 패했다는 소식이 전해졌다. 송제민은 다시 남쪽으로 돌아와 고경명 의병진이 흩어지기 전에 다시 소집해보려 했는데 이미 어찌할 수 있는 상황이 아니었다. 7월 21일에야 호남 사람들의 총궐기를 바라는 다음과 같은 격문을 도내에 돌렸다.

"조선 7도가 모두 흉한 왜적에게 유린당했는데 호남 한 도만 다행히 보전되었으니 국가를 회복할 기본이 실로 이곳에 있다."

김덕령을 찾아가 의병을 일으킬 것을 권하다

1592년 8월에는 형제처럼 친했던 조헌이 금산에서 패배하여 의병 700여 명과 함께 순절했다. 1593년 6월에는 생사를 함께하기로 했던 김천일이 진주성에서 순절했다. 이에 송제민은 1593년 8월 외가 쪽 친척 김덕령을 찾아가 의병을 일으킬 것을 권했다. 이미 김덕령은 1592년 6월에 큰형과 함께 의병을 일으켜 전주까지 갔다가 노모를 봉양하라는 큰형의 말에 집으로 돌아온 상태였고, 1593년 8월 모친상을 당해 상복을 입고 있었다. 송제민의 설득에 김덕령은 11월 상복을 입은 채로 의병을 일으켰다. 김덕령을 의병장으로 추대한 송제민은 제주도로 건너가 군마를 구해와 김덕령의 사기 진작에 힘썼다. 그러나 1596년 김덕령이 이몽학의 난에 가담했다는 혐의를 받고 옥사하자 크게 상심했다.

정유전쟁 때 명나라 장수 양원에게 남원성 방어책을 건의했지만 묵살당하다

명과 일본의 화의가 비밀리에 진행되면서 한동안 전쟁은 소강상태였다. 그런데 화의가 결렬되고 일본군이 1597년 1월 다시 침입했다.

당시 조선군은 이원익을 제찰사로, 권율을 도원수로 삼아 주요 지역에 지휘관을 보내 대비하고 있었다. 명나라에서도 원병을 보내왔다. 명군 3천과 조선 관군 1천 등 4천 명의 군사는 남원성에 진을 치고 대비했는데, 송제민도 남원성에 도착했다.

송제민은 명나라 장수 양원을 찾아가 방어책을 올리려 했으나 일본군 첩자로 오해받아 투옥되기도 했다. 풀려난 송제민이 지형의 이점을 들며 진을 옮긴 것을 양원에게 권했지만 받아들여지지 않았고, 결국 남원성은 함락되고 말았다.

비극적인 가족사를 겪고 일본에 대한 복수 의리를 주장하다

1만 명에 가까운 사람들이 희생된 남원성 전투에서 송제민은 살아남아 곧바로 광주로 왔다. 그러나 전라도 전역으로 진입한 일본군 때문에 비극적인 가족사를 겪게 된다. 장남, 차남, 사남 세 아들이 일본군에게 납치되어 일본에 끌려간 것이다.

전쟁으로 가족이 뿔뿔이 흩어지는 비극을 겪었기에 그는 일본에게 기어이 복수하겠다는 뜻을 담아 『와신기사(臥薪記事)』를 지었다. 그리고 「척왜만언소(斥倭萬言疏)」에서는 임진전쟁을 인류 역사상 나라와 성을 공격하고 살육한 전쟁 가운데 가장 잔인한 최악의 전쟁으로 규정하고 화의를 추진하는 정부를 비판했다.

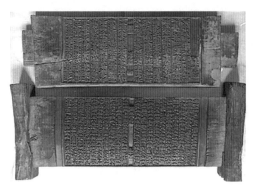

해광 송제민 문집 목판본

그러던 중 영광 사람 강항에게서 첫째 아들 송타는 피난 도중 투신해 죽었고, 둘째 송장은 생존해 있으면서 돌아갈 날만 기다린다는 소식을 전했다. 송제민은 타는 가슴으로 체찰사 이항복에게 글을 올려 피로인을 쇄환해야 한다고 강하게 요구했다. 자신이 일본으로 가겠다는 말까지 했다. 이제나저제나 아들의 귀환을 애타게 기다리다 1602년(선조35) 54세 때 무안에서 세상을 떠났다.

운암서원은 송제민의 사우로, 숙종 34년(1708) 지역 유림들의 청원으로 지금의 광주광역시 북구 운암동에 건립했다. 고종 5년(1868) 홍선대원군의 서원철폐령으로 훼철되어 사라졌다가 최근 화암동 화암마을로 자리를 옮겨 다시 건립되었다.

해광 송제민 의병장의 삶을 다시 생각한다. 어지러운 세상에 태어나 뜻을 펴지 못하다가 전쟁을 만나 의병활동을 전개하다 지인과 가족들을 잃게 된다. 지인들이 죽어가고 자식들이 죽어가는 비극적인 상황에서 미치지 않을 수 없었으리라. 오죽했으면 호를 '해광(海狂)'이라 했을까.

무등산과 영산강에 가거든 송제민 의병장의 죽음과 의병정신을 기억할 일이다. 모른다 하지 말고 알고자 노력하고, 기억하며 계승하고자 깨달아야 할 일이다.

46

막대한 재산을 의병 결집에 제공한
양대박

남도는 어디를 가도 의병들의 자취가 있다. 정의롭고 당당한 남도의병의 삶과 활동을 들여다보면 정의로움과 당당함이 있다. 그 정신을 찾기 위해 시작한 것이 남도민주평화길 프로그램이다.

이번에는 청계 양대박 의병장을 만날 차례다. 임진전쟁이 일어나기 전부터 유학자로서 학문에 정진했고, 임진전쟁이 일어나자 모은 재산을 아낌없이 제공한 인물이다.

곡성 동악산 청계동 계곡에 유원지로 유명한 청계계곡은 아름답고 멋진 관광지로 알려져 있다. 청계동 계곡에는 청계정과 유래비가 있다. 사시사철 등산객이 찾는 곳. 바로 그곳에는 불안한 정세를 간파하고 국난에 대비하여 군사훈련을 했고, 전쟁이 일어나자 고경명, 최경회 의병장을 도와 전투에 참가해서 최초의 승리에 기여한 양대박 의병장이 있다.

막대한 재산을 의병 결집에 모두 제공한 양대박 의병장을 알아보자.

곡성 청계동에서 마을을 일구다

양대박(梁大樸, 1543~1592)은 조선 중기 문인학자이자 의병장이다. 남원 출신으로, 아버지와 두 아들이 모두 문과에 급제했다. 양대박 또한 문인으로 활동하는 등 지역의 명망 있는 가문이었는데, 집안 재산이 삼남 갑부로 알려질 정도로 많았다고 한다.

양대박은 1580년을 전후로 남원에서 곡성 청계동으로 옮겨와 정자와 여러 건물을 짓고 마을을 일구었다. 계곡과 하천을 이용한 수리시설을 통해 농지를 넓히고, 노비를 들여 병작 하는 방식으로 청계동을 경영했

청계동과 양대박장군 유래비(전남 곡성군 청계계곡)

다. 이렇게 형성된 청계동은 임진전쟁이 일어났을 때 의병들의 훈련장소로 유용하게 쓰이기도 했다.

막대한 재산을 의병 결집에 제공한 노블레스 오블리주

의병장으로서 양대박의 행적은 함께 의병 활동을 했던 두 아들 양경우(梁敬遇), 양형우가 남긴 「창의종군일기」를 통해 알 수 있다. 「창의종군일기」에 따르면 양대박은 1592년 4월 중순 남원에서 임진전쟁 발발 및 동래 함락 소식을 듣고 부사 윤안성, 전라도 관찰사 이광 등과 대책을 강구했다. 이광의 관군 동원에 협조했지만 이광에게는 기대할 것이 없다고 보고 의병을 일으킬 것을 결심했다.

남원 광한루에 의병청(창의소)을 설치하고, 아들 양경우에게 무기 제조를 맡겨 무기장인 여러 명을 찾아내어 창극, 검 등을 만들게 했다. 5월 초순에는 창의 격문을 작성하여 남원 광한루에 올라 호남 각 고을 수령과 사민에게 보냈다. 이어 이종사촌 유팽로가 의병 모집책을 제안하자 이에 응하여 의병을 모집했다.

양대박은 짧은 시일 동안 3천의 의병을 모집했다. 비록 그가 고위관리는 아니었으나 학식이 높은 인격자였고 호남에서 제일가는 재산가였기에 가능했다. 그는 막대한 재산을 의병 결집에 아낌없이 사용했고, 이렇게 만들어진 양대박의 의병은 고경명 의병부대 형성에 결정적인 역할을 했다.

양대박 부자 충의문(전북 남원시 주생면 상동리)

참으로 대의를 중요시한 군자

양대박은 담양회맹 이후 호남연합의병에서 우부장을 맡았는데, 이에 남원에서 온 의병들은 양대박이 대장이 되지 못하자 불만을 품고 소란을 일으켰다. 이에 양대박은 단상에 올라 칼로 단을 치며 "대사는 이미 결정되었는데 무슨 의미가 있는가. 우리 3인(고경명, 유팽로, 양대박)은 동심일체인데 너희도 한 몸으로 받들어 시행함이 오늘의 동맹의 의로움이 아니겠는가"라며 설득하여 군사들의 동요를 진정시키기도 했다.

운암 전투의 승리, 하지만 병으로 사망하다

고경명 의병대에 합류한 양대박은 6월 하순 운암면 장곡 일대에서 일본군이 진지를 구축하고 있다는 정보를 입수하고 의병을 이끌고 나가 승리함으로써 일본군의 호남 진출을 방어하는 데 큰 역할을 했다.

이후 전주를 향해 진군하던 중 6월 28일 금산전투에서 아군이 패하고 군수가 전사했다는 소식을 들었다. 설상가상으로 심한 하혈을 동반한 병이 났다. 이에 다른 지역에서 의병군을 이끌고 있던 고경명에게 병으로 군대를 이끌지 못함을 통보한 후 7월 초, 병으로 사망했다.

1786년(정조 10) 10월 전라도 진사 이진희 등의 상언에 의해 병조참의로

양대사마실기 목판(전북 유형문화재 274호)

추증되었으며, 1796년 9월 보국숭록대부 판중추부사 겸 병조판서로 개증되었다. 전남 곡성군 곡성읍에 청계동과 양대박장군유래비가 세워져 있다.

2021년 곡성 남도민주평화길 체험 연수에 동악산과 청계동 계곡을 답사했다. 청계구곡의 의미를 특강을 통해 알게 되었고, 도림사까지 오르면서도 양대박 의병장을 제대로 아는 사람이 많지 않았다. 지역의 역사를 알리고 교육하지 못해서다.

임진전쟁에서 남도의병은 분연히 일어서서 일본과 싸워 승리했다. 운암 전투. 바로 그 전투를 실질적으로 주도한 이가 양대박이다. 훗날 정조는 양대박이 '추증된 영상 고경명보다 먼저 창의하고 용단은 충무공 이순신보다 더 낫다[此人倡義先於贈領相高敬命 勇斷優於忠武公李舜臣]'라고 평했다.

안타깝게도 임진전쟁 동안 조선이 승리했던 전투는 그리 많지 않았다. 그럼에도 호남에서 최초의 승리를 안겨주었고, 금산 전투에서 목숨을 초개처럼 버리고 순절한 양대박 의병장이 다시 부각되고 알려졌으면 한다.

임진년(1592) 청계 양대박의 행적

4.17. 남원에서 동래 함락(4.15.) 소식을 들음. 이후 부사 윤안성, 도 순찰사 이광 등과 대책 강구

5.05. 양대박이 창의 결심

5.07. 큰아들 양경우가 6~7명으로 무기 제조 감독

5.08. 창의 격문 작성(남원 광한루, 호남 각 고을 수령과 사민에게 보냄)

5.09. 창의 격문을 전라병사 최원에게 보냄

5.10. 유팽로가 장성 맥동에 도착하여 의병 모집책 제안

5.13. 양대박이 창의 의병을 모집, 유팽로가 인솔해 들어옴

5.14. 의병이 늘어 100여 명에 이름

5.15. 광주에서 고경명이 의병을 일으킴. 고경명에게 글을 보내 왜적 토벌 설득, 유팽로가 아들을 광주로 보내어 의병 연합 제의

5.18. 광주에 보낸 유팽로의 아들이 그믐날 전에 담양에 모여 거병을 결정하자는 고경명의 답서를 가지고 옴(유팽로 〈월파집〉에는 5월 27일 조에 그믐날 회합 약속)

5.19. 3도군의 용인 패전 소식을 접함

5.20. 의병들을 100명씩 대오를 지어 기본적인 훈련 시작

5.22. 의병 거병에 전 재산 투자

5.23. 담양에서 고경명, 양대박 양자 회합, 빠른 시일에 거사하기로 합의

5.24. 공동 거병 약속을 마치고 귀환, 의병이 3천여 명에 이름

6.06. 의병을 인솔하여 남원에서 담양으로 이동

6.07. 담양에 도착, 고경명을 추대하여 의병대장을 삼음

6.11. 담양에서 출발

6.13. 태인현(현재의 전북 정읍) 진출, 전주에 도착. 의병 4천여 명으로 증가, 2천 명은 고경명 지휘 아래 전주 주둔

6.14. 양대박이 2천 명을 인솔하여 남원으로 이동(의병 추가 모집을 위함)

6.18. 양대박의 재산 고갈, 의병의 군량미 보급에 어려움이 큼

6.20. 김천일, 나주의병 인솔하여 북상. 고경명 군도 합병을 위해 북상 중이라는 소식을 접함. 의병 연합군, 금산에 주둔한 일본군을 공격한 뒤 북상하고자 출정

6.24. 남원을 출발, 전주로 가던 중 임실 갈담역 주둔, 일본군 3천 명 운암 주둔 첩보 입수

6.25. 새벽, 일본군의 운암 장곡 주둔 정보 확인. 본대를 2군으로 나누어 기습작 전으로 협공하여 큰 전과를 올림.

6.28. 금산에 왜적 침입 소식을 접함. 양대박은 심한 질병 발병으로 진군하지 못 함을 고경명에게 통보

6.29. 심한 하혈 등 병이 위급한 지경에 이름

7.07. 병으로 순절

7.10. 고경명 휘하 6천 의병군 금산 순절

47

호남의 은덕군자
기효간

임인년 설 연휴가 끝나고 장성을 찾는다. 장성은 남도에서 서울을 올라갈 때 거쳐 가야 하는 길목이자 교통의 중심지다. 장성의 임진의병을 찾아가는 길은 하얀 눈이 이쁘게 내렸다.

호남의 은덕군자로 알려진 기효간 의병장을 만나러 간다. 기효간은 자료를 찾기 전에는 잘 몰랐던 의병장이다. 남도의병 자료를 정리하면서 만난 인물이다, 호남의 대표적인 학자 기대승의 5촌 조카로 평생 학문의 길을 걸었으며, 학행일치와 솔선수범으로 모범을 보였다.

의병을 일으켜 학행일치를 펼치다

하늘과 땅 사이에 두 사람이 있으니
공자의 참된 기운 주자에게 전해졌네.
학문에 잠긴 마음 의혹하지 말고
병들어 쇠약한 이내 몸 위로하게.

금강 기효간 의병장 묘(전남 장성군 황룡면)

호남을 대표하는 성리학자로 이름이 높은 하서 김인후가 기효간을 불러 "내 정통을 이을 사람은 오직 그대다."라며 지어준 시다. 이렇듯 기효간은 평생 학문에 힘썼지만, 임진왜란 때는 의병을 일으키며 성현이 말한 충의를 실천하는 선비였다. 이렇듯 학행일치를 실천한 그의 삶은 어떠했을까?

기효간 의병장 묘갈명(전남 장성군 황룡면)

기효간(奇孝諫, 1530~1593)은 전남 장성군 아곡리에서 태어났다. 호는 금강으로, 어렸을 때 배운 『소학』의 가르침을 평생 실천한 학자로도 알려져 있다. 주로 하서 김인후와 일재 이항 문하에서 학문을 배웠고, 5촌 종숙이자 퇴계 이황과 더불어 성리학의 수준을 한껏 높인 고봉 기대승에게도 자주 찾아가 학문의 의문점을 토의했다. 이러한 학문적 성취를 통해 기효간은 당대의 명망 있는 선비로 이름을 날렸다.

하지만 기효간은 평생 벼슬에 나가지 않고 조용히 살며 학문에만 전념했다. 이 때문에 많은 사람이 그를 '호남의 은덕군자'라고 불렀다.

임진전쟁이 일어나자 기효간은 예순이 넘은 노구를 이끌고 장성 남문에서 김경수와 의병을 일으켰다. 그는 남문 창의에 참가한 공로로 조정으로부터 선무원종공신에 추증되었다. 평생 기효간을 옆에서 지켜봐 온 동생 기효근도 임진전쟁 때 해남 현령으로 해전에 참가하여 역시 선무공신이 되었다. 형제가 전란 극복의 공신이 된 것이다.

추산서원은 1697년(숙종 23)에 지방 유림의 공의로 기건·기효간·기정익의 학문과 덕행을 추모하기 위해 창건하여 위패를 모셨다. 그 뒤 기준과 조찬한을 추가 배향했다. 선현 배향과 지방 교육의 일익을 담당해 오다가 1868년(고종 5) 대원군의 서원철폐령으로 훼철되어 복원되지 못했다. 아쉽게도 현재 추산서원은 찾을 수 없다. 다만 장성 아치실마을 행주 기씨 선산에 기씨 집안의 인물들이 모두 모여 있다.

제천재(전남 장성군 황룡면)

위정척사 운동과 항일의병에 영향을 끼치다

유교 의례를 충실히 행하며 조용하게 살던 기효간의 후손들은 조선의 국운이 기울자 다시 역사의 전면에 등장했다.

우선 노사(蘆沙) 기정진(奇正鎭, 1798~1879)은 성리학 연구에서 일가를 이룬 당대의 대학자다. 그래서 전라도는 물론 경상도에 이르기까지 많은 제자를 두었다고 한다. 기정진은 병인양요가 일어나자 서양세력의 침략에 대비책을 세워야 한다는 내용의 상소를 올렸다. 기정진의 사상은 이후 위정척사 운동의 기틀이 되었다.

또한 기효간의 11세 종손 기양연(奇陽衍, 1827~1895)은 당숙 기정진의 문하에서 수학했으며, 문과 급제 후 여러 중앙관직을 역임했다. 그는 나라의 기강이 해이해지고 일본의 침탈이 본격화되자 삼정책(三政策)이라는 상소를 올리고 고향에 은거했고, 위정척사의 정신을 실현하기 위해 힘썼다.

기효간의 정신은 위정척사 사상뿐만 아니라 항일의병 활동에도 큰 영향을 끼쳤다. 먼저 기삼연은 의병을 일으켜 '호남창의맹소'를 조직하고 고창과 영광 등에서 벌어진 전투에서 전과를 올렸다. 기우만 또한 기삼연과 의병을 일으켰다가 붙잡혀 옥살이를 했다. 그는 순천 조계산에서 다시 거사를 도모하던 중 고종이 강제 퇴위되었다는 소식을 듣고 은둔했다. 그리고 기산도는 을사늑약 체결에 앞장선 매국노 처단에 앞장섰다. 을사오적의 한 사람인 이근택(李根澤, 당시 군부대신)을 칼로 찔러 상해를 입히기도 했다.

이렇듯 기효간의 사상은 수백 년의 세월을 뛰어넘어 나라가 어지러울 때 후손들의 활동에 지침이 되었다. 우리가 기효간 의병장을 기억해야 하는 이유다.

48

입암산성을 지키고 부부가 절의를 다한
윤진

의병과 동학군의 한이 서린 입암산성

전남 장성과 전북 정읍 사이에는 높이 600m가 넘는 입암산(笠巖山)이 있다. 산 이름은 정상의 갓바위가 마치 갓을 쓴 것 같다고 해서 붙여진 것이다. 단풍으로 유명한 내장산처럼 입암산 또한 가을이 되면 붉은 단풍이 장관을 이룬다.

이 산의 8부 능선에는 입암산성(사적 384호)이 있다. 입암산성은 고려시대에 쌓았다고 전해지며, 높이 3m, 길이 약 5km의 산성이다. 지금도 성곽 시설과 옛 관아 터, 절터, 창고 터 등 성내 시설물 흔적이 남아 있다.

입암산성은 고려시대부터 숱한 외침을 막아냈다. 1256년에는 몽골군이 전라도까지 쳐들어왔는데, 송군비(宋君斐, ?~1270)가 입암산성을 지키면서 큰 전과를 올렸다. 이후 입암산성은 몽골군과의 전쟁 이후 한동안 관리되지 못하여 임진전쟁 당시에도 허물어진 채 남아 있었다. 그래서 1593년에는 장성 현감으로 제수된 이귀(李貴, 1557~1633)가 산성을 수축하고 식량과 무기 등을 비축하여 일본군에 대비하기도 했다. 당시 조선은 일본군을 저지하기 위해 각 도의 주요 산성을 정비했는데, 입암산성은 전라도에 있는 천혜의 요새 중 가장 좋은 요새로 손꼽혔다. 이에 방어의 거점으로 삼기 위해 산성 축조를 시도한 것이다. 입암산성은 북으로는 호남평야, 남으로는 나주평야의 곡창지대를 지켜낸 호남의 대표적인 산성이다.

이 외에도 입암산성은 동학농민운동이 일어났을 때 녹두장군 전봉준이 피신해 있던 곳으로도 유명하다. 공주 우금치 전투에서 패배한 전봉

입암산과 입암산성(전남 장성군 북하면)

준과 동학농민군은 후일을 기약하며 입암산성에서 잠시 은거했다. 하지만 전봉준은 관군을 피해 연일 숨어 지내야 했던 현실에 비통해했고, 결국 장성을 탈출하여 순창에서 재기를 도모하다 동지의 밀고로 체포되어 처형되었다.

이러한 입암산성을 근거지로 정유전쟁 때 의병을 이끌고 일본군과 싸운 인물로 윤진(尹軫, 1548~1597) 의병장을 들 수 있다. 윤진은 과연 누구이며, 입암산성에서 어떤 활동을 벌였던 것일까?

부부가 함께 죽어 절의를 이루다

윤진은 강원도 양구에서 태어났으며, 호는 율정(栗亭)이다. 집안은 고조부 때부터 장성에 터를 잡았지만, 그가 강원도에서 태어난 것은 아버지 윤강원(尹剛元)의 행적과 깊은 관련이 있다. 윤강원이 평안도사를 마치고 서울에 오자 을사사화를 일으킨 주역인 정순붕(鄭順朋), 이기(李芑) 등은 그에게 술자리를 베풀고 유관의 죄를 밝히어 상소하라고 부추겼다. 그런데 윤강원은 그 자리를 박차고 일어나며 그런 일을 하면 안 된다고 했다. 정순붕, 이기 등은 노했고, 윤강원은 곤장을 맞고 강원도 양구에 유배되었다. 윤진은 아버지가 양구에서 유배 생활을 할 때 태어났다. 이후 윤강원은 다시 강진으로 유배되어 10여 년을 지내기도 했다.

윤진은 어려서부터 영특하여 하서 김인후가 그를 보고 칭찬하며 큰

율정 윤진 의병장 순의비(전남 장성군 북하면)

재목이 될 것이라고도 했다. 이후 윤강원이 강진에서 귀양살이가 풀리자, 그는 아버지를 모시고 서울로 올라가서 학문이 뛰어난 선비들과 교류하며 학문을 쌓았다.

윤진은 아버지가 세상을 떠나자 경기도 과천에서 상을 마치고, 순릉참봉과 건공감봉사 등의 벼슬을 했다. 임진왜란이 일어나자 윤진은 강원도로 피신했고, 이후 장성으로 내려왔다.

1592년 7월 윤진은 김경수, 기효간과 장성 남문창의를 주도하고 격문을 함께 작성했다. 그는 11월 10일 의사 38인, 집안 하인 8명, 군량 31섬을 가지고 와서 창의에 참여했다. 이러한 활동으로 11월 17일 장성 남문 의병은 김경수를 맹주로, 김제민을 의병장으로 추대했다. 윤진은 부사 기효간, 참모 김홍우와 함께 종사로 임명되어 활동했다.

윤진은 장성의병으로 활동하면서 전라도로 들어가는 요충지인 입암산성의 중요성을 깨달았다. 입암산성은 고려 때 몽골군을 막아낸 유서 깊은 산성이지만, 그즈음에는 성이 많이 헐려 있었다. 임진왜란 전에 약간의 수리가 있었으나 완전히 공사를 마친 것이 아니었으므로, 윤진은 전라도 관찰사 이정암에게 입암산성을 고쳐 쌓을 것을 건의했다. 이정암은 이 건의를 수락하면서 이 임무를 윤진에게 맡겼다. 윤진은 온갖 어려움을 무릅쓰고 성을 고쳐 쌓았으며, 군량미를 모아 두기 위한 창고를 마련하고 대포를 쏘기 위한 포루를 새로 만들어 왜적의 침입에 대비했다.

1597년 일본군이 남원을 지나 장성으로 돌진한다는 소식이 들려오자 윤진은 의병을 모아 성을 지키며 대비하려 했다. 윤진을 따르던 구생이라는 사람은 이를 보고 "윤공은 성을 쌓으라는 명을 받았지, 성을 사수하라는 명을 받은 것은 아니지 않습니까? 그런데 어찌하여 스스로 목숨을 끊으려 하십니까?"라며 피난 갈 것을 권유했다. 이 말을 들은 윤진은 "조정에서 이 성을 쌓은 것은 오늘의 난리에 대비코자 한 것이니, 어찌 신하 된 도리로 내 살길만 바라겠습니까. 이 성은 바로 내가 죽을 것이고, 오늘은 바로 내가 목숨을 바칠 날입니다."라고 했다.

일본군이 쳐들어오자 의병들은 대다수가 흩어졌지만, 윤진은 끝까지 맞서 싸웠다. 하지만 결국 성은 무너졌고, 윤진은 창칼에 목이 찔려도 얼굴빛 하나 변하지 않고 끝까지 싸우다가 태연한 모습으로 순절했다.

이 소식을 들은 윤진의 부인 권씨는 정절을 지키기 위해 은장도로 스스로 목숨을 끊어 남편을 따랐다.

이후 조정에서는 윤진의 충성심과 공을 높이 기려 좌승지 벼슬을 내리고, 부인에게는 정려를 명했다. 그리고 입암산성을 다시 수리하면서 윤진 장군의 충절을 널리 후세에 알리고자 순의비를 세웠으며 봉암서원에 배향했다.

입암산성에서 남도의병 정신을 잇다

율정 윤진 의병장을 찾아가는 날은 대설이 내렸다. 미처 몰랐던 윤진 의병장을 만나는 것은 쉽지 않았다. 입암산성은 입구가 남문과 북문이 있고, 또한 거리가 가깝지 않았다.

눈은 쌓여가고 인적은 별로 없다. 표지판도 제대로 되어 있지 않고, 내비게이션은 산속을 가리킨다. 우여곡절 끝에 산행하는 분을 만나 물었더니 산 중턱에 비가 있다고 했다. 소복하게 쌓인 산길을 걸으며 두 팔 벌려 심호흡을 하며 일본의 침략에 대응했을 장성남문 창의 의병장들의 정신을 새긴다.

순의비에는 '부부가 함께 죽어 둘 다 절의를 이룬 것은 참으로 천년에

한 번 있을까 말까 한 일이요, 백 세를 내려가도 감동할 일'이라고 새겨
져 있다.

> 저 남쪽 땅을 봐라
> 바위가 있으니 높고 높도다
> 지아비는 충의에 있고
> 지어미는 절개에 죽었도다
> 한 몸 되어 살신성인하니
> 만고에 어울려 열렬하도다
> 바위가 갈라지지 않는 것처럼
> 이름이 그처럼 없어지지 않으리라.

　김경수, 기효간 그리고 윤진 의병장. 국난 극복에 죽음으로 맞선 진정
한 애국자들이다. 그런데 우리는 기억하지 못하고 이름조차 모르고 있
다. 이제라도 기억하고 그들과 마주해야 한다. 그래야 민족정기가 바로
서지 않을까.
　꽃피고 새싹 틔우는 봄날 학생들과 입암산성을 오르며 윤진 의병장과
부인의 충절을 기억해야겠다.

49

군량 보급에 힘쓴 의곡장
기효증

며칠 추위로 오던 봄이 잠시 주춤거린다. 그러는 사이 설마 했던 전쟁이 났다. 강대국들은 자국의 이익을 위해서는 기어코 전쟁을 일으킨다. 그리고 각국은 자기의 이해관계에 따라 움직인다. 그 사이 힘 없는 나라의 국민은 죽어가고 있다.

400여 년 전, 조선에도 그랬다. 정명가도(征明假道)라는 해괴한 명분으로 자국의 문제점을 조선 침략으로 해결하려던 일본. 임진전쟁이 뜻을 이루지 못하자 정유전쟁을 도발한다. 학자로, 관료로 살았던 남도의 임진의병장들은 죽음으로 맞선다. 더구나 가족들이 같이 죽는다.

이번에는 광주 광산구 광곡. 일명 너브실마을에 있는 기효증 의병장을 만나러 간다.

의곡을 모아 의주와 영남으로, 명군에게도 보내다

기효증(奇孝曾, 1550~1616)은 조선 성리학의 큰 별 고봉 기대승의 장남으로, 광주 광산에서 출생했다. 그의 호 함재(涵齋)는 '넣고 들이며 가라앉히고 쌓아 두어라'라는 아버지 기대승의 훈계를 따르고자 지은 그의 좌우명이다. 이처럼 아버지 문하에서 학문을 닦고 효행으로 천거되어 벼슬을 얻었으나 뜻이 없어 고향으로 돌아왔다.

기효증은 임진전쟁 발발 직후 김덕령이 담양에서 의병을 일으킬 때 도유사(都有司)로 격문을 짓고 군사를 모집했다. 1592년 6월 10일, 의곡을 모으자는 통문을 도내에 보냈으며 8월 1일에는 선조가 의주로 피난 갔다는 소식에 '근왕병모집격문'을 써서 각 고을에 돌렸다. 8월 19일에는 장

월봉서원(광주시 광산구 임곡동)

성 남문 의병청에서 김경수, 기효간, 윤진 등과 만나 양곡을 모으고 운반하는 일에 대해 상의했다. 이 자리에서 기효증은 의곡장으로 임명되었다. 본격적으로 의곡과 근왕병 모집이 시작되었다.

나주에는 의곡도청이 설치되고 각 고을의 양곡 모집 책임자가 정해졌다. 그 결과 8월부터 9월 하순까지 나주 의곡도청에는 의곡 3,200석과 콩 50석, 좁쌀 50석, 옷감과 말, 그리고 의병 460명이 속속 모였다.

'남문창의록(南門倡義錄)'에 따르면 장성 의병청에서도 의곡 3백 석과 세모시 14필을 보낸 것으로 기록되어 있다. 기효증은 이렇게 모은 의곡과 의병을 배에 실어 서해안을 따라 임금이 있는 의주 행재소로 보냈으며, 의곡 100석은 영남 곽재우 진중으로 보냈다. 고경명, 최경회, 임계영 의병진은 물론 이순신과 곽재우 의병 진영까지 의곡을 조달했다. 그리고 운송한 의곡으로 이미 떨어진 명나라 병사들의 군량을 보충해주었다.

큰 공을 세웠음에도 벼슬을 사양하고 여생을 보내다

조정에서는 기효증을 형조정랑에 발탁했고, 군기시 첨정이라는 벼슬을 주었다. 군기시는 병참 업무를 담당하는 기관이다. 기효증은 신하로서 할 도리를 다한 것이라며 사직 상소를 올렸다. 나중에는 동복 현감에 제수되었으나 1593년 3월 대간들의 논박을 받고 파직되었다. 이후 여생을 보내다 67세로 사망했다.

기록에 의하면 기효증은 고봉 기대승을 모시기 위해 일곱 그루 소나

칠송정(광주광역시 광산구)　　　　　기효증 의병장 비석

무을 심고 칠송정을 세웠다. 고봉 선생은 호남을 대표하는 대학자로, 이황과 사단칠정론을 논한 학자로 유명하다. 나이 차가 적지 않음에도 수준 높은 성리학 논쟁을 이어가서 현대인에게도 귀감이 된다. 고봉을 모시는 월봉서원과 빙월당, 그리고 고봉 묘소가 있는 백우산 자락은 어느새 봄이 성큼 와 있다.

월봉서원은 몇 차례 훼철과 이전을 거쳐 너브실 백우산 자락에 자리를 잡았다. 다양한 프로그램으로 방문객이 많다.

칠송정은 기효증의 의병 활동에 감탄한 선조가 '천리 길 멀다 않고 나라를 위해 충성을 다한 충의가 참으로 가상하다'고 칭송했다는 말을 듣고, 그가 이곳에 일곱 그루 소나무를 심어 사계절 푸르름으로 불변하는 소나무의 청고한 절개를 본받고자 했다는 데서 유래했다. 정자에는 석촌(石村) 윤용구(尹用求, 1853~1939)가 행서로 쓴 현판을 비롯하여 10세손 기동준의 '칠송정중건기', 8세손 기봉국의 '호산승처필명정(湖山勝處必名亭)' 편액이 있다.

산 경치 좋은 곳에 정자 세우니
아득한 넓은 산고 물이 푸른 병풍 둘렀네
땅이 열려 동산의 숲이 맑고 아름다워서
자연이 생긴 산수의 경치 신선의 영기 지켰네
뛰어난 경관 즐길 만하고 인지의 덕을 겸했고

깊어지는 흥취로 취하고 깨기를 마음대로 하네

하늘 높이 솟은 나무 사람이 유독 사랑하니

예전에 닦은 유적이 아직도 씩씩하네.

    마을 입구에 새로 조성한 비림이 있다. 함재 기효증의 비석과 신도비
가 있다. 주변이 제대로 정리 조성되지 않아 그냥 지나치기 쉽다. 관람객
들의 이해를 위해 입간판을 세우고 자세한 설명 표지판을 세워야 한다.

    월봉서원 뒤편에 있다는 기효증 묘소는 찾지 못했다. 몇 번의 이전 과
정에서 제대로 관리하지 못한 것으로 보인다. 돌아오는 길에 기대승 후
손을 만나서 저간의 집안 이야기를 들을 수 있었다.

    새로 월봉서원 정비사업이 진행된다니, 이번 기회에 함재 기효증 의병
장 묘소와 칠송정의 소나무를 조성하고 관련 기록을 체계적으로 정리했
으면 싶다.

고려대학교 한국사연구소, 『임진왜란의 역사적 의의와 현재적 가치』, 선인, 2009.

고흥군(순천대학교 남도문화연구소), 『임진왜란과 고흥—임란해전의 수군기지 1관4
　　　포의 역사—』, 2002.

고흥문화원, 『이순신장군과 고흥』

김세곤, 『임진왜란과 호남사람들(호남정신의 뿌리를 찾아서 2)』, 온새미로.

나주시문화원, 『임란의병장 김천일』, 1992.

박해현 외 1인, 『영암의병사 연구』, 영암문화원, 2019.

박해현 외 2인, 『전남지역사계기자료 Ⅰ(전남지역의 한말의병)』, 전남교육청, 2019.

박희봉, 『호남관군과 의병은 왜 진주성에서 목숨을 바쳤을까』, 논형, 2016.

순천시, 『순천시사』

여수시, 『여수시사』

영암문화원, 『영암의병사 연구』, 영암문화원, 2019.

오희복 옮김, 『임진년 난리를 당하매』, 보리출판사, 2005.

임진왜란사연구회 엮음, 『임진왜란과 전라좌의병』, 보고사, 2011

전라남도문화원연합회, 『임진왜란을 극복한 호남 인물과 유적—호남 출신 관군의
　　　병 인물을 중심으로』, 2019.

정만진, 『전라도 내륙 임진왜란 유적』, 국토, 2017.

정만진, 『남해안 임진왜란 유적』, 국토, 2017.

조원래, 『임진왜란과 호남지방의 의병항쟁』, 아세아문화사, 2000.

허남린, 김경태, 나카노 히토시, 완밍, 천상승 외 4명, 『처음 읽는 정유재란 1597』,
　　　푸른역사, 2019.

홍영기, 『대한제국기 호남의병 연구』, 일조각, 2004.

강문식, 「임진왜란기 영·호남 의병활동의 비교」, 『남명학연구』 제16집, 2011.

계승범, 「임란의병의 연구 동향과 군사적 의의」, 『임진의병의 역사적 의의와 가
　　　치』, 선인, 2009.

김남철, 「임진왜란기 전라좌수영군과 해상의병」,『청람사학』, 2003.

김만호, 「16~17세기 나주나씨 一門의 활동과 그 의미」, 『역사학연구』 74, 2019.

김만호, 「임진왜란 시기 강진 지역의 의병활동과 『금릉창의록』」, 『지방사와 지방문화』 19권 2호, 2016.

김경옥, 「조선전기 나주지방 재지세력의 동향과 김해김씨(시중공파)의 위상」, 『호남문화연구』 59, 2016.

김영나, 「임진왜란 시기 2차 진주성전투 순절자의 참전 과정과 활동 양상」, 『전북사학』 45, 2014.

김영환, 「이순신의 해전과 호남인의 애국정신」, 『정치 · 정보연구』 제7권 2호, 2004.

김윤곤, 「곽재우의 의병활동」, 『역사학보』 33, 1967.

김희태, 「청계 양대박의 행적과 곡성 청계동」, 『향토문화』 제30집, 2010.

나선하, 「16~17세기 나주 사족의 존재양상과 향권의 추이」, 『지방사와 지방문화』 14-1, 2011.

나종우, 「영 · 호남 의병활동의 비교검토」, 『경남문화연구』 14, 1992.

노춘기, 「『호남절의록』에 관한 연구」, 『서지학연구』 44, 2009.

송정현, 「임진왜란과 호남의병」, 『역사학연구』 4, 1972:『조선사회와 임진의병 연구』, 1998, 학연문화사.

송정현, 「임진호남의병의 봉기와 그 배경」, 『역사학연구』 11, 1983:『조선사회와 임진의병 연구』, 1998.

송정현, 「임진 호남의병 기병고」, 『전남사학』 3, 1989:『조선사회와 임진의병 연구』, 1998, 학연문화사.

신윤호, 「임진왜란기 성주전투와 일본군의 동향」, 『역사학연구』, 2014.

신윤호, 「임진왜란 시기 전라도수군의 편제와 운용」, 『역사학연구』, 2018.

오수열, 황상웅, 「의병장 김천일의 생애에 관한 소고」, 『군사발전연구』 제9권, 2015.

오수열, 「의병장 최경회 장군의 생애와 의부인 주논개에 관한 소고」, 『조선대학교 군사발전 연구』 제10권 제1호(통권 13호), 2016.

오종일, 「호남의 오현과 죽천 박광전」, 『범한철학회논문집』 제26집, 2002.

윤희면, 「전라도광주의 포충사 연구」, 『호남문화연구』제48집, 2010

이재호, 「임란의병의 일고찰」, 『역사학보』 35 · 36 합본, 1967.

정병련, 「함재 기효증의 의리정신과 사회구제적 의지의 실천」

조원래, 「고경명의 의병운동과 금산전투」, 『임진왜란과 호남지방의 의병항쟁』, 아세아문화사, 2001.

조원래, 「김덕령 의병활동과 그 성격」, 『문화사학』, 1999.

조원래, 「김천일의 의병활동과 그 성격」, 『임진왜란과 호남지방의 의병항쟁』, 2001.

조원래, 「나주지방 사례로 본 임란의병 연구과제」, 『나주목의 재발견』, 1989: 『임진왜란과 호남지빙의 의병힝쟁』, 아세아문화사, 2001.

조원래, 「명량해전 후 일본군의 공세와 연해지역 의병항전—최대성의 의병활동과 보성 안치전투 사례를 중심으로」, 『군사』제70호, 2009.

조원래, 「문위세의 절의와 그 일가의 의병운동」

조원래, 「박광전의 거의와 그 일가의 의병운동」, 『퇴계학과 유교문화』, 2003.

조원래, 「이충무공과 해상의병」, 『이순신연구논총』, 2003.

조원래, 「임란 초기 전라좌의병과 임계영의 의병활동」, 『조선시대사학보』, 2011.

조원래, 「임진왜란사 연구의 추이와 과제」, 『조선후기사 연구의 현황과 과제』, 창작과 비평사, 2000.

조원래, 「호남의병과 의병지도층의 성격」, 『임진왜란과 호남지방의 의병항쟁』, 아세아문화사, 2001.

표인주, 「임진왜란의 구술기억과 구술집단의 역사의식—전남 남해안 지역을 중심으로」, 『호남문화연구』, 2018.

하태규, 「임란 호남의병에 대한 연구현황과 과제」, 『역사학연구』 59, 2015.

하태규, 「임진왜란 초기 전라도 관군의 동향과 호남방어」, 『한일관계사연구』 26집, 2007.

하태규, 「임진왜란 초 호남지방의 실정과 관군의 동원실태」, 『지방사와 지방문화』, 2013.

한문종, 「임진왜란 시기 장성 남문의병의 활동과 성격」, 『한일관계사연구』제45집, 2013.

Sunshin광양 〉 광양이야기 〉 인물 〉 형제의병장

여수시청 〉 여수 소개 〉 여수의 과거〉 조선시대 〉 임진왜란

여수시청 〉 여수 소개〉 여수의 과거 〉 여수의 특별한 이야기 〉 여수의 비보사찰, 흥국사

한국역대인물종합정보시스템(http://people.aks.ac.kr/ 한국학중앙연구원)

호남기록문화유산 홈페이지 http://honamculture.or.kr

화순군 문화관광 홈페이지 〉 향토사료 〉 지역정보 〉 문화/역사란

동아일보 기획기사 "호남 길목 지키자—석주관에 올라 왜적 막아선 구례의병들",
　　　　최영훈 논설위원, 안영배 전문기자, 2017.10.8.

오마이뉴스 역사기행, "조상의 숨결에 취하다—스님의 피 묻은 옷, '여자 안중근'
　　　　생각나게 하네—문화재청이 '호국불교의 성지'로 소개하는 여수 흥국사
　　　　편", 정만진, 2016.12.12.

오마이뉴스 "노량에서 독전한 송희립 장군을 아십니까?—이순신 장군 도와 명량
　　　　해전 승리로 이끌기도", 김성철, 2005.06.26.

삶의 행복을 꿈꾸는 교육은 어디에서 오는가?

● 교육혁명을 앞당기는 배움책 이야기 혁신교육의 철학과 잉걸진 미래를 만나다!

한국교육연구네트워크 총서

01 핀란드 교육혁명
한국교육연구네트워크 엮음 | 320쪽 | 값 15,000원

02 일제고사를 넘어서
한국교육연구네트워크 엮음 | 284쪽 | 값 13,000원

03 새로운 사회를 여는 교육혁명
한국교육연구네트워크 엮음 | 380쪽 | 값 17,000원

04 교장제도 혁명
한국교육연구네트워크 엮음 | 268쪽 | 값 14,000원

05 새로운 사회를 여는 교육자치 혁명
한국교육연구네트워크 엮음 | 312쪽 | 값 15,000원

06 혁신학교에 대한 교육학적 성찰
한국교육연구네트워크 엮음 | 308쪽 | 값 15,000원

07 진보주의 교육의 세계적 동향
한국교육연구네트워크 엮음 | 324쪽 | 값 17,000원
2018 세종도서 학술부문

08 더 나은 세상을 위한 학교혁명
한국교육연구네트워크 엮음 | 404쪽 | 값 21,000원
2018 세종도서 교양부문

09 비판적 실천을 위한 교육학
이윤미 외 지음 | 448쪽 | 값 23,000원
2019 세종도서 학술부문

10 마을교육공동체운동:
세계적 동향과 전망
심성보 외 지음 | 376쪽 | 값 18,000원

11 학교 민주시민교육의
세계적 동향과 과제
심성보 외 지음 | 308쪽 | 값 16,000원

12 학교를 민주주의의 정원으로
가꿀 수 있을까?
성열관 외 지음 | 272쪽 | 값 16,000원

한국교육연구네트워크 번역 총서

01 프레이리와 교육
존 엘리아스 지음 | 한국교육연구네트워크 옮김
276쪽 | 값 14,000원

02 교육은 사회를 바꿀 수 있을까?
마이클 애플 지음 | 강희룡·김선우·박원순·이형빈 옮김
356쪽 | 값 16,000원

03 비판적 페다고지는
세상을 변화시킬 수 있는가?
Seewha Cho 지음 | 심성보 외 옮김 | 280쪽 | 값 14,000원

04 마이클 애플의 민주학교
마이클 애플·제임스 빈 엮음 | 강희룡 옮김
276쪽 | 값 14,000원

05 21세기 교육과 민주주의
넬 나딩스 지음 | 심성보 옮김 | 392쪽 | 값 18,000원

06 세계교육개혁:
민영화 우선인가 공적 투자 강화인가?
린다 달링-해먼드 외 지음 | 심성보 외 옮김 | 408쪽 | 값 21,000원

07 콩도르세, 공교육에 관한 다섯 논문
니콜라 드 콩도르세 지음 | 이주환 옮김
300쪽 | 값 16,000원

08 학교를 변론하다
얀 마스켈라인·마틴 시몬스 지음 | 윤선인 옮김
252쪽 | 값 15,000원

09 존 듀이와 교육
짐 개리슨 외 지음 | 김세희 외 옮김
372쪽 | 값 19,000원

10 진보주의 교육운동사
윌리엄 헤이스 지음 | 심성보 외 옮김
324쪽 | 값 18,000원

11 사랑의 교육학
안토니아 다더 지음 | 유성상 외 옮김
412쪽 | 값 22,000원

● 비고츠키 선집 발달과 협력의 교육학 어떻게 읽을 것인가?

 생각과 말
레프 세묘노비치 비고츠키 지음
배희철·김용호·D. 켈로그 옮김 | 690쪽 | 값 33,000원

 성장과 분화
L.S. 비고츠키 지음 | 비고츠키 연구회 옮김
308쪽 | 값 15,000원

 도구와 기호
비고츠키·루리야 지음 | 비고츠키 연구회 옮김
336쪽 | 값 16,000원

 연령과 위기
L.S. 비고츠키 지음 | 비고츠키 연구회 옮김
336쪽 | 값 17,000원

 어린이 자기행동숙달의 역사와 발달 I
L.S. 비고츠키 지음 | 비고츠키 연구회 옮김
564쪽 | 값 28,000원

 의식과 숙달
L.S 비고츠키 | 비고츠키 연구회 옮김
348쪽 | 값 17,000원

 어린이 자기행동숙달의 역사와 발달 II
L.S. 비고츠키 지음 | 비고츠키 연구회 옮김
552쪽 | 값 28,000원

 분열과 사랑
L.S. 비고츠키 지음 | 비고츠키 연구회 옮김
260쪽 | 값 16,000원

 어린이의 상상과 창조
L.S. 비고츠키 지음 | 비고츠키 연구회 옮김
280쪽 | 값 15,000원

 성애와 갈등
L.S. 비고츠키 지음 | 비고츠키 연구회 옮김
268쪽 | 값 17,000원

 비고츠키와 인지 발달의 비밀
A.R. 루리야 지음 | 배희철 옮김 | 280쪽 | 값 15,000원

 흥미와 개념
L.S. 비고츠키 지음 | 비고츠키 연구회 옮김
408쪽 | 값 21,000원

 정서학설 I
L.S. 비고츠키 지음 | 비고츠키 연구회 옮김
584쪽 | 값 35,000원

 정서학설 II
L.S. 비고츠키 지음 | 비고츠키 연구회 옮김
480쪽 | 값 35,000원

 수업과 수업 사이
비고츠키 연구회 지음 | 196쪽 | 값 12,000원

 관계의 교육학, 비고츠키
진보교육연구소 비고츠키교육학실천연구모임 지음
300쪽 | 값 15,000원

 비고츠키의 발달교육이란 무엇인가?
비고츠키교육학실천연구모임 지음 | 412쪽 | 값 21,000원

 비고츠키 생각과 말 쉽게 읽기
진보교육연구소 비고츠키교육학실천연구모임 지음
316쪽 | 값 15,000원

 비고츠키 철학으로 본 핀란드 교육과정
배희철 지음 | 456쪽 | 값 23,000원

 교사와 부모를 위한 비고츠키 교육학
카르포프 지음 | 실천교사번역팀 옮김
308쪽 | 값 15,000원

 비고츠키와 마르크스
앤디 블런던 외 지음 | 이성우 옮김 | 388쪽 | 값 19,000원

 혁신학교
성열관·이순철 지음 | 224쪽 | 값 12,000원

 대한민국 교사, 어떻게 가르칠 것인가?
윤성관 지음 | 320쪽 | 값 15,000원

 행복한 혁신학교 만들기
초등교육과정연구모임 지음 | 264쪽 | 값 13,000원

 아이들을 어떻게 가르칠 것인가
사토 마나부 지음 | 박찬영 옮김 | 232쪽 | 값 13,000원

 서울형 혁신학교 이야기
이부영 지음 | 320쪽 | 값 15,000원

모두를 위한 국제이해교육
한국국제이해교육학회 지음 | 364쪽 | 값 16,000원

혁신교육, 철학을 만나다
브렌트 데이비스·데니스 수마라 지음
현인철·서용선 옮김 | 304쪽 | 값 15,000원

 혁신교육 존 듀이에게 묻다
서용선 지음 | 292쪽 | 값 16,000원

 다시 읽는 조선 교육사
이만규 지음 | 750쪽 | 값 33,000원

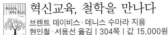 **대한민국 교육혁명**
교육혁명공동행동 연구위원회 지음
224쪽 | 값 12,000원

 경쟁을 넘어 발달 교육으로
현광일 지음 | 288쪽 | 값 14,000원

 핀란드 교육의 기적
한넬레 니에미 외 엮음 | 장수명 외 옮김
456쪽 | 값 23,000원

 한국 교육의 현실과 전망
심성보 지음 | 724쪽 | 값 35,000원

 독일의 학교교육
정기섭 지음 | 536쪽 | 값 29,000원

● **경쟁과 차별을 넘어 평등과 협력으로 미래를 열어가는 교육 대전환!** 혁신교육 현장 필독서

 교실 속으로 간 이해중심 교육과정
온정덕 외 지음 | 224쪽 | 값 13,000원

 포스트 코로나 시대의 교육
성열관 외 지음 | 224쪽 | 값 15,000원

 내일 수업 어떻게 하지?
아이함께 지음 | 300쪽 | 값 15,000원

 **학교의 미래,
전문적 학습공동체로 열다**
새로운학교네트워크·오윤주 외 지음 | 276쪽 | 값 16,000원

 **마을교육공동체
생태적 의미와 실천**
김용련 지음 | 256쪽 | 값 15,000원

 학교폭력, 멈춰!
문재현 외 지음 | 348쪽 | 값 15,000원

 학교를 살리는 회복적 생활교육
김민자·이순영·정선영 지음 | 256쪽 | 값 15,000원

 삶의 시간을 잇는 문화예술교육
고영직 지음 | 292쪽 | 값 16,000원

 **미래교육을 디자인하는
학교교육과정**
박승열 외 지음 | 348쪽 | 값 18,000원

 교실 속으로 간 이해중심 통합교육과정
온정덕 외 지음 | 224쪽 | 값 15,000원

 **초등 백워드 교육과정
설계와 실천 이야기**
김병일 외 지음 | 352쪽 | 값 19,000원

 **학습격차 해소를 위한 새로운 도전
보편적 학습설계 수업**
조윤정 외 지음 | 240쪽 | 값 15,000원

 마을교육공동체란 무엇인가?
서용선 외 지음 | 360쪽 | 값 17,000원

 강화도의 기억을 걷다
최보길 지음 | 276쪽 | 값 14,000원

 체육 교사, 수업을 말하다
전용진 지음 | 304쪽 | 값 15,000원

 평화의 교육과정 섬김의 리더십
이준원·이형빈 지음 | 292쪽 | 값 16,000원

 마을교육과정을 그리다
백윤애 외 지음 | 336쪽 | 값 16,000원

 **혁신교육지구와 마을교육공동체는
어떻게 만들어지는가?**
김태정 지음 | 376쪽 | 값 18,000원

아이들을 어떻게 가르칠 것인가
사토 마나부 지음 | 박찬영 옮김 | 232쪽 | 값 13,000원

 코로나 시대,
마을교육공동체운동과 생태적 교육학
심성보 지음 | 280쪽 | 값 17,000원

 혐오, 교실에 들어오다
이혜정 외 지음 | 232쪽 | 값 15,000원

 수업, 슬로리딩과 함께
박경숙 외 지음 | 268쪽 | 값 15,000원

 물질과의 새로운 만남
베로니카 파치니-케처바우 외 지음 | 240쪽 | 값 15,000원

 그림책으로 만나는 인권교육
강진미 외 지음 | 272쪽 | 값 18,000원

 수업 고수들
수업·교육과정·평가를 말하다
박현숙 외 지음 | 368쪽 | 값 17,000원

 아이들의 배움은 어떻게 깊어지는가
이시이 준지 지음 | 방지현·이창희 옮김
200쪽 | 값 11,000원

 미래, 공생교육
김환희 지음 | 244쪽 | 값 15,000원

 들뢰즈와 가타리를 통해 유아교육 읽기
리세롯 마리엣 올슨 지음 | 이연선 외 옮김
328쪽 | 값 17,000원

 혁신고등학교, 무엇이 다른가?
김현자 외 지음 | 344쪽 | 값 18,000원

 시민이 만드는 교육 대전환
심성보·김태정 지음 | 248쪽 | 값 15,000원

 평화교육
과거, 현재 그리고 미래를 그리다
모니사 바자즈 외 지음 | 권순정 외 옮김
268쪽 | 값 18,000원

 대전환 시대 **변혁의 교육학**
진보교육연구소 교육과정연구모임 지음
400쪽 | 값 23,000원

 서울대 10개 만들기
김종영 지음 | 348쪽 | 값 18,000원

 선생님, 통일이 뭐예요?
정경호 지음 | 252쪽 | 값 13,000원

  함께 배움
학생 주도 배움 중심 수업 이렇게 한다
니시카와 준 지음 | 백경석 옮김 | 280쪽 | 값 15,000원

 다정한 교실에서 20,000시간
강정희 지음 | 296쪽 | 값 16,000원

 즐거운 세계사 수업
김은석 지음 | 328쪽 | 값 13,000원

 밥상혁명
강양구·강이현 지음 | 298쪽 | 값 13,800원

 학교를 개선하는 교장
지속가능한 학교 혁신을 위한 실천 전략
마이클 풀란 지음 | 서동연·정효준 옮김 | 216쪽 | 값 13,000원

 선생님, 민주시민교육이 뭐예요?
염경미 지음 | 244쪽 | 값 15,000원

 교육혁신의 시대
배움의 공간을 상상하다
함영기 외 지음 | 264쪽 | 값 17,000원

 도덕 수업, 책으로 묻고 윤리로 답하다
울산도덕교사모임 지음 | 320쪽 | 값 15,000원

 교육과 민주주의
필라르 오카디즈 외 지음 | 유성상 옮김
420쪽 | 값 25,000원

 교육회복과 적극적 시민교육
강순원 지음 | 228쪽 | 값 15,000원

 비판적 미디어 리터러시 가이드
더글러스 켈너·제프 셰어 지음 | 여은호·원숙경 옮김
252쪽 | 값 18,000원

 지속가능한
마을, 교육, 공동체를 위하여
강영택 지음 | 328쪽 | 값 18,000원